班组长
设备管理知识

孙玖凡 编著

“理论+方法+工具+模板”四位一体

·向班组长提供·
设备管理技能提升方案

中国劳动社会保障出版社

图书在版编目(CIP)数据

班组长设备管理知识/孙玖凡编著. —北京：中国劳动社会保障出版社，2012

班组长职业能力提升系列丛书

ISBN 978-7-5167-0126-3

Ⅰ.①班…　Ⅱ.①孙…　Ⅲ.①班组管理-设备管理　Ⅳ.①F406.6

中国版本图书馆 CIP 数据核字(2012)第 312539 号

中国劳动社会保障出版社出版发行

(北京市惠新东街 1 号　邮政编码：100029)

出 版 人：张梦欣

*

北京金明盛印刷有限公司印刷装订　新华书店经销

880 毫米×1230 毫米　32 开本　9 印张　236 千字

2013 年 1 月第 1 版　2013 年 1 月第 1 次印刷

定价：26.00 元

读者服务部电话：(010) 64929211/64921644/84643933

发行部电话：(010) 64961894

出版社网址：http://www.class.com.cn

“班组长职业能力提升系列丛书” 序言

班组长是企业生产管理的直接指挥者和现场组织者，是企业与生产员工主要的沟通桥梁，也是企业最基层的负责人。班组长管理水平的高低直接影响班组的效率和士气，从而影响企业产品的生产进度、质量以及生产安全等。

相信不少班组长在工作的过程中，都遇到过以下几大类问题：有计划无调度、紧急订单生产无秩序、生产线不均衡、现场管理混乱、工艺准备不充分、防呆措施不充分、设备维护不到位、生产效率低下、质量问题层出不穷……

“班组长职业能力提升系列丛书”力图为企业及生产一线的班组长解决上述困扰，全面阐述班组管理的实用知识与技巧，并提供了“拿来即用”的制度、方案、表单等工具，以帮助企业打造一支高士气、高效率、零缺陷、低损耗的班组。

本系列丛书具有以下三大优势。

一、知识体系健全

在生产现场，班组长的主要任务是交货期管理 D（Delivery）、成本管理 C（Cost）、质量管理 Q（Quality）、设备管理 M（Machine）、安全管理 S（Safety）、班组员工与劳务管理 H（Human）。“班组长职业能力提升系列丛书”按照这一体系进行分册编写，全面阐述了班组长管理基础知识、现场管理知识、安全管理知识、成本管理知识、质量控制知识、设备管理知识等，书的内容针对性强，适合开展班组长专题培训时使用。

二、突出行业班组的特殊性

在不同的行业中，班组长的工作方式、工作重点差别很大。因此，专业化、行业化的班组图书才能更好地适应不同行业班组的真正需要。“班组长职业能力提升系列丛书”根据这一需求，特别针对冶金、电力等特殊行业的班组安全管理，单独重点编写，有利于特殊行业的班组借鉴使用。

三、理论方法与实战工具相结合

“班组长职业能力提升系列丛书”突破了以前单品种班组长培训图书只讲理论方法的局限性，将理论知识与班组长的工作实践相结合，在阐述班组管理理论知识与方法的同时，还提供了大量的制度、方案、案例、表单等工具模板，真正做到了实际、实用，不仅有利于班组长建立健全自身的知识体系，还可以在实际工作中“拿来即用”或“稍改即用”。

所以，本系列丛书既可以作为企业实施生产班组管理的指导手册，也可以作为班组长进行自我培训的指导用书。

前言

“班组长职业能力提升系列丛书”第一批共推出8本，《班组长设备管理知识》是其中的一本。设备管理是以设备为对象，追求设备综合效率为目的，应用一系列理论、方法，通过一系列技术、经济、组织措施，对设备寿命周期全过程进行的管理。

本书以设备“采购、使用、维护、修理、改造更新”这一生命周期为主线，详细叙述了班组长在现场管理中会用到的管理知识、方法与实用工具。全书具有以下三大特点。

一、内容全面实用

本书内容主要包括建立设备管理体系、设备自制和采购管理、设备验收安装与调试管理、设备使用与维护管理、设备磨损与润滑管理、设备技术状态管理、设备维修管理、设备备件管理、设备伤害及预防管理、设备改造与更新管理、设备资产档案管理11大事项，并针对设备管理相关问题的发现、分析与解决给出相应的工具与对策。

二、图文并茂便于阅读

本书集结了作者多年在企业指导、咨询过程中实际运用的资料和工具，其最大的特点就是以图文并茂的形式，将理论与实践密切结合，既生动地介绍了设备管理的相关理论，又将与设备管理紧密相关的案例、经验介绍给读者。

三、实战工具便于使用

因书中给出的图表、制度、方案、案例、工具大部分都是作者在设备管理实践过程中经过演练和操作的，所以读者只需根据本企业的实际稍加改动或“拿来即用”，就可以让它们在设备管理工作中发挥作用。

在本书编写的过程中，孙立宏、刘井学、程富建、刘伟、董建华负责资料的收集和整理，赵帅、董芳芳、任玉珍、李苏洋、邱志跃负责图表的编排，王胜会负责编写了本书的第一章，姚小风负责编写了本书的第二章，程淑丽负责编写了本书的第三章，韦建华负责编写了本书的第四章，杨化狄负责编写了本书的第五章，韩建国负责编写了本书的第六、七章，杨彩负责编写了本书的第八章，严刘建负责编写了本书的第九、十章，王凯辉负责编写了本书的第十一章，全书由孙玖凡统撰定稿。

准正锐质生产管理咨询中心

2012年12月

内容提要

这是一本关于企业实施设备管理的指导手册，是班组长进行自我培训、提升设备管理技能的指导用书。

本书从企业设备管理的实际出发，详细阐述了建立设备管理体系、设备自制和采购管理、设备验收安装与调试管理、设备使用与维护管理、设备磨损与润滑管理、设备技术状态管理、设备维修管理、设备备件管理、设备伤害及预防管理、设备改造与更新管理、设备资产档案管理11大事项，并针对设备相关问题的发现、分析与解决给出相应的实用工具与对策，理论性、实操性二者兼具。

本书适合企业设备部管理人员、人力资源部或培训部人员、生产现场设备管理人员（班组长、线长、拉长、工段长等）以及设备管理领域的人员研究、阅读和使用。

目录 CONTENTS

第1章　设备管理体系的建立

1.1　设备及设备管理

1.1.1　设备

班组长在日常工作中会接触到的生产设备主要是指在企业中直接用于生产过程或直接为生产服务的机器和设备，主要包括机械设备、动力设备及传导设备等。

1. 设备形态

设备基本上是以实物形态和价值形态的形式存在的，因此，设备形态主要包括设备实物形态和设备价值形态，其具体说明见表1—1。

表1—1　设备形态的具体说明

设备形态	解释	具体说明
设备实物形态	设备从规划设计到报废的全过程即为设备实物形态运动的过程	◆ 设备从规划到设计、制造或选型、购置、安装及调试合格，即具备了实物的技术状态 ◆ 设备投入使用后，由于物理和化学的作用而产生磨损、腐蚀、老化，使设备实物的技术性能逐渐劣化、精度逐渐降低，因而需要对设备进行修复、技术改造和更新 ◆ 从设备投入到报废是设备实物形态的使用寿命
设备价值形态	设备价值形态的运行过程主要由在整个设备使用寿命周期内包含的最初投资、使用费用、维修费用的支出及设备折旧、技术改造、更新资金的筹措和支出等构成	◆ 新购置的设备，经安装及调试合格投入使用前，其价值形态表现为财务账面上的原值 ◆ 设备投入使用后，设备运行需要资金的继续投入；同时，通过折旧，使它的价值逐渐转移到产品成本中去，通过产品销售予以回收，表现为原账面价值的减少，即设备的净值逐渐降低 ◆ 当设备不再继续使用或报废时，通过出售，回收部分剩余价值或残值

2. 设备的生命周期

设备的生命周期是指设备的一生，即从设备的调研开始直至报废的全过程，其中从调研到验收的这段期间称为设备的前半生，从验证到报废的这段期间称为设备的后半生，具体如图 1—1 所示。

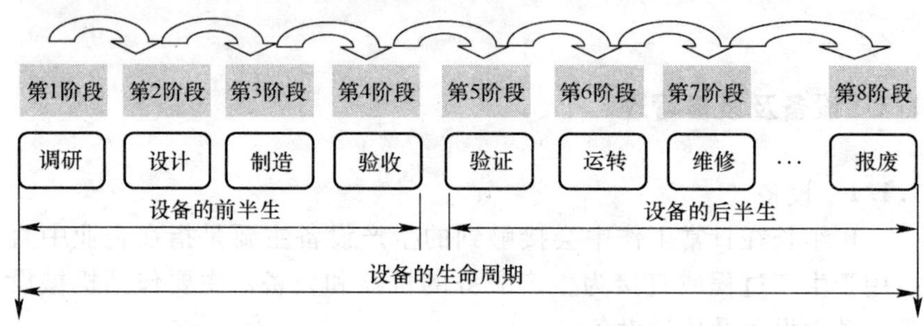

图 1—1　设备的生命周期

1.1.2　设备的分类

企业设备种类繁多，大小不一，功能各异，企业为方便设备的使用及管理，应对设备进行分类管理。设备分类的标准包括适用范围、使用性质、工艺性能等。

1. 按设备适用范围分类

设备按适用范围不同可划分为通用设备和专用设备，其具体说明见表 1—2。

表 1—2　按设备适用范围分类

设备类型	说　明
通用设备	◆ 通用设备是指企业生产经营中广泛应用的机械设备 ◆ 例如，用于制造、维修机器的各种机床，用于搬运、装卸的起重运输设备，以及辅助生产用的泵、风机等
专用设备	◆ 专用设备是指企业或行业为完成某个特定的生产环节、特定的产品而专门设计、制造的设备 ◆ 这些设备只能在特定部门、特定的生产环节中发挥作用，不具有普遍应用的价值

2. 按设备使用性质分类

设备按使用性质不同进行区分，可分为生产用机械设备、非生产用机械设备、未使用机械设备、不需用设备等，具体的说明见表1—3。

表1—3　　按设备使用性质分类

设备类型	具体说明
生产用机械设备	◆生产用机械设备是指发生直接生产行为的机械设备，如动力设备、电气设备和其他生产设备
非生产用机械设备	◆非生产用机械设备是指企业中福利、教育部门和专门的科研机构等单位所使用的设备
未使用机械设备	◆未使用机械设备是指未投入使用的新设备以及存放在仓库准备安装投产或正在改造、尚未验收投产的设备
不需用设备	◆不需用设备是指已不适合本企业需要、已报上级等待处理的各种设备

3. 按设备工艺性能分类

机械制造企业通常将其生产设备按工艺性能不同分为两大类，包括机械设备和动力设备，具体分类如图1—2所示。

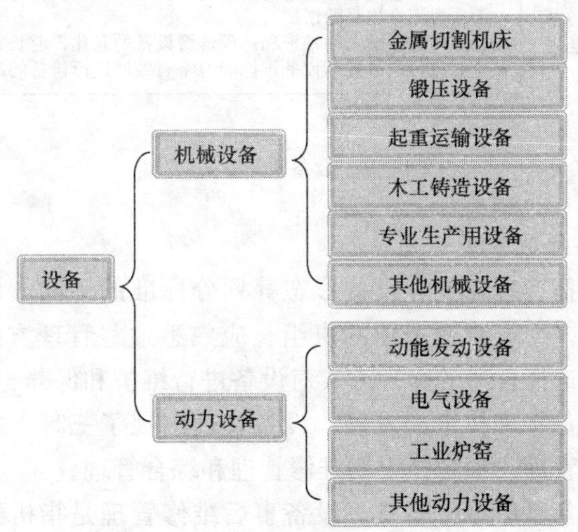

图1—2　按设备工艺性能分类

1.1.3 设备的管理

设备管理是以设备为对象，以追求设备综合效率为目的，应用一系列理论、方法，通过一系列技术、经济、组织措施，对设备使用寿命周期全过程进行的管理，包括选择设备、正确使用设备、维护和修理设备以及更新改造设备全过程的管理工作。

1. 设备管理的必要性

生产现场的机械设备或相关装备存在发生故障和老化的情况，企业要减轻这些情况产生的影响，就需要对设备进行管理，设备管理的必要性如图 1—3 所示。

图 1—3 设备管理的必要性

2. 设备管理方式

按照设备管理发展、设备形态等划分标准的不同，设备管理的方式也不同。生产制造企业的班组长应熟悉这些管理方式，以便指导班组成员选择合适的管理方式对设备进行维护和保养。

根据设备管理技术的发展，设备管理出现了三种方式，包括设备事后维修管理、预防性定期维修管理和综合管理。

（1）设备事后维修管理。设备事后维修管理是指机器和设备在生产过程中发生故障或损坏之后才进行维修的管理方法。

（2）预防性定期维修管理。预防性定期维修管理是指为了防止机器和设备发生意外故障而预先在设备修理之前安排修理的管理方法。其主要做法是定期检查设备，对设备进行预防性维修，在故障尚处于萌芽状态时加以控制或采取预防措施，以避免突发事故。

预防性定期维修管理的特点见表1—4。

表1—4　　　　预防性定期维修管理的特点

特点	具体说明
计划预修与事后修理相结合	◆对生产中所处地位比较重要的设备管理实行计划预修，而对一般设备管理实行事后修理或按设备使用状况进行修理
合理确定检修周期	◆设备的检修周期不是根据理想磨损情况，而是根据各主要设备管理的具体情况来定 ◆设备检修周期可按设备的设计水平、制造和安装质量及使用条件、强度等情况来确定，这样可以使修理周期和结构更符合实际情况，更加合理
采用项目修理	◆通常，设备有保养、小修、中修和大修几个环节，企业可采用项目修理代替设备中修，或者采用几次项目修理代替设备大修，使修理作业量更均衡，节省了修理工时
修理与改造相结合	◆企业往往结合设备修理对原设备进行局部改进或改装，使大修与设备改造结合起来，延长了设备的使用寿命
设备维护、保养与检修结合	◆设备保养与设备检修一样重要，若能及时发现和处理设备在运行中出现的异常，就能保证设备正常运行，减轻设备的磨损，延长设备的使用寿命

（3）综合管理。设备综合管理的方针是建立以作业人员点检为基础的设备维修制度；实行重点、专门设备管理，避免过度维修；定期检测设备的精度指标；进行设备的维修记录和资料的统计及分析。

设备综合管理以20世纪70年代初期，日本推行的“全员生产维修（TPM）”的运用最为广泛，它具有全效率、全系统和全员参与的特点，具体说明如图1—4所示。

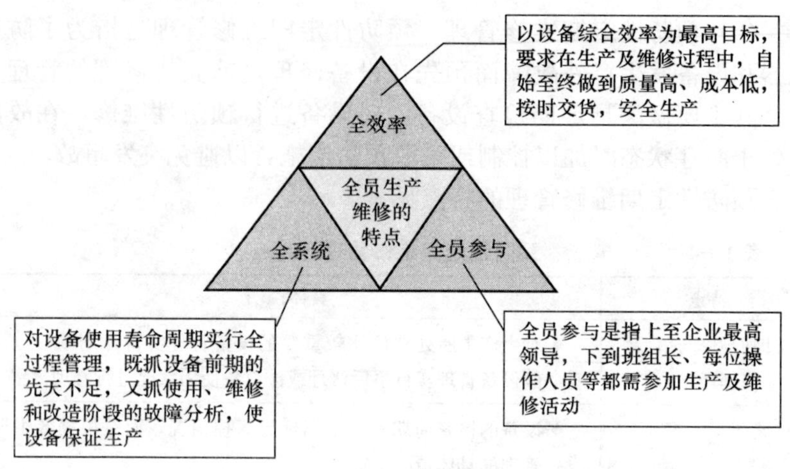

图 1—4　全员生产维修的特点

1.2　设备管理组织与知识体系

1.2.1　设备管理组织设计

设备管理职能结构的设计可依据设备部内部职能分工、企业所属行业、企业规模大小、企业内部协作程度、生产类型等因素的不同而设计不同的结构模式。

1. 按职能分工设计的设备管理组织结构

设备管理组织结构根据职能分工来设计时，涵盖了产品生产及制造相关设备的整个生命周期的后半生。

设备管理组织结构按设备采购、安装及调试、维护与保养、维修、设备更新和改造管理等职能分工的不同，可设计成如图 1—5 所示的组织结构。

2. 按企业内部专业协作程度设计的设备管理组织结构

（1）按机械设备专业分工设计的设备管理组织结构如图 1—6 所示。

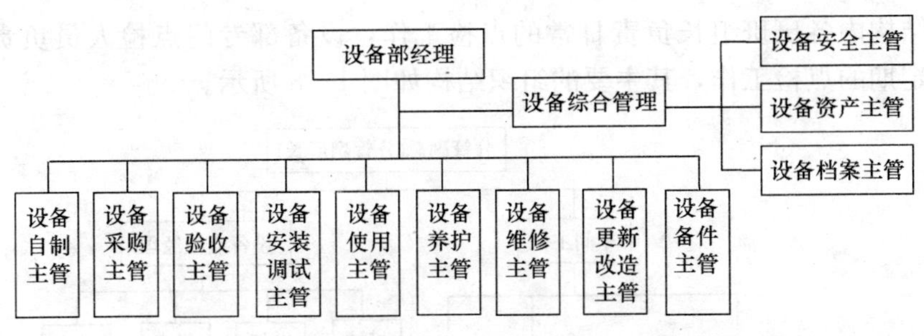

图 1—5　按职能分工设计的设备管理组织结构

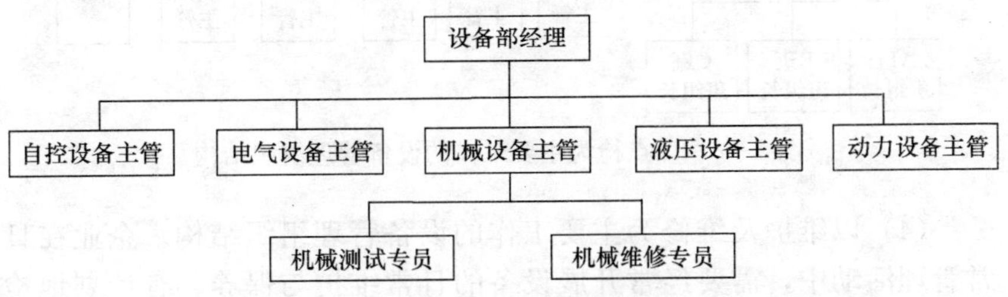

图 1—6　按机械设备专业分工设计的设备管理组织结构

（2）以安装调试为主要工作的设备管理组织结构。企业在建设初期，其设备的安装与调试工作量很大，可设置如图 1—7 所示的设备管理组织结构。

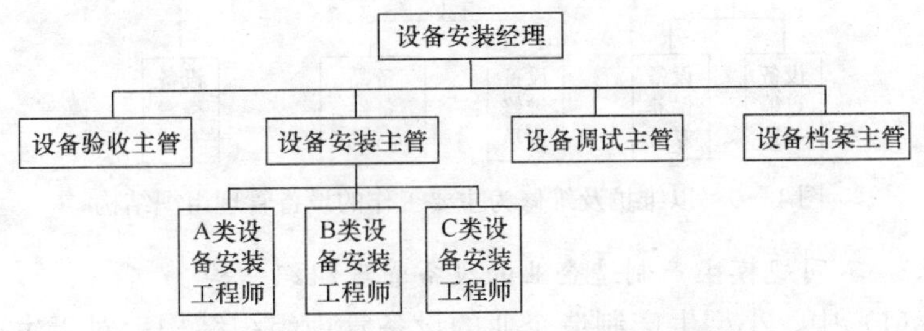

图 1—7　以安装调试为主要工作的设备管理组织结构

（3）以点检为主要工作的设备管理组织结构。在正式开展生产作业活动后，企业形成以点检为主要工作的设备管理组织结构，此结构内各班班组长负责日常的点检工作，设备部专门点检人员负责定期的点检工作，其主要的组织结构如图 1—8 所示。

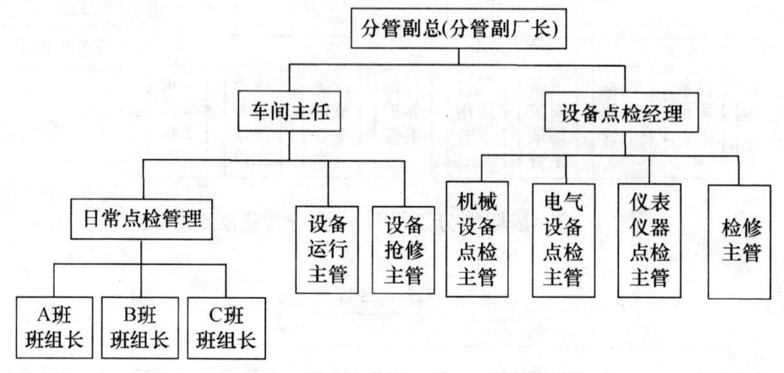

图 1—8　以点检为主要工作的设备管理组织结构

（4）以维护及维修为主要工作的设备管理组织结构。企业在日常管理活动中，需要经常开展设备的日常维护与保养、有计划地检修及故障处理等工作，其设备管理组织结构如图 1—9 所示。

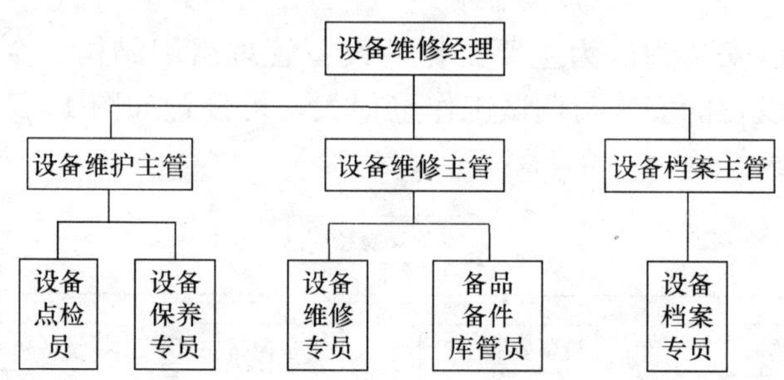

图 1—9　以维护及维修为主要工作的设备管理组织结构

3. 不同规模生产制造企业的设备管理组织结构

（1）中、小型生产制造企业的设备管理组织结构。对于生产规模不大的中、小型生产制造企业而言，可在分管副总（或厂长）的领导下设立设备部，设备的规划选型、采购订货、安装及验收与调试、设备台账、维护与保养、检修与维修、改造更新等均由设备部归口管理。在设备部内部，可设若干专员负责具体的事宜，其主要的组织结构如图 1—10 所示。

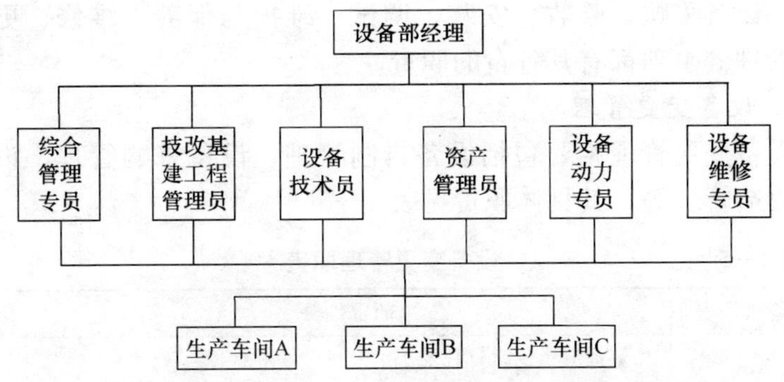

图 1—10　中、小型生产制造企业设备管理组织结构

（2）大型生产制造企业的设备管理组织结构。对于生产规模较大的大型生产制造企业而言，一般会设置二级设备管理机构，即总企业（或总厂）设备部与分企业（或分厂）设备办公室，具体组织结构如图 1—11 所示。

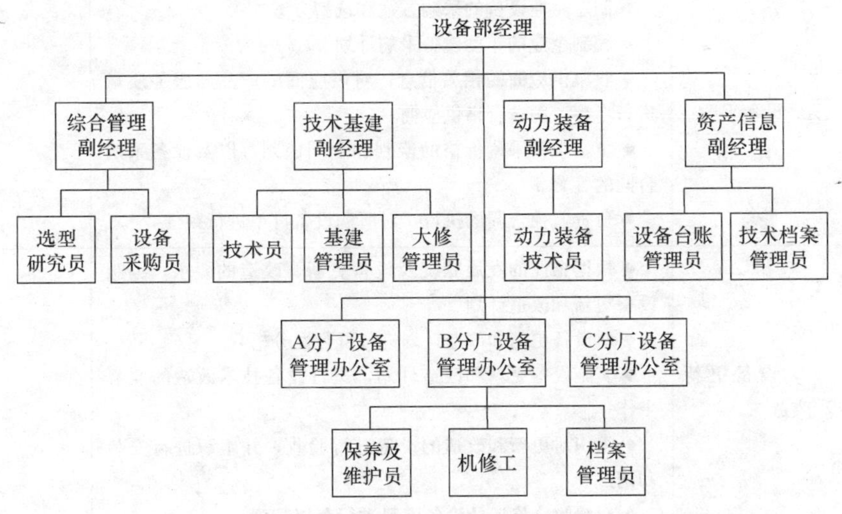

图 1—11　大型生产制造企业设备管理组织结构

1.2.2 设备管理职责设计

设备管理职责按照设备管理组织结构及具体的工作内容来进行设计，设备采购、验收、安装、调试、维护与保养、维修、更新和改造管理等事项都有其各自的职责。

1. 设备变更管理

设备变更管理主要包括设备自制管理、设备采购管理、设备更新和改造管理等，其具体职责见表1—5。

表1—5　　设备变更管理职责

设备管理职责	职责细分	备注
1. 设备自制	◆ 编制设备设计任务书 ◆ 编制并审查设计方案 ◆ 编制设备自制计划与费用预算 ◆ 进行设备的试制，形成样机 ◆ 组织进行自制设备的质量鉴定和验收工作 ◆ 将自制设备的设计方案和图样资料等技术资料归档 ◆ 管理设备安装、调试相关的过程文件、技术文件及资料等	
2. 设备采购	◆ 制定企业设备的采购方案和选型方案 ◆ 编制企业的年度设备采购计划 ◆ 收集供应商的相关信息，对供应商的产品与服务质量进行考察，筛选合格供应商 ◆ 负责设备采购价格的谈判和合同谈判，以及设备采购合同的签署 ◆ 负责监控合同的执行，对所购设备订单进行跟催	
3. 设备更新和改造	◆ 根据企业的发展状况及设备更新、改造的要求，编制设备更新和改造计划 ◆ 对设备更新和改造计划进行可行性分析 ◆ 实施设备更新和改造计划，进行设备技术改造的监督工作 ◆ 组织对更新和改造的设备进行验收，并组织进行安装和调试 ◆ 对验收合格后的设备资料进行存档管理	

2. 设备前期管理

设备前期管理主要包括设备验收管理、设备安装和调试管理，其具体职责见表1—6。

表1—6　　设备前期管理职责

设备管理职责	职责细分	备注
1. 设备验收	◆准备设备验收的工具、文件资料等，并清理及验收场地 ◆以图样和设备详单为依据对设备进行验收 ◆检查设备数量和设备及其零部件的完好程度，看其有无偏差和缺损 ◆在设备验收合格后，按照计划结合实际情况对设备进行交接或入库暂存 ◆设备交接给相关单位或使用部门时应做好交接手续 ◆对设备资料和相关单据需妥善保管	
2. 设备安装和调试	◆审核安装单位的资质和安装人员的资格，与安装单位签订安装合同 ◆对设备安装实施管理，确保严格按照设备安装方案完成设备安装工作 ◆负责设备安装的质量管理，处理设备安装过程中的相关技术问题 ◆负责现场安装调试管理，维持现场秩序，确保设备正常运行 ◆管理、维护检验状态的标志及检测仪表、仪器 ◆参与制定设备安装及调试预算，有效控制设备安装及调试的费用 ◆管理与设备安装、调试相关的过程文件、技术文件及资料等	

3. 设备后期管理

设备投入使用后的管理主要分为设备使用、养护、维修的管理，其具体职责见表1—7。

表 1—7　　设备后期管理职责

设备管理职责	职责细分	备注
1. 设备使用	◆ 建立、健全企业生产设备的操作规程，确保设备操作人员规范作业 ◆ 统计企业设备能耗及材料消耗数据，编制能源消耗定额标准 ◆ 定期对设备使用状况进行数据收集与分析，及时发现并解决潜在问题 ◆ 负责企业设备日常巡视、检查工作，记录设备运转情况，发现问题及时通知相关负责人处理	
2. 设备养护	◆ 制订年度及各月度的设备维护与保养计划 ◆ 根据设备维护与保养计划确定设备维护与保养时所需的备件及预算 ◆ 根据企业的生产环境及设备说明书制定设备的养护规范与要求 ◆ 督促落实设备的维护与保养工作，减少设备的维修成本 ◆ 督促落实设备的润滑与保养工作，减少设备的磨损	
3. 设备维修	◆ 建立、健全设备维修方面的规章制度与工作规范 ◆ 制订设备维修的相关计划 ◆ 建立、健全企业设备维修作业操作规程，确保设备维修人员规范操作 ◆ 编制设备维修费用预算，为设备维修提供资金支持 ◆ 根据企业设备维修计划组织开展设备日常维修工作 ◆ 组织开展设备重大故障的处理工作 ◆ 负责组织设备进行事故抢修工作，以尽快恢复生产，减少事故损失 ◆ 组织建立企业设备的维修档案，确保设备资料准确、完整	

4. 设备备件管理

设备备件管理的主要职责是指对设备备件的采购、库存、备件消耗的管理，同时也需对设备备件事故进行处理，其具体职责见表1—8。

表 1—8　　设备备件管理职责

设备管理职责	职责细分	备注
1. 备件管理准备	◆ 根据设备维护、保养计划和设备检修计划，确定设备备件的需求 ◆ 负责编制全企业年度、月度设备备件计划	
4. 供应商评定	◆ 负责收集供应商信息，对供应商进行筛选 ◆ 负责组织对设备供应商的评价、认定工作，确定合格的供应商	
5. 备件采购验收	◆ 根据采购计划和确定的供应商，下达采购订单 ◆ 负责组织对到货设备备件质量的联合验收工作	
6. 储备库存控制	◆ 负责对全企业设备备件储备量进行控制 ◆ 负责设定备件的消耗定额，对设备备件的消耗进行统一管理 ◆ 负责设备库存资金的控制	
7. 备件事故管理	◆ 负责组织设备备件事故分析会，分析备件造成设备事故的原因 ◆ 制定事故预防和解决措施，对出现的事故进行处理	

5. 设备综合管理

设备综合管理主要包括设备安全管理、设备资产管理和设备档案管理，其具体职责见表1—9。

表 1—9　　设备综合管理职责

设备管理职责	职责细分	备注
1. 设备安全管理	◆ 制定设备使用、维护、保养、检修管理方面的安全规定和标准 ◆ 组织做好操作中的安全管理工作，杜绝安全事故的发生 ◆ 组织设备安全大检查，对检查出的有关安全问题及时整改 ◆ 组织做好安全教育工作，确保相关人员具有设备安全操作意识 ◆ 制定应急救护措施，并进行演练 ◆ 负责设备事故的调查处理，找出事故发生的原因和责任人 ◆ 制定和实施设备安全事故的预防措施	
2. 设备资产管理	◆ 建立、更新、维护设备台账，掌握企业设备资产状况 ◆ 进行设备资产的分类、编码管理 ◆ 设置设备资产卡片 ◆ 负责设备资产的计价、折旧等价值管理 ◆ 随着环境的变化和设备的使用、老化等情况出现，对设备进行评估	
3. 设备档案管理	◆ 负责设备增加、变更、清理、借出、归还、折旧等数据的收集和统计 ◆ 负责将设备的各类数据进行分类、建档管理 ◆ 负责编制设备档案的目录及借阅管理工作 ◆ 负责及时更新设备的档案信息 ◆ 负责定期盘点设备的档案，确保设备档案完整、有序	

1.2.3　设备管理知识体系

设备管理需要掌握设备采购、使用、维修、保养等多方面的知识，管理人员只有在了解相关知识的基础上才能进行科学的管理，确保设备的正常运行。设备管理的知识体系如图 1—12 所示。

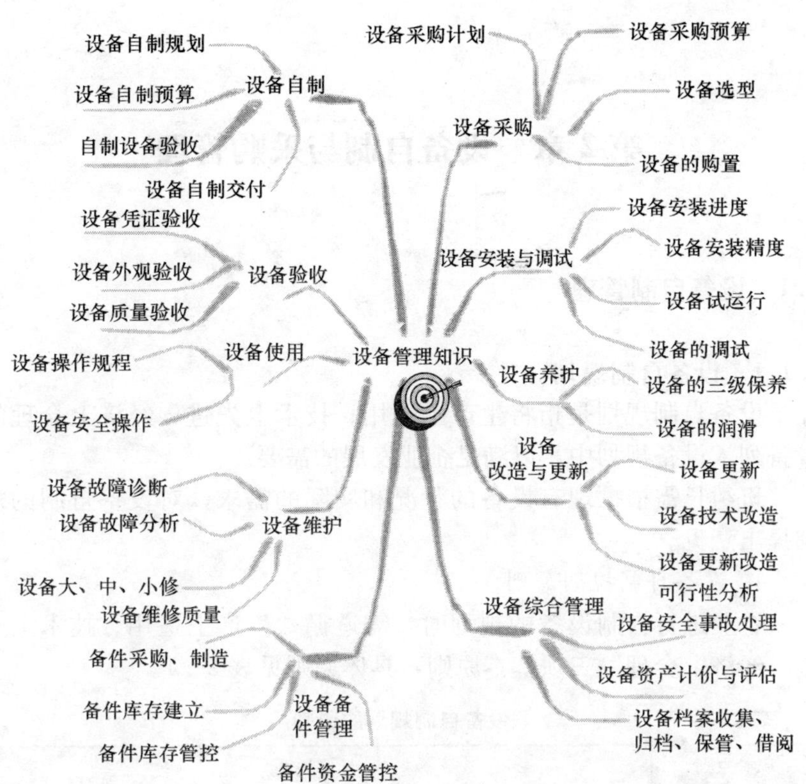

图 1—12 设备管理的知识体系

第2章　设备自制与采购管理

2.1　设备自制管理

2.1.1　设备自制规划

设备自制规划是指将生产上适用、技术上先进、经济上合理的设备列入设备规划中，以满足企业发展的需要。

班组长需根据现有设备的状况和实际的需求，对设备自制的规划提出意见。

1. 设备自制规划原则

企业进行自制设备的规划时，需遵循“生产上适用、技术上先进、经济上合理”三项基本原则，具体原则见表2—1。

表2—1　设备自制规划的原则

基本原则	具体说明
生产上适用	必须从生产实际需要出发，立足于企业的具体条件，因地制宜，讲究适用
技术上先进	结合国内外设备的技术状况及企业自制的能力，尽可能采用最先进的设备技术条件
经济上合理	注意经济分析，追求设备全使用寿命周期中的设计、制造费与使用、维修费两者结构合理

2. 设备自制规划的依据

企业需了解企业发展规划、设备技术状况、设备资金等信息，以便合理进行设备自制的规划，其主要依据如下：

(1) 国家政策（节能、节材）的要求。

(2) 国家劳动安全和环境保护法规的要求。

(3) 国内外新型设备发展和科技信息。

(4) 企业自制设备的管理能力、技术条件等。

(5) 企业生产经营发展的要求。

(6) 企业设备的技术状况。

(7) 可筹集用于设备投资的资金。

3. 设备自制规划的作用

对于一些专用和非标准设备，企业往往需要自行设计及制造。自制设备具有针对性强、周期短、收效快等特点。它是企业为解决生产关键问题、按时保质完成任务、获得经济效益的有力措施，也是企业实现技术改造的重要途径。

自制设备的主要作用包括四个方面，具体如图 2—1 所示。

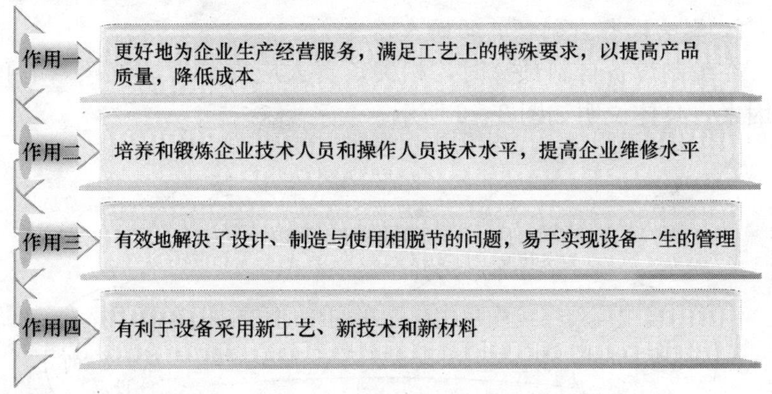

图 2—1 自制设备的作用

2.1.2 设备自制预算

制定设备自制预算，是为了采购部凭此进行采购，并控制设备设计、制造、验收交付过程中预算费用的支出，也方便财务部门据此筹措和安排所需资金，保证资金支付的准确性与及时性。

1. 自制设备预算编制依据

自制设备预算编制的依据包括零部件等材料费用、人工费用、筹集资金的财务费用等，具体说明见表 2—2。

表 2—2　编制自制设备预算的依据

依据	具体说明
自制设备所需的零件及备件数量	◆ 零件及备件数量由设备设计人员确定，采购人员可根据备件库存确定采购数量
零件及备件计划价格	◆ 零件及备件计划价格由采购部根据零件及备件的当前价格，结合可能影响零件及备件价格变化的因素进行确定
人工费用	◆ 设计、建造、验收及交付设备所需的员工工资及管理费用
筹集资金的财务费用	◆ 筹集资金所发生的咨询费、审计费、劳务费等，以及借款所产生的利息费用

2. 影响设备自制预算的因素

在编制设备自制预算时，相关负责人应充分考虑五项影响预算的因素，具体说明如图 2—2 所示。

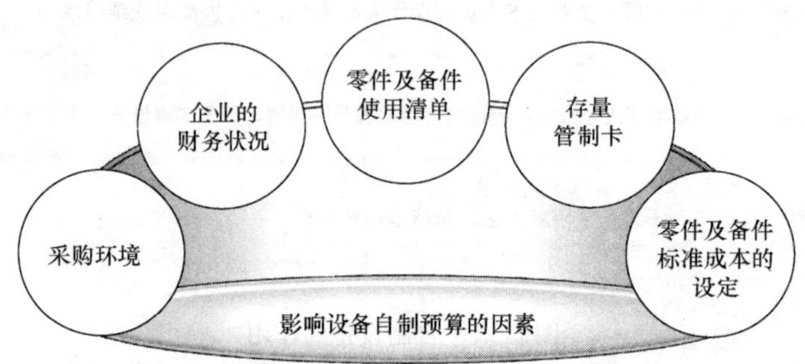

图 2—2　影响设备自制预算的因素

2.1.3　自制设备实施

企业自制设备，应当组织设备管理人员、维修人员、班组长及操作人员等参加设计方案的研究和审查工作，并严格按照设计方案做好设备的制造工作，设备制成后应当有完整的技术资料。

1. 设备自制管理分工

设备自制具体的管理可分为自制决策、设计、制造、费用等方面的管理，具体的管理分工见表 2—3。

表 2—3 设备自制管理分工

管理事项	管理分工
申请立项	◆ 使用部门或工艺部门根据生产需要提出自制设备申请 ◆ 企业主管领导研究决策后交主管部门立项，并确定设计、制造部门 ◆ 设备部门、技术部门组织相关论证，重大项目由企业领导直接决策
设计审查	◆ 设计部门提出设计方案及全部图样资料 ◆ 设计方案审查一般实行分级管理 ◆ 价格在 5 000 元以下的由设计单位报主管部门转计划和财务部门 ◆ 价格在 5 000～10 000 元的由设计单位提出，主管部门主持，设备、使用、工艺、财务和制造等部门参加审查后报企业主管领导批准 ◆ 价格在 10 000 元以上的由企业主管领导或总工程师组织各有关部门进行审查
设备自制实施与鉴定	◆ 人力资源部门核定工时定额，生产部门安排制造计划 ◆ 设计或制造单位负责编制工艺、工艺装备和检具等技术工作 ◆ 设备制造单位组织制造，设计部门应派设计人员现场服务，处理制造过程中的技术问题 ◆ 制造完成后，由检查部门按设计任务书规定的项目进行检查和鉴定

2. 设备自制实施程序

自制设备的实施程序具体如下：

(1) 编制设计任务书。设备的设计任务书是指导、监督设计及制造过程和自制设备验收的主要依据。设计任务书明确规定了各项技术指标、费用概算、验收标准及完成日期。

(2) 设计方案审查。设计方案包括全部技术文件，具体包括设计计算书、设计图样、使用及维修说明书、验收标准、易损件图样以及关键部件的工艺等。设计方案需组织有关部门进行可行性论证，从技术、经济等方面进行综合评价。

（3）编制计划与费用预算表。

（4）设备自制、安装与试车。

（5）制造质量检查。

（6）验收移交，转入固定资产。

2.1.4 自制设备验收

设备安装竣工后，应对自制设备进行验收。设备质量验收工作是自制设备管理最重要的环节。设备验收工作一般由设备部、技术部、质量管理部、班组长及操作人员等完成，具体的验收步骤如下：

1. 鉴定验收

企业有关部门参加的自制设备鉴定验收会议应根据设计任务书和图样要求所规定的验收标准，对自制设备进行全面的技术、经济鉴定和评价。

2. 设备生产验证

鉴定验收合格的自制设备经半年的生产验证，证明自制设备的性能是否能够达到产品工艺的要求。

如设备能达到产品工艺要求，设计、制造部门将修改后的完整的技术资料移交给设备部门。技术资料主要包括装配图、零件图、基础图、传动图、电气系统图、润滑系统图、检查标准、说明书、易损件及附件清单、设计数据和文件、质量检验证书、制造过程中的技术文件、图样修改等文件凭证、工艺试验资料以及制造费用结算成本等文件。

3. 验收结果的处理

对自制设备验收结果分情况进行处理，具体的处理办法如下：

（1）验收合格后，由质量管理部门发给合格证，准许使用部门进行使用。

（2）对因设计错误或制造质量低劣而使设备不能按时投产者，要追究有关部门的经济责任。

（3）质量不稳定或不能正常使用的设备不能转入固定资产。

4. 验收资料的处理

设计、制造部门将技术资料移交给设备部门后，设备部门需对其进行核查，如资料与实物相符，并符合固定资产标准者，方可转入企业固定资产进行管理；否则，将不能转入固定资产。

2.1.5 自制设备移交

自制设备验收合格，设备管理部应及时办理移交手续，及时将设备转移给使用部门，以便生产班组进行正常生产。

1. 填写自制设备移交单

在进行设备移交时，设备管理部填写自制设备移交单，由使用部门和班组长在自制设备移交单上签字。

2. 自制设备的编号和标示

自制设备应由财务部统一编号，设备管理部负责在设备上钉贴铭牌或喷字。

3. 文件资料的移交

（1）自制设备移交给使用部门时，设计部应将相关技术文件资料进行移交，设备管理部签收，整理后及时归档。具体需移交的资料如图2—3所示。

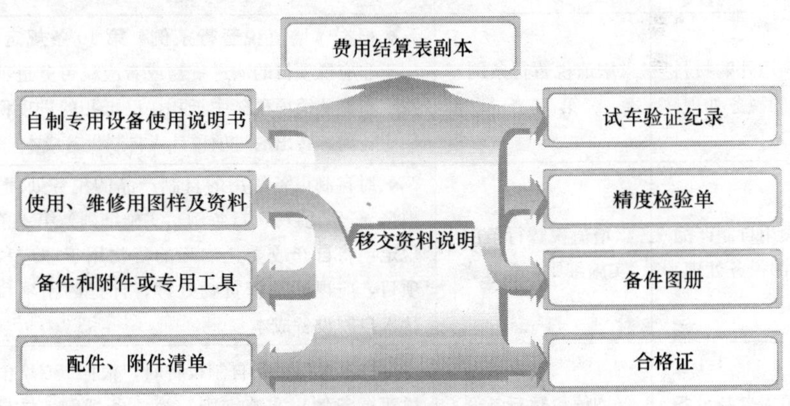

图2—3 技术文件移交资料说明

(2) 设备管理部需将设备使用说明书、使用图样等资料进行复制、移交给使用部门，并让使用部门和班组长签字确认。

2.1.6 自制设备核算

1. 自制设备的会计处理

由于自制设备符合固定资产的特征，所以应将其确认为企业的固定资产，并按固定资产的管理要求进行管理，具体的会计处理办法如下：

(1) 由于《企业会计准则》规定了“生产成本”账户的核算内容包括企业生产的各种产品、自制材料、自制工具、自制设备等所发生的各种生产费用。所以，自制的机器和设备在“生产成本”账户核算。

(2) 设备建造完工后作为产成品入库，待技术部门领用时再由“产成品”科目转入“固定资产”科目。

2. 自制设备的税务处理

企业自制设备领用外购材料、自制产品、自制设备等物资，其税务处理办法各不相同，具体的处理办法见表2—4。

表2—4　　自制设备的税务处理办法

领用物资分类	依据	处理办法
领用外购材料的税务处理	《增值税暂行条例》第10条	◆根据《增值税暂行条例》第10条规定：用于非应税项目的购进货物或者应税劳务进项税额不得从销项税额中抵扣，已抵扣的进项税额应转出，转出的进项税计入自制设备成本
领用自制产品的税务处理	《〈增值税暂行条例〉实施细则》第4条	◆对自制设备领用的自制产品的税务处理，根据《〈增值税暂行条例〉实施细则》第4条规定：将自产或委托加工的货物用于非应税项目，应视同销售货物处理，计提的销项税计入自制设备成本
领用自制设备的税务处理	《〈增值税暂行条例〉实施细则》第4条	◆技术部门领用自制设备时，根据《〈增值税暂行条例〉实施细则》第4条规定：将自产或委托加工的货物用于非应税项目，应视同销售货物处理，计提销项税额

2.2　设备采购管理

2.2.1　设备采购决策

企业生产管理人员在进行自制与外购决策时所采用的决策准则是基于多方面的因素的。各种影响因素可以分为两大类：一类是经济利益因素；另一类是非经济的和难以确定的因素，其具体说明见表2—5。

表2—5　影响设备采购决策的因素

因素	重要性	具体说明
经济利益因素	经济利益因素是自制与外购决策的主要影响因素	◆企业设备是运用自身的技术力量自制还是直接外购，绝大多数的生产管理者都会把成本作为制定自制与外购决策的主要标准
非经济的和难以确定的因素	非经济的和难以确定的因素是不可忽视的重要因素	◆质量保证、供应的可靠性、专利、营业秘密的控制、灵活性以及生产的专业化程度等是制定自制与外购决策的重要标准 ◆当地政府的某些规定在一定程度上也会影响企业的自制与外购决策

2.2.2　设备采购计划

设备部经理制订设备采购计划的最终目标是指导设备的采购工作，保证生产活动的正常进行，实现企业的生产经营目标。班组长和车间主任需配合设备部经理，确定其班组内所需的生产相关设备，提出本车间班组内的设备需求。

1. 制订设备采购计划的目标

设备部经理制订设备采购计划的目的是保证生产、节约成本、确保生产经营计划的实现，其具体目标如图2—4所示。

2. 设备采购计划的编制步骤

设备部经理制订设备采购计划时可按照以下步骤进行，各部门主管及车间班组长等都需配合设备部经理完成设备采购计划的编制工作，其具体的步骤如下：

①维持企业正常的生产经营活动，避免因供应中断而影响产销活动

②避免因设备储存过多而占压企业流动资金

③使企业资产得到合理配置，获得最大的经济效益

④使采购部门能够有充足的准备，选择有利时机采购设备

⑤确定设备损耗标准，便于企业有效控制采购数量和采购成本

⑥配合企业整体生产经营计划的实现

图2—4 设备采购计划的目标

(1) 掌握企业生产经营状况

1) 采购人员需明确掌握企业每年年底制定的下年度的经营目标。

2) 采购人员应根据企业经营目标、客户意志和市场预测等资料制作设备及零部件采购需求预测。

3) 采购部门需掌握企业各部门上年度的设备及零部件采购计划及其执行情况。

4) 各部门根据年度目标、经营计划和生产计划等预估各种消耗零部件的需求量。

(2) 汇总采购需求。各部门和车间班组需提交各单位的设备及零部件需求，并填制请购单。采购计划专员需汇总各部门需求和请购单据，并据此编制设备及零部件采购需求汇总表。

(3) 编制采购计划。采购部根据企业年度经营计划、设备及零部件需求汇总表、上年度设备及零部件采购情况、企业库存设备及零部件情况，判断需求是否合理，并编制设备采购计划，提交采购总监和总经理进行审核及审批。

(4) 采购计划执行与调整。采购部按月度和部门对设备采购计划进行细化分解，形成月度采购作业计划，明确采购人员配置及物资项目、数量等信息。

当企业经营或市场情况发生变动而造成企业设备采购需求变化时，则要由相关部门及人员按照设备采购计划变更申请审批流程申请设备采购计划的调整。

2.2.3　设备采购招标

招标采购是指企业通过设置一定的标准和条件，通过招标形式，邀请全部或部分供应商进行投标，并由企业与最终中标企业签订采购合同的采购方式。

1. 设备采购招标范围

设备采购达到下面所列条件之一的，必须由设备采购小组统一组织招标工作：

（1）主要生产、施工设备。

（2）重大科技项目的大型设备、重要辅机、专用工具和器具、控制系统等。

（3）进口设备。

（4）单项合同预算价在____万元人民币及以上的。

（5）国家法律及本企业规定其他必须招标的设备项目。

2. 设备采购招标流程

设备采购招标通过招标、评标、开标、定标等实施阶段，完成设备采购招标的工作，具体的采购招标流程如图2—5所示。

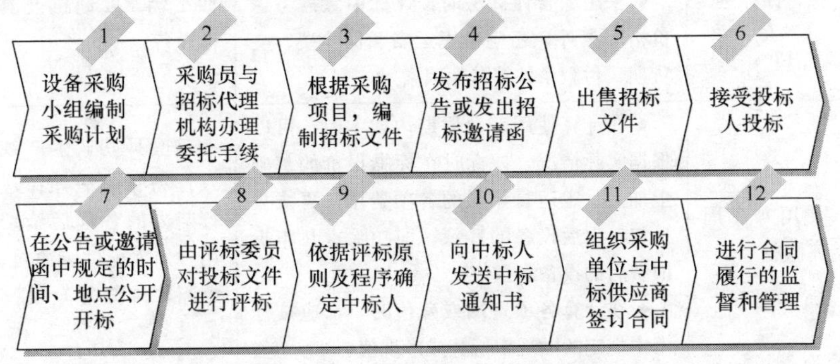

图2—5　设备采购招标的流程

3. 编制设备招标文件

设备招标文件包括商务标和技术标两个部分，每部分由专门的人员进行编写，其修改和澄清部分也属于设备招标文件。

（1）设备招标文件的商务部分由设备部采购人员进行编制，并负责招标文件的汇总、印发等工作。

（2）设备招标文件的技术部分由技术部负责编制，并邀请有关专家对其进行评审，各部门和车间班组等使用单位也需提出相关的意见，确保招标采购的设备符合生产的需求。

（3）设备部需要对已发出的招标文件进行必要的澄清或修改的，应在招标文件要求提交投标文件截止时间____天前，以书面形式通知所有招标文件收受人，该澄清或修改内容为招标文件的组成部分。

4. 设备采购评标方法

企业要想采购到合适的设备来保证生产需求，需了解和选择合适的评标方法，具体的评标方法见表2—6。

表2—6　　设备采购评标方法

评标方法	具体说明	适用范围
综合评标法	◆综合评标法是指以价格另加其他因素为基础的评标方法 ◆采用综合评标法时，评标中除需考虑价格因素外，还应考虑运费、保险费、交货期、付款条件等其他因素	适用于耐用设备，如车辆、发动机及其他设备
使用寿命周期评标法	◆在计算使用寿命周期内成本时，可以根据实际情况，评标时在标书报价的基础上加上一定运行年限的各项费用，再减去一定年限后设备的残值，即扣除这几年折旧费后的设备剩余值 ◆在计算各项费用或残值时，都应按标书中规定的贴现率折算成净现值	整套厂房、生产线或设备、车辆等在运行期内的各项后续费用（如零配件、油料、燃料、维修等）很高的设备

2.2.4 设备采购合同

1. 设备采购合同签订原则

企业确定了采购的设备和设备供应商之后，则需准备进行合同的签订，签订设备采购合同时需遵循的具体原则如图 2—6 所示。

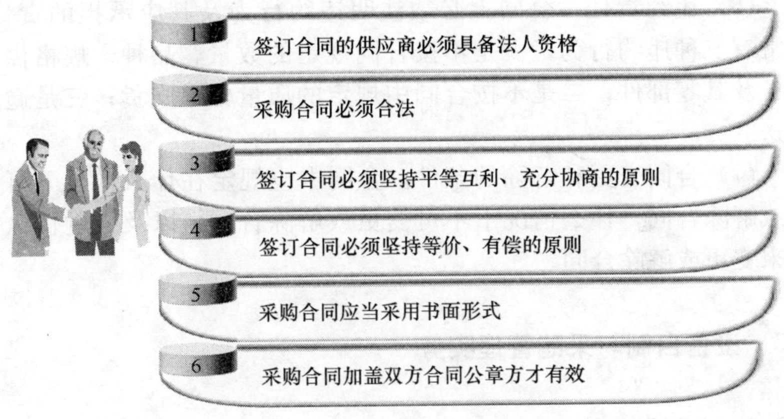

图 2—6 设备采购合同签订原则

2. 设备采购合同的内容

企业在签订合同时，在遵循签订原则的基础上，还需明确采购合同的内容，设备采购合同的具体内容如下：

(1) 合同标的。采购合同上应标明设备及其零部件的名称，并且价格表为合同附件。设备及其零部件的条形码、品种、数量、规格等数据一般附在价格表上，其品种应具体，应避免使用综合品名，规格应规定具体颜色、式样、尺码和牌号等，数量必须以实际销售的单位为最小单位。

(2) 质量和包装。设备采购合同上必须注明设备及其零部件的包装方式，必须有具体的质量保证条款，有明确的包换、保修、包退条款。

(3) 价格和结算方式。不论以何种方式报价，价格表上都必须注明确切的设备进价；合同上必须规定明确的结算方式和程序。

(4) 交货期限、地点和送货方式。合同上必须明确注明交货的时间、地点和送货方式。

(5) 验收方法。合同上必须注明验收标准、验收方法、期限和地点。

(6) 违约责任。合同上必须注明违约行为及其应承担的责任。通常有三种违约行为，一是不按合同规定的数量、品种、规格供应设备及其零部件；二是不按合同中规定的质量标准交货；三是逾期发送。

(7) 合同变更和解除的条件。合同中应规定在什么情况下可变更或解除合同，什么情况下不可变更或解除合同，以及通过什么手续来变更或解除合同。

2.3 设备自制与采购管理实务

2.3.1 自制设备管理制度

<table>
<tr><td rowspan="2">制度名称</td><td rowspan="2">自制设备管理制</td><td>编　　号</td><td></td></tr>
<tr><td>执行部门</td><td></td></tr>
<tr><td colspan="4">
第1章　总　　则
第1条　目的
为规范自制设备的制造、使用及管理，正确归集制作成本，特制定本制度。
第2条　适用范围
1. 本制度所称自制设备包括生产所使用的由企业自行制造的机器、设备、设施、工艺装备、工具、工位器具等，以下统称“自制设备”。
2. 单件/套价值超过2 000元的设备、设施、工艺装备、工具、工位器具属于固定资产，除本制度外，同时遵守“固定资产管理制度”的规定。
3. 工艺装备、工具的管理同时遵守企业“工艺装备管理制度”和“工具管理制度”等相关制度的规定。
第3条　管理职责
1. 设备部是本制度的归口管理部门，负责对设备的制造、验收、建账、移交等全程进行管理。
</td></tr>
</table>

续表

<table>
<tr><td rowspan="2">制度名称</td><td rowspan="2">自制设备管理制</td><td>编 号</td><td></td></tr>
<tr><td>执行部门</td><td></td></tr>
</table>

2. 生产部负责自制设备制造计划的编制和制造任务的下达。

3. 自制设备的使用部门和使用人负责自制设备的日常管理。

第 2 章 自制设备制造计划的下达

第 4 条 自制设备制造申请

1. 由技术部或其他需求部门填写“自制设备制造申请单”，并附图样两份，交设备管理部审核。

2. 设备部审核通过后提交生产部经理批准，单件/套价值超过 2 000 元的自制设备还必须经过企业总经理或其授权人员批准，同时应提交一份“自制设备制造申请单”给财务部。

第 5 条 编制设备制造任务单

自制设备制造申请获准后，设备部需编制设备制造任务单，将此单据传到生产部，并附一份图样。

第 6 条 编制自制设备制造计划

1. 由生产部编制自制设备制造计划，并下达给制造单位。

2. 由设备部负责组织制造单位进行自制设备的制造。

第 3 章 自制设备的制造

第 7 条 自制设备所需材料的申购

1. 设备管理员根据自制设备的图样编制材料清单，并提出物资采购计划。

2. 设备管理员将物资采购计划报设备部经理、主管副总、总经理进行审核及审批，审批通过后，进行物资的采购。

第 8 条 自制设备材料的领用

设备所需相关零部件、原材料等物资采购回来后，制造单位可填写领料单领取所需物资，在领料单上应注明材料用途。

第 9 条 自制设备的制造

设备部组织安排设备零部件的加工，需下料等工段协助的，提请生产部签发“生产任务单”。

第 10 条 自制设备的设计变更

凡需更改设计的，由技术部或制造单位填写并发出“图样更改通知单”。

第 4 章 自制设备的验收

第 11 条 验收人员的确定

续表

制度名称	自制设备管理制	编　　号	
		执行部门	

为保证自制设备的合格、适用，设备部应组织技术、制造、使用等部门对完工设备进行验收。验收必须有自制设备设计人员参加。

第 12 条　确定验收的内容

设备验收的内容主要包括设备的功能、精度、强度、安全性、可靠性以及方便性和效率。验收内容的具体说明如下：

1. 设备结构、强度、精度是否符合设计要求。

2. 设备试用后制品质量是否合格。

3. 设备能否正常、连续使用并经过至少三个班次的试用。

第 13 条　设备验收的记录

1. 自制设备的验收完成后，设备管理人员须将设备验收情况填入“自制设备验收单”。

2. 参与验收的部门、使用部门和设备管理部门都需要签署意见。

第 14 条　合格设备的建账

1. 自制设备验收合格后，设备部负责建立“自制设备台账”，并将“自制设备验收单”及相关技术文件存入自制设备档案袋，同时应将“自制设备验收单”提交一份给财务部。

2. 属于固定资产的，财务部应将其统一编号并登记入账。

第 5 章　自制设备的移交

第 15 条　设备移交

自制设备验收合格后，设备部及时办理移交手续，由接收部门和使用人（保管责任人）在“自制设备移交单”上签字。

第 16 条　自制设备的编号和标示

自制设备由财务部统一编号，设备部负责在设备上钉/贴铭牌或喷字。

第 6 章　自制设备的成本管理

第 17 条　成本核算

1. 自制设备完工交验后，生产部将自制设备耗用工时填入“生产任务单”，作为结算考核工资的依据，财务部根据工资核算设备人工成本。

2. 财务部根据有关领料单核算自制设备材料费。

3. 财务部根据耗用工时分配制造费用、辅料和能源消耗。

第 18 条　成本入账

财务部汇总核算出自制设备的制造成本并记入自制设备台账。

续表

制度名称	自制设备管理制	编　　号	
		执行部门	

第 7 章　自制设备的日常管理

第 19 条　使用部门应指定专人作为自制设备的管理责任人，负责自制设备的使用、维护和保养。

第 20 条　自制设备的日常管理参照企业“固定资产管理制度”进行。

第 8 章　附　　则

第 21 条　本制度解释权归企业设备部所有。

第 22 条　本制度自颁布之日起生效执行，原制度随之作废。

编制人员		审核人员		批准人员	
编制日期		审核日期		批准日期	

2.3.2　设备采购管理制度

制度名称	设备采购管理制度	编　　号	
		执行部门	

第 1 章　总　　则

第 1 条　目的

本制度的具体目的如下：

1. 明确设备采购职责，规范设备采购的流程，确保设备采购工作科学、合理。

2. 确保所采购的设备安全、可靠、经济并满足要求。

第 2 条　适用范围

本制度适用于企业全部设备的采购管理工作。

第 3 条　设备采购的职责划分

为进一步做好设备采购工作，企业特成立设备采购小组，采购小组由设备使用单位、设备部、技术部、质量部、财务部及其他相关部门的人员组成。

1. 小组负责人。

企业指定设备部（或技术部、工程部、基建部）经理为设备采购小组的负责人，根据企业的长期经营计划制订现阶段的设备投资计划，并对采购小组的工作进行总体指挥和协调。

续表

<table>
<tr><td rowspan="2">制度名称</td><td rowspan="2">设备采购管理制度</td><td>编　　号</td><td></td></tr>
<tr><td>执行部门</td><td></td></tr>
<tr><td colspan="4">2. 设备使用班组。
设备使用单位负责人参与设备添置或更新改造的技术、经济可行性论证，向设备部采购主管提出设备更新计划，并参与新设备到位后的安装及调试工作。
3. 技术部。
采购前期技术部负责参与前期的设备技术、经济可行性评测，提出大宗设备采购申请计划及造型建议，与供应商进行设备的技术谈判等。
采购后期，技术部负责新设备的安装布置及工艺装备设计，制定设备使用的操作规程，并在设备到位后进行安装及调试，对使用设备的人员进行培训等。
4. 设备部。
采购前期，设备部负责参与论证设备的技术、经济可行性，编制设备采购的规划，组织采购招标，谈判和签署采购合同，监督供应商对合同的执行进程，以及设备验收入库、保管和移交等。
采购后期，设备部负责参与新设备的安装、调试，并处理有关设备质量、人员培训等需要与供应商联络的事宜，同时完成供应商评价工作。
5. 质量部。
质量部负责进行设备质量的检测、新设备投产后产品的质量检验，并参与设备验收和供应商评价工作。
6. 财务部。
财务部负责参与经济可行性论证、审核采购预算、筹措采购资金、参与设备价格的谈判、核算和报销采购过程中实际发生的各项费用等。
第 4 条　设备采购原则
1. 设备采购小组应根据企业的总体发展规划和行业的要求进行设备采购。
2. 采购的设备应与企业的发展相适应，满足过程能力的要求，真正发挥投资的经济效益。
3. 设备的性能应体现和保持行业先进水平，以延长设备的技术使用寿命，禁止选用国家已淘汰的设备，同时注意结合企业的实际需要，不追求脱离实际需求的先进技术。</td></tr>
</table>

续表

<table>
<tr><td rowspan="2">制度名称</td><td rowspan="2">设备采购管理制度</td><td>编　号</td><td></td></tr>
<tr><td>执行部门</td><td></td></tr>
<tr><td colspan="4">4. 将“质量第一”和“经济合理”结合起来，坚持“比质比价”和“使用寿命周期费用最经济”的原则。经济效益好的设备不仅应安全、耐用、可靠，而且价格应合理，并且在使用过程中能耗低、维护费用低。
5. 采购小组需要对供应商产品的质量、价格、交货期、售后服务四个因素进行综合考虑，货比三家，择优采购。
第 2 章　提出设备采购需求
第 5 条　提出全新、大宗设备及新工艺技术、先进设备的采购需求
1. 企业需要采购全新、大宗的或新工艺技术的设备时，由技术部根据本企业生产和发展的需要，提出“大宗设备采购申请计划”并报主管副总审核。
2. 主管副总审核通过后，交由总经理召集有关部门进行设备采购的技术、经济可行性论证。
3. 可行性论证通过后，经总经理批准，交由设备采购小组实施采购。
第 6 条　提出设备更新、零星采购或通用型设备的采购需求
1. 企业需要对部分设备进行更新或零星购置，或采购通用型设备时，由设备使用单位根据生产工艺的需要以及设备选型的原则要求，向主管副总提交“设备采购申请计划”。
2. 主管副总组织技术部、生产部、质量部、设备部进行技术、经济可行性论证。
3. 论证通过后，经总经理批准，交由设备采购小组负责购置。
第 3 章　设备的选型与评价
第 7 条　设备选型考虑的因素
选择设备应在确保生产上适用技术上先进、经济上合理的基础上，综合考虑下列因素，以做好设备的技术效益、投资效益评价。
1. 设备的规格、功能、精度及效率等。
2. 设备的能源消耗情况、安全性能、环保性能、维修状况等。
第 8 条　设备采购选型调查
1. 采购不同类型的设备在选型时，调查与评价的主体不尽相同。
（1）技术部主要负责调查采用新工艺技术的设备。
（2）设备部主要负责调查采用老工艺、通用的设备。
2. 调查时，应选择多家设备供应商，通过对比确定最佳方案，例如，通过试加工来检验设备供应商的产品适用性、可靠性。</td></tr>
</table>

续表

制度名称	设备采购管理制度	编　号	
		执行部门	

3. 调查结束后，调查人员应如实填写“设备选型调查表”，报总经理、主管副总，经批准后实施采购。

第 4 章　实施设备采购

第 9 条　确定设备采购价格

由设备采购小组根据经过批准的选型方案，进行价格谈判及付款方式的确定。

第 10 条　采购审批权限

1. 采购金额预估为__ 万～__ 万元，由主管副总审批。

2. 采购金额预估在__ 万元以上，由总经理审批。

第 11 条　采购付款

1. 设备价格确定后，采用新工艺、新技术的设备必须分期付款，老工艺、通用设备按合同付款。

2. 所有设备经验收合格、投入生产后方可付清合同余款，特殊情况需经总经理批准。

3. 付款时需附采购合同及财务核算清单。

第 12 条　签订技术协议

1. 采用新工艺、新技术的设备，必须先由技术部与设备供应商签订技术协议或要求，以保证设备实现预计的技术性能，再由设备部与供应商签订采购合同。

2. 老工艺、通用设备可以直接由设备采购小组与供应商签订采购合同。

第 13 条　设备催交

1. 设备部设备采购人员在合同生效后负责设备的监造、催交工作。

2. 设备采购人员在监造、催交过程中，要详细记录监造、检验情况，并向供应商索取需要的技术和相关资料存档。

第 5 章　设备验收

第 14 条　设备到货验收

设备到现场 12 h 内，设备采购部应会同设备使用单位、技术部共同做好开箱检查、现场清点工作，开箱检查的具体步骤及内容如下：

1. 检查外观及包装情况。

2. 按照装箱单清点零件、部件、工具、附件、备品、说明书和其他技术资料是否齐全，有无缺损。

3. 检查设备有无锈蚀。

续表

<table>
<tr><td rowspan="2">制度名称</td><td rowspan="2">设备采购管理制度</td><td>编　号</td><td></td></tr>
<tr><td>执行部门</td><td></td></tr>
<tr><td colspan="4">4. 核对实物是否符合图样要求。
5. 开箱检查过程中做好检查记录。
第 15 条　进口设备的接运与验收
1. 进口设备到货前，企业设备采购部应制定详细的接运方案，办理通关手续，做好接运工作。
2. 进口设备的开箱验收应按照国家海关及商检法律、法规，在规定期限内同商检部门共同验收。发现问题需向外商索赔的，应在合同规定的索赔期限和保证期限内办理检验、索赔工作。
第 16 条　收集开箱资料
设备验收后，所有的供应商装箱资料（如装箱清单、合格证、安装图样、出厂证明文件等）等原始技术资料由设备部档案室负责保管。
第 17 条　设备入库及移交
1. 开箱检查合格后，设备采购处应填写设备开箱验收单，及时办理验收入库手续，并负责在移交使用单位之前进行保管。
2. 设备出库移交时，设备采购处应填写“固定资产移交验收单”，该验收单必须有使用部门、检验部门的经办人签字方可办理转交。
都 18 条　问题的解决
1. 设备采购小组需及时处理未按合同执行的交货事宜，例如，由于供应商交货与合同规定不符、设备质量未达到要求、数量不足、未在规定期限内交货等，应追究设备供应商责任，设备供应商应承担违约责任。
2. 设备采购到位后，经安装及调试发现不能满足企业的工艺、技术、过程要求，或者设备本身不具有先进性、高效性的，由设备采购人员负责与设备供应商联系对设备进行更换或改进，直到达到合同约定的要求为止，如果质量问题长期得不到有效解决，设备采购人员应负责向供应商提出索赔。
第 6 章　附　　则
第 19 条　本制度制定、修改和废除时，需经设备部提出申请，经主管副总审核后，呈请总经理批准。
第 20 条　本制度自____ 年__ 月__ 日起开始实施。</td></tr>
</table>

编制人员		审核人员		批准人员	
编制日期		审核日期		批准日期	

2.3.3 设备自制管理流程

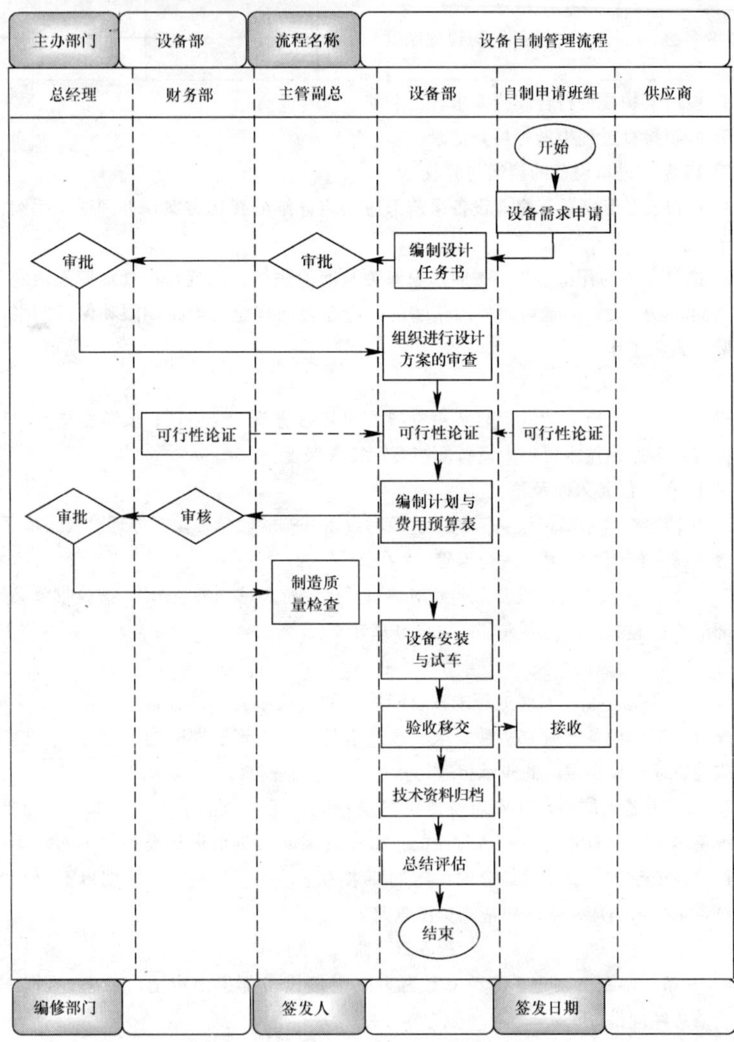

2.3.4　设备采购管理流程

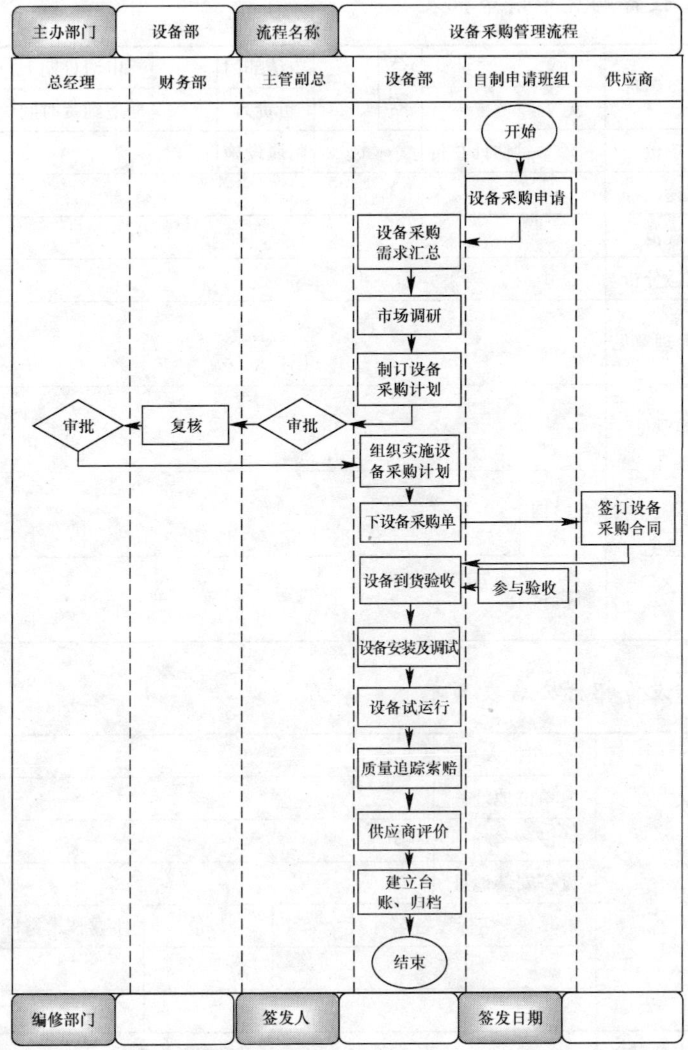

2.3.5 设备自制与采购管理表单

1. 设备购置申请审批表

<table>
<tr><td rowspan="2">需购设备名称</td><td>中文</td><td></td><td rowspan="2">台数</td><td rowspan="2"></td><td>申请部门</td><td></td><td>申请日期</td><td></td></tr>
<tr><td>英文</td><td></td><td>负责人</td><td></td><td>期望到货时间</td><td></td></tr>
<tr><td>估计单价</td><td></td><td>估计总价</td><td colspan="2"></td><td>附属设施</td><td colspan="3"></td></tr>
<tr><td>用途</td><td colspan="8"></td></tr>
<tr><td>设备规范</td><td colspan="8"></td></tr>
<tr><td>设备效益分析</td><td colspan="8"></td></tr>
<tr><td>本部门经理意见</td><td colspan="8">年　月　日</td></tr>
<tr><td>设备部意见</td><td colspan="8">年　月　日</td></tr>
<tr><td rowspan="2">审批意见</td><td>总经理</td><td colspan="7">年　月　日</td></tr>
<tr><td>董事长</td><td colspan="7">年　月　日</td></tr>
</table>

2. 设备招标公告发布单

<table>
<tr><td rowspan="7">设备招标概况</td><td>招标人</td><td colspan="3"></td></tr>
<tr><td>单位地址</td><td colspan="3"></td></tr>
<tr><td>设备名称</td><td colspan="3"></td></tr>
<tr><td>设备安装地址</td><td colspan="3"></td></tr>
<tr><td colspan="2">招标设备名称</td><td>数量</td><td>主要技术指标及参数</td></tr>
<tr><td colspan="2"></td><td></td><td></td></tr>
<tr><td colspan="2"></td><td></td><td></td></tr>
<tr><td>投标人数量</td><td colspan="4">拟选　　家或以上单位参加投标</td></tr>
<tr><td rowspan="2">投标人资质要求</td><td colspan="4"></td></tr>
<tr><td colspan="4"></td></tr>
</table>

续表

报名截止时间	年 月 日 时 分		
报名地点			
联系人		联系电话	
招标办投标监管处经办人签字及盖章			

3. 设备采购合同评审表

设备名称		合同编号	
供货单位		评审时间	
合同金额		付款方式	
付款情况			
评审意见			评审人
产品选型	□合适 □有问题		技术经理、财务经理、法务经理、质量经理、计划经理
供方	□合格 □不合格 □指定		
付款条款	□合理 □不合理		
交货期	□合理 □不合理		
质量保证期	□有 □无 □合理 □不合理		
审批意见			
采购业务主管副总		财务副总	
总经理			
备注	1. 价款在2万元以下的采购合同由主管副总审批 2. 价款在2万元（含2万元）以上的采购合同由总经理审批		

4. 自制设备登记表

设备名称		主要附件	
规格型号			
研制开发时间		验收时间	
设备价值（人民币）		获奖情况	
存放地点		主要用途	
设备开发人员		联系电话	
技术指标			
改进、更新、新增 试验项目情况			

5. 自制设备成本核算表

设备及器具名称			设计人员			
制造方式						
材料 成本	材料名称	规格	预计用量	单价	实际用量	金额
人工成本						
管理费用						

第 3 章　设备验收、安装与调试

3.1　设备验收管理

3.1.1　设备验收内容

所采购的设备到厂或到达指定的安装地点后，设备验收的内容主要包括三项，即设备外观验收、设备性能验收、设备技术资料验收，具体验收内容如图 3—1 所示。

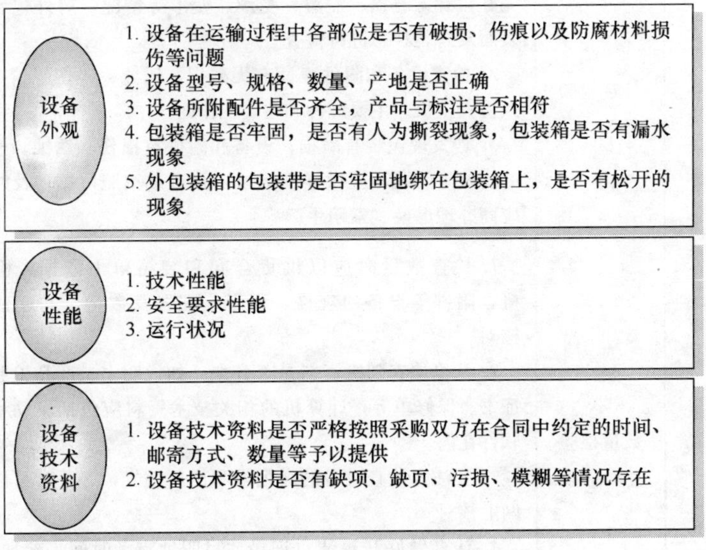

设备外观	1. 设备在运输过程中各部位是否有破损、伤痕以及防腐材料损伤等问题 2. 设备型号、规格、数量、产地是否正确 3. 设备所附配件是否齐全，产品与标注是否相符 4. 包装箱是否牢固，是否有人为撕裂现象，包装箱是否有漏水现象 5. 外包装箱的包装带是否牢固地绑在包装箱上，是否有松开的现象
设备性能	1. 技术性能 2. 安全要求性能 3. 运行状况
设备技术资料	1. 设备技术资料是否严格按照采购双方在合同中约定的时间、邮寄方式、数量等予以提供 2. 设备技术资料是否有缺项、缺页、污损、模糊等情况存在

图 3—1　设备验收内容

3.1.2　设备验收步骤

设备验收首先应查看设备的外观是否符合要求，清点数量是否充足，然后再进一步对设备的各项性能进行检验，一般验收有五个主要步骤，具体如图 3—2 所示。

图 3—2　设备验收步骤

上述各个步骤的作业规范与要求见表 3—1。

表 3—1　　设备验收的作业规范与要求

步骤编号	步骤名称	验收作业规范与要求
步骤一	外观检验	1. 对设备及外包装进行拍照记录，检查设备的外包装是否完好，有无破损、浸湿、受潮、变形等情况，对外包装箱的表面及封装状态进行检查 2. 检查设备和附件表面有无残损、锈蚀、碰伤等情况，重点检查主机、主要配件和主要工作面 3. 若发现包装有破损，设备和附件有损伤、锈蚀、使用过的迹象等问题，应做详细记录，并重点拍照留据，及时向供应商办理退换、索赔手续
步骤二	数量检验	1. 检查数量时应以供货合同和装箱单为依据，检查主机、附件等设备的规格、型号、配置及数量，并逐件清查核对 2. 认真检查随机资料是否齐全，如说明书、产品检验合格证书、保修单等，计算机的相关技术资料应包括驱动程序等软件在内 3. 要注意检查设备的序列号和出厂编号，必要时可以进行网上核对 4. 认真做好开箱清点记录，写明地点、时间、参加人员、箱号、品名、应到和实到数量，如发现短缺、错发等问题，要及时做好记录并保留相关材料

续表

步骤编号	步骤名称	验收作业规范与要求
步骤三	质量检验	1. 设备加电测试之前，应检查所接电源，确保与设备电源要求一致 2. 设备应能够正常启动，运行期间无故障报错信息，应对设备进行至少 48 h 不间断的加电测试 3. 严格按照合同条款、使用说明书、用户手册的规定和程序进行安装、调试 4. 对照产品说明书，检查设备的技术指标和硬件配置是否达到要求 5. 设备试运行验收时要认真做好记录，若设备出现质量问题，应将详细情况书面通知供货单位和负责采购单位
步骤四	填写验收记录表	1. 若外观检验、数量检验、质量检验结束后，发现任何一项不符合合同文件的要求，须得到供货方代表的认可（签字、盖章） 2. 若仪器、设备经过测试，其配置和性能达到合同规定的各项指标要求，应填写设备开箱清点记录表和设备加电测试记录表，作为设备验收文件的一部分
步骤五	提交内容	将设备开箱清点记录表、设备加电检测记录表、设备开箱检验报告、序列号、现场照片等资料作为验收的附件提交给设备部

3.2　设备安装及调试

3.2.1　设备安装事项

1. 设备安装准备

在安装设备之前，生产现场各车间班组长应协助设备部提前确定设备具体的安装位置。设备管理人员需组织设备安装人员做好设备安装技术资料、作业现场和人员三个方面的准备工作，具体如图 3—3 所示。

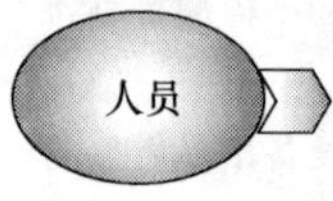

图 3—3　设备安装前准备工作

2. 设备安装定位

设备安装定位的基本原则是满足生产工艺的需要及维护、检修、技术安全、工序连接等方面的要求。

班组长应检查、监督设备安装定位工作，保证设备在车间的安装位置排列、标高以及立体、平面间相互距离等应符合设备平面布置图和安装施工图的规定，符合生产的要求。其中，设备安装定位应考虑 8 种因素，具体如图 3—4 所示。

3. 设备安装找平

设备安装找平的目的是保持其稳定性，减轻振动（精密设备应有防振、隔振措施），避免设备变形，防止不合理磨损及保证加工精度等。

班组长应协助设备安装人员进行设备安装找平，其具体要求如图 3—5 所示。

4. 设备的固定

设备安装基本完成后，班组长应检查设备的固定情况，除少数可移动的设备外，绝大部分设备须牢固地固定在设备基础上，尤其对于重型、高速、振动大的生产设备更应注意，以避免发生事故。

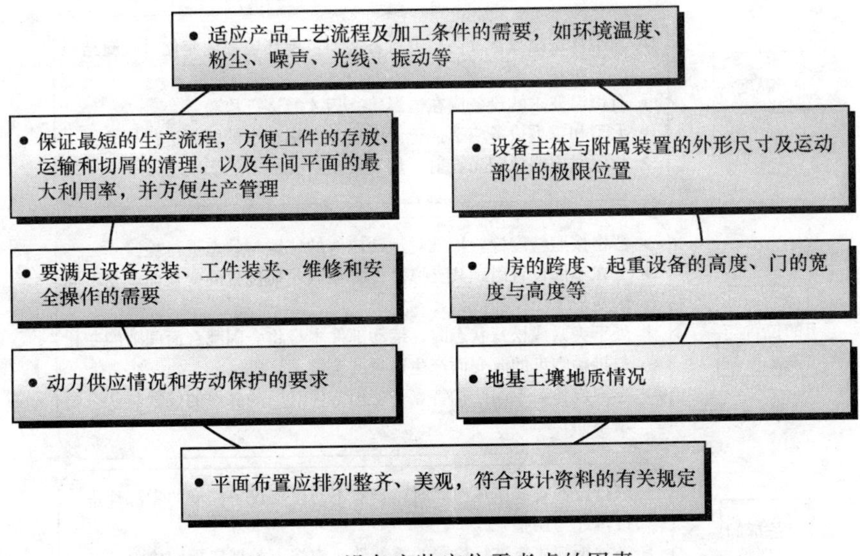

图 3—4　设备安装定位需考虑的因素

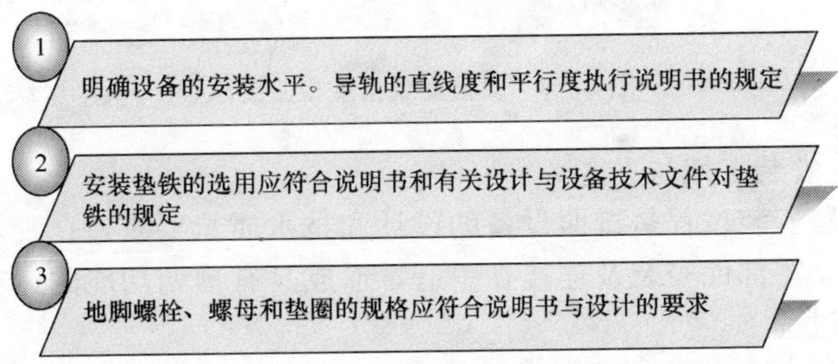

图 3—5　设备安装找平的要求

5. 设备安装验收

设备安装完毕，设备部经理组织技术部、质量部、使用设备的班组长等成立设备验收小组，检查设备安装是否符合安装技术要求。在检查设备技术要求时，需对设备的安装精度进行检验，具体要求如图 3—6 所示。

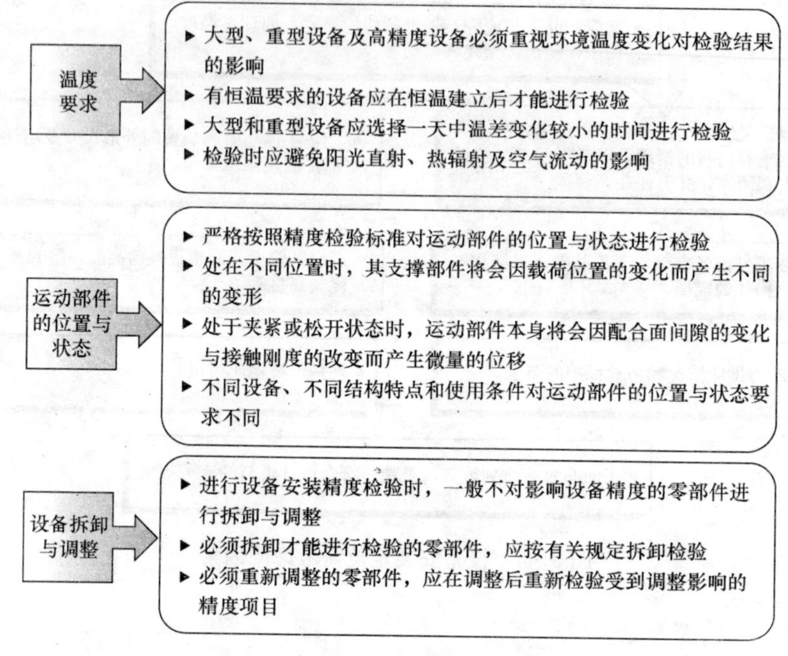

图 3—6　设备安装精度检验要求

3.2.2　安装工期与进度

设备安装过程是按照设备的设计和技术质量要求，在现场将各种设备、零部件安装及连接在一起，形成具有预期功能的运行整体的工作过程。

设备安装工期影响着生产的进程，因此，各班组长应协助设备部经理监督设备安装的进度，以期早日恢复或开始生产作业。

1. 设备安装进度管理

为了保障设备的安装进度符合生产总进度需求，设备部经理应要求设备安装人员编制设备安装总进度计划并控制其执行。在设备安装过程中，班组长应协助设备部经理进行设备安装进度的管理工作，主要工作内容包括四个方面，见表 3—2。

表 3—2　设备安装进度管理主要工作内容

序号	工作项目	具体工作内容
1	确定安装工期目标	（1）协助设备部组织成立设备安装小组 （2）根据生产进度计划、设备安装要求，协助设备部经理确定安装的工期目标 （3）根据需要，协助设备部办理有关设备安装手续，如质量监督、许可等
2	编制文件	（1）协助设备部经理编制设备安装的监督工作进度计划 （2）协助编制安装进度监督工作细则 （3）协助生产总监编制生产总进度计划 （4）协助编制设备安装工程监督月报及总结
3	审核工作	（1）协助审核设备安装人员编制的设备安装进度计划，以确保到期能够正常展开生产工作。主要审核安装工期目标是否满足设备工程总工期及各项里程碑事件时间约束的要求，设备安装劳动力计划、安装机具动用计划、材料计划与土建计划、设备供应计划的协调等 （2）协助审核设备安装小组提交的进度报告 （3）协助审核设备安装小组提交的进度调整方案 （4）协助审核工程进度款、变更价款、竣工结算支付申请及竣工报告等
4	控制协调工作	（1）随时检查关键线路、关键工序的安装进度，做好进度记录工作 （2）按合同规定或双方约定的时间参加检验和试验 （3）如果发现实际安装进度与计划进度产生偏差，应协助设备部经理分析这些偏差可能产生的影响，必要时可要求安装人员采取加快施工速度、减缓施工速度或调整进度计划的措施，以满足设备工程进度管理的需要 （4）如果因不能按计划交付设备，或不能按计划提交设计文件而影响安装进度，应协助采购部催交设备、催交图样或要求安装单位及时调整进度计划，力争实现设备工程的工期目标 （5）主持现场协调会，及时且公平合理地处理设备安装过程中产生的各种问题、索赔或争端

2. 设备调试进度管理

调试过程是对设备安装参与各方成果的综合检验，各班组使用设备的人员较多，应组织所有人员进行设备全系统的试运行、投料试车、性能保证试验等设备调试工作。

当调试过程发现问题时，班组长要严格检查调试程序，保证以后的生产顺利进行。同时，也应合理处理与设备安装人员以及其他参与人员之间的争议，尽量避免造成工程拖期，使设备的安装任务能够圆满完成。

3. 工期变化的处理

（1）安装拖期的原因分析。设备安装过程中有许多原因可能造成工程拖期，班组长可协助设备部具体分析造成设备安装工期延长的原因。常见的原因如图 3—7 所示。

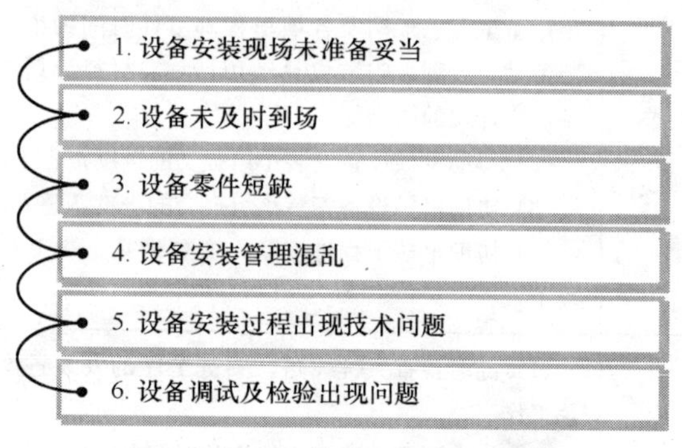

图 3—7　设备安装工期延长的原因

对设备安装工期延长的原因进行分析后，设备部经理应做好记录，并列出改进措施，确保在下次设备安装中加以改善，避免工期再次延长。

班组长应对由于自身原因造成的安装工期延长（如未配合安装、设备现场混乱等）提出改进措施，避免此类原因以后不再造成影响。

（2）设备安装延期申请。设备安装延期时，设备安装小组需向生产总监或主管副总提出延期申请，班组长应根据情况协助提供申请资料。延期申请的程序如图 3—8 所示。

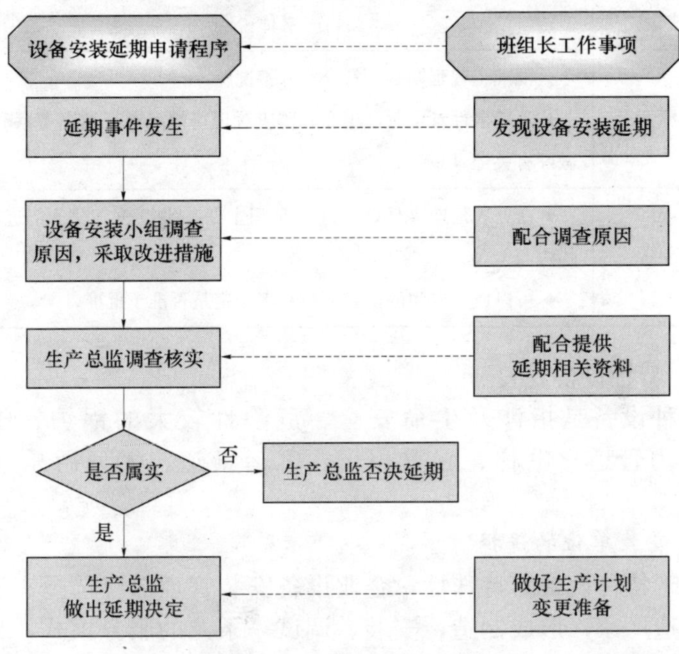

图 3—8　延期申请的程序

（3）设备安装延期批准原则。生产总监在做出延期批准时，应结合实际情况，参考生产设备使用人员，即车间主任和各班组长的意见，作出批准与否的决定。具体的批准原则见表 3—3。

表 3—3　设备安装延期批准原则

原则	具体说明
遵循合同	◆ 若企业与外来单位签订设备安装合同，则延期的批准必须符合合同规定条件
关键线路	◆ 发生安装延期的设备部位必须在关键线路上，构成对整个安装工期的影响 ◆ 随着安装进展和情况的变化，当超过总时长一定时间段时，会引起关键线路发生变化

续表

原则	具体说明
符合实际情况	◆ 批准工程延期必须符合实际情况 ◆ 延期事件发生后，生产总监应对现场情况进行详细考察和分析，做好有关记录
协商一致	◆ 在处理延期事件时，应与车间主任、班组长、设备部进行适当的协商 ◆ 可以成立专门的研究分析小组决定是否准予批准

3.2.3 特种设备安装

特种设备是指涉及生命安全、危险性较大的锅炉、压力容器、压力管道、电梯、起重机械、客运索道、大型游乐设施等设备。

1. 安装单位的选择

由于特种设备的特殊性，企业设备安装管理部应选择有安装资格的制造厂家，形成制造、安装、调试一条龙的服务模式，也可选择具有省级质量技术监督部门颁发的《特种设备安装安全认可证》的专业设备安装企业。

2. 常见特种设备的安装

安装特种设备时，车间主任、班组长应在现场协助生产总监或工程总监监督设备的安装工作，确保现场人员及设施的安全，保证特种设备能够按时、按质顺利安装。

(1) 压力容器。压力容器安装质量的好坏会影响容器使用的安全，因此，其安装须遵循如图 3—9 所示的要求。

(2) 锅炉安装。锅炉的安装与压力容器一样，属于特种设备，对安装单位的要求相同，其具体的安装要求如图 3—10 所示。

(3) 塔式起重机。塔式起重机（简称塔机）为机电类特种设备，有其安装的特殊性，其具体的安装程序见表 3—4。

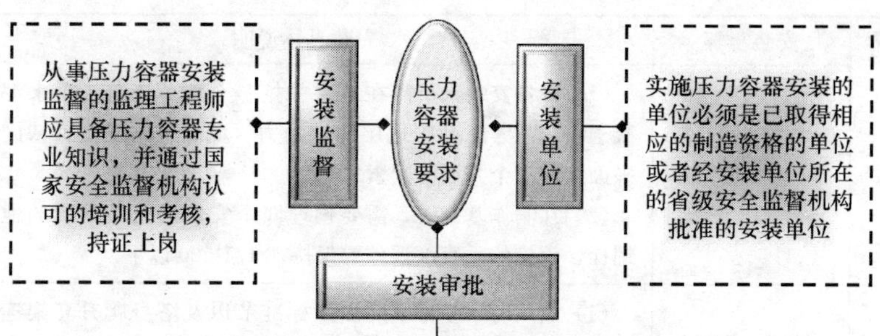

从事压力容器安装监督的监理工程师应具备压力容器专业知识，并通过国家安全监督机构认可的培训和考核，持证上岗
安装监督
压力容器安装要求
安装单位
实施压力容器安装的单位必须是已取得相应的制造资格的单位或者经安装单位所在的省级安全监督机构批准的安装单位
安装审批
◆《特种设备安全监督条例》明确规定：压力容器的安装施工单位应经国务院特种设备安全监督管理部门许可，方可从事安装活动
◆在设备安装前，特种设备安装公司应当将拟进行的压力设备安装情况书面告知当地的特种设备安全监督部门
◆具体的申报内容包括压力容器的名称、数量、制造单位、使用单位、安装单位及安装地点等

图 3—9　压力容器安装要求

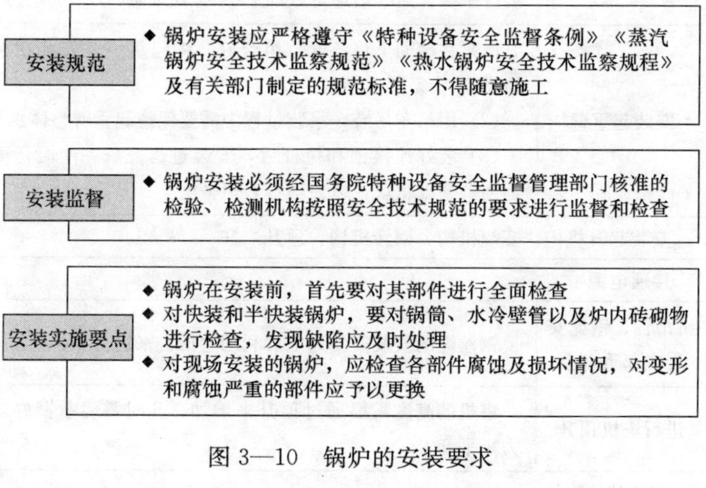

安装规范
◆锅炉安装应严格遵守《特种设备安全监督条例》《蒸汽锅炉安全技术监察规范》《热水锅炉安全技术监察规程》及有关部门制定的规范标准，不得随意施工
安装监督
◆锅炉安装必须经国务院特种设备安全监督管理部门核准的检验、检测机构按照安全技术规范的要求进行监督和检查
安装实施要点
◆锅炉在安装前，首先要对其部件进行全面检查
◆对快装和半快装锅炉，要对锅筒、水冷壁管以及炉内砖砌物进行检查，发现缺陷应及时处理
◆对现场安装的锅炉，应检查各部件腐蚀及损坏情况，对变形和腐蚀严重的部件应予以更换

图 3—10　锅炉的安装要求

表 3—4　　塔式起重机的安装程序

序号	安装步骤	安装具体说明
1	制作塔机基础	(1) 设备安装人员需在地层中挖一个坑，浇筑一个水泥混凝土块，需考虑基础地层的地耐力、混凝土的强度、基础的平面度这三个方面的因素 (2) 在制作基础时，需要预埋四个安装塔机基础节的地脚螺栓，螺栓的垂直度误差要保持在 1/1 500 以下
2	安装基础节	(1) 出厂时，基础节同加强标准节以及塔身爬升套架连接在一起，通过吊车吊起后进行安装 (2) 安装后必须调整垂直度和扭转度，还要将与基础固定的地脚螺栓紧固，紧固力矩在 1 000 N·m 以上
3	安装过渡节及司机室	在地面上先将塔顶、过渡节组合好，然后吊装到爬升套架的回转支撑上，拧紧连接螺栓，然后安装司机室
4	安装平衡臂	(1) 如果是多节平衡臂，需要在地面上组装好，然后吊装在过渡节上，连接好拉杆和连接销 (2) 注意一定要保持平衡臂的水平，否则会造成安装困难。装好平衡臂后一般还可以加上 1～2 块配重
5	安装起重臂	(1) 在地面上将各臂节组合好，将起重小车安装在起重臂轨道上 (2) 用吊车吊装，吊装过程中需要保持起重臂整体水平 (3) 装好连接销和拉杆后，安装过程完成一半时，可以再适当调整配重块，以使塔身力矩平衡
6	安装起升机构、变幅机构、回转机构、顶升油缸	
7	接通电源	
8	将吊钩、钢绳安装在起重臂上	钢丝绳的安装需要通电后利用卷扬机来进行
9	进行塔机顶升	塔机的高度需要通过顶升来增加，此时需要掌握好塔身的力矩平衡
10	安装其他附件	
11	调整各种保护装置，必须保持塔机各种安全保护装置的灵敏度达到最佳状态	

3.2.4 设备调试管理

设备安装完成后，对于大型关键设备，企业需由主管副总建立调试小组负责其调试验收工作，班组长应积极参与调试验收工作，熟悉设备情况。

1. 调试前准备

调试小组需检查调试方案、调试所需的用具资料及设备的安装情况等，确保调试工作顺利进行，具体的准备事项如下：

（1）设备调试前，调试小组应查看设备调试人员制定的详细调试方案，设备调试方案应包括调试时间、调试人员及分工、调试实施办法、调试所需材料及仪表、仪器等内容。

（2）调试人员在调试工作开展前须认真检查随机物品及资料是否齐全。

（3）检查设备的各接头、管路等，检查调试所需用具是否齐备，安全装置是否正确、可靠。

2. 设备调试方式

企业设备分为自制设备和外购设备两种，班组长在协助调试人员进行设备调试时，应注意区分处理。自制设备和外购设备调试管理方式见表3—5。

表3—5 设备调试的管理方式

序号	设备类型	调试管理方式
1	自制设备	◆企业自制设备由调试人员按照设备的操作说明和调试规范，有序开展调试工作，确保安全作业 ◆调试小组由设备部、设计部、技术部、使用班组长及设备操作人员组成
2	外购设备	◆外购设备的调试由设备供应商提供技术支持和培训，本企业的调试人员需参与学习，并配合供应商进行调试工作 ◆若外购设备由其他专业机构安装，则应由其负责进行调试 ◆参与调试的人员有设备部、技术部、使用班组长及设备操作人员

3. 设备调试程序

调试人员在进行现场设备调试时，一般需进行空运转试验、负荷试验、精度试验等程序，具体的设备调试流程见表3—6。

表3—6　设备调试流程

序号	步骤	具体操作
步骤1	设备通电前的检查	◆ 设备在通电调试前，须由相关人员对设备的电源、电压、参数设定等进行检查，检查无误后再通电进行调试
步骤2	空运转试验	◆ 主要检验设备安装精度的保持性，设备的稳固可靠性，传动、操纵、控制等系统状态是否正常 ◆ 运转试验应分步进行，由部件至组件，由组件至整机，由单机至全部自动线
步骤3	负荷试验	◆ 主要检验设备在一定负荷下的工作能力，以及各组成系统的工作是否安全、稳定、可靠，检查操作系统的灵活性
步骤4	精度试验	◆ 精度试验在负荷试验后按说明书的规定进行，如对专门规定的检查项目进行检查等
步骤5	记录设备调试情况	◆ 设备调试中，调试人员须做好以下各项记录，并对整个设备的试运转情况加以评定： ● 设备几何精度、加工精度检验记录及其他机能试验的记录 ● 设备试运转的情况，包括调试过程中对故障的排除情况 ● 对无法调整及排除的问题按性质归纳分类
步骤6	编制调试报告	◆ 调试人员根据调试记录编写调试报告并交设备部经理审批 ◆ 调试报告的内容应该包括调试情况详述、存在的问题及解决办法等
步骤7	调试验收	◆ 无论是自主调试设备还是委外调试设备，均须对调试结果进行验收 ◆ 调试验收未通过的，不得将设备投入试运行 ◆ 设备的调试验收由设备部组织，生产总监、设备使用班组及操作人员、技术部以及外部相关机构参与 ◆ 将调试验收结果纳入设备的管理档案

续表

序号	步骤	具体操作
步骤8	调试问题反馈	◆调试过程中无法调整及排除的问题，调试人员须向供应商或技术部反馈，并及时解决问题

3.3　设备验收、安装与调试实务

3.3.1　设备试车管理办法

<table>
<tr><td rowspan="2">制度名称</td><td rowspan="2">设备试车管理办法</td><td>编　　号</td><td></td></tr>
<tr><td>执行部门</td><td></td></tr>
<tr><td colspan="4">

第1章　总　　则

第1条　目的

为了规范设备试车的管理，解决新安装设备在使用磨合期内出现的各种故障问题，使设备尽快进入正常、稳定运作状态，为生产顺利进行提供保障，特制定本管理办法。

第2条　适用范围

本管理办法适用于企业所有新设备的调试、验收等管理工作。

第3条　职责分工

由于设备调试验收阶段是新安装设备重要的适应、调整、故障解决阶段，所以应成立专门的设备管理小组负责该阶段的具体管理工作。管理小组成员及其职责分工见下表：

管理小组成员及其职责分工

<table>
<tr><th>部门人员</th><th>职责</th></tr>
<tr><td>设备生产班组长</td><td>负责该阶段的设备运行、维护、检修管理工作</td></tr>
<tr><td>设备调试人员</td><td>负责该阶段的设备生产及调试工作</td></tr>
<tr><td>设备安装人员</td><td>及时调整、处理设备安装质量问题，协助班组长进行设备检修</td></tr>
<tr><td>设备操作人员</td><td>负责设备的使用操作及状态的检查记录</td></tr>
<tr><td>质量检查人员</td><td>检查产品质量，测试设备生产精度</td></tr>
<tr><td>设备采购人员</td><td>负责及时联系设备供应商，解决技术培训及保修期间的设备质量问题</td></tr>
</table>

</td></tr>
</table>

续表

制度名称	设备试车管理办法	编　号	
		执行部门	

第 2 章　设备使用管理

第 4 条　开启设备

管理小组成员在设备验收后，开启设备进行试车，并不断检验设备的生产精度和生产效率，经多次调整使其达到原定设计效果。

第 5 条　操作人员培训

1. 设备采购人员联系设备供应商，要求设备供应商根据采购合同规定对操作人员进行培训。培训结束后对接受培训的人员进行考核。若考核结果太差，可要求重新进行培训。

2. 设备生产班组长根据设备使用初期管理经验，对设备操作人员进行补充培训。

第 6 条　设备检查记录

设备操作人员应在设备操作过程中进行设备状态的检查记录，详细记录设备在运行中存在的各种问题以及养护、检修的具体情况。一般情况下，设备使用初期会出现下表所列的五种问题，设备操作人员应重点记录。

设备使用初期常见问题

常见问题	问题说明
紧固不当	新设备紧固件上一般会有油脂，摩擦力较小，在运行振动时容易松动
啮合不良	新设备的啮合部分一般在使用初期啮合不够好，使转动摩擦力增大，甚至出现振动、磨损等情况
装配精度、平衡、对中不良	新设备使用初期常会出现精度改变、变形、平衡和对中缺陷等问题，需要重新调整、定位、校正及进行平衡处理
安装精度、水平度不良	由于安装地基、安装质量可能存在问题，新设备容易出现设备不正、振动等现象，需要对地基进行加固，调整垫铁厚度等，对设备进行重新定位
环境影响	设备环境未达到设备要求也会产生性能、质量等连带问题，如加工不良、生产工艺控制不当、精度不稳定、管道堵塞、设备负荷波动等问题

续表

<table>
<tr><td rowspan="2">制度名称</td><td rowspan="2">设备试车管理办法</td><td>编　　号</td><td></td></tr>
<tr><td>执行部门</td><td></td></tr>
<tr><td colspan="4">

第 3 章　设 备 调 试

第 7 条　故障排除

在检查及记录新设备问题后，设备生产班组长应及时组织管理小组成员进行诊断、排除，并做好故障排除记录。对于可能造成重大问题的故障，应由设备采购人员邀请设备供应商和相关专家共同诊断，必要时进行零部件或设备整体更换。

第 8 条　设备性能调整

在设备使用初期，设备生产班组长应适时组织设备调试人员、设备安装人员及质量检查人员对新设备进行性能调整，不断调整设备精度，提高生产效率，并使设备可以稳定地进行生产，从而到达设备预期性能标准。

第 4 章　设备评价与交付

第 9 条　设备综合评价

1. 新安装设备运行稳定后，设备生产班组长应组织管理小组成员统计设备的生产费用及产出收益，通过各种经济分析方法及指标进行设备经济效益分析，并做出评价报告。

2. 企业领导应指派企业规划、生产工艺、设备管理、质量检查等部门的高水平人员组成专家组。由专家组确定两个分数阈值，分数超过第一个阈值则认为设备良好；超过第二个阈值则认为设备合格；低于第二个阈值则认为设备不合格。

3. 专家组应向设备初期管理人员进行调查，利用各种数据对新设备的相关指标进行评价、打分，并按照各指标重要性不同对分数进行加权，最后得到评价总分。

4. 若设备评价为不合格，则应责成设备采购人员与供应商交涉并采取补救措施。造成严重损失的应追究相关人员责任。

第 10 条　设备交付生产

新安装设备结束使用磨合期时，设备生产班组长应组织管理小组对投产前的设备进行全面检查，并出具设备使用初期管理报告，报有关领导审批。领导审批通过后，管理小组和相关车间人员进行设备交接，双方认真填写交接表单，做好交接手续。

第 5 章　附　　则

第 11 条　本办法的制定、修改和解释工作由设备部负责。

第 12 条　本办法经总经理审批通过后，自发布之日起正式执行。

</td></tr>
</table>

编制人员		审核人员		批准人员	
编制日期		审核日期		批准日期	

3.3.2 设备验收工作流程

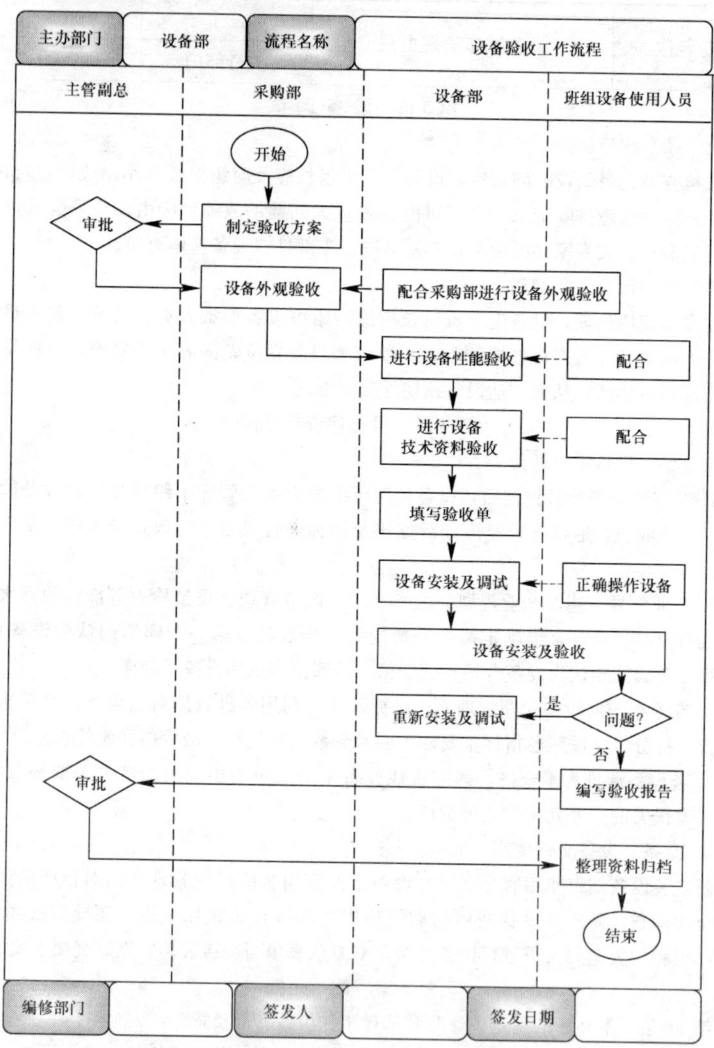

3.3.3　设备安装工作流程

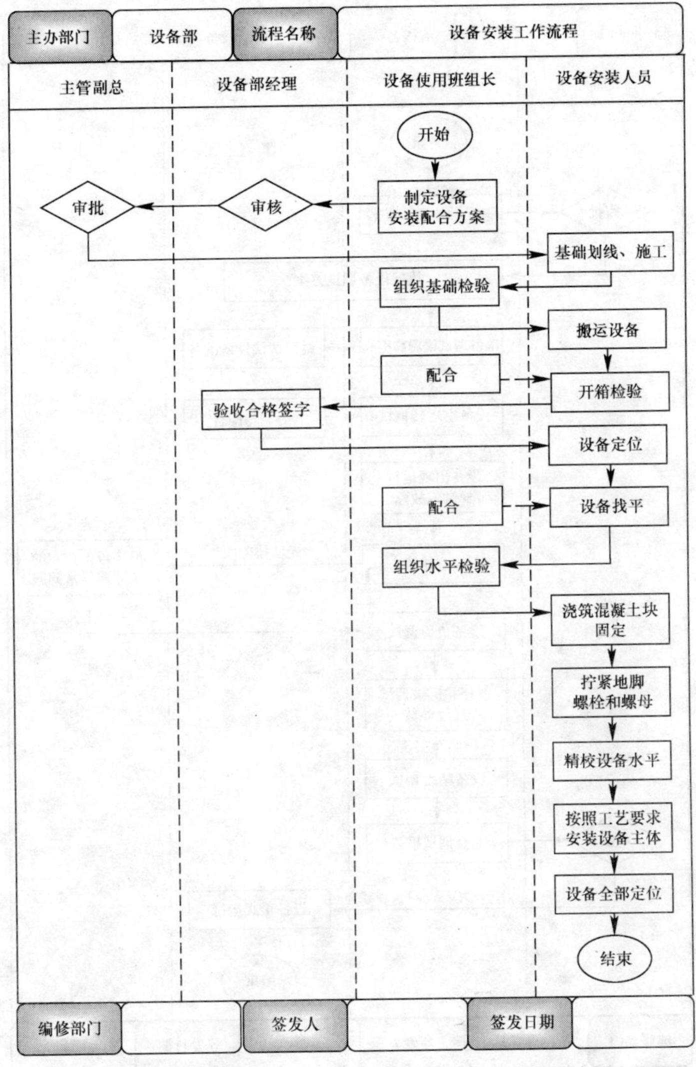

3.3.4 设备调试工作流程

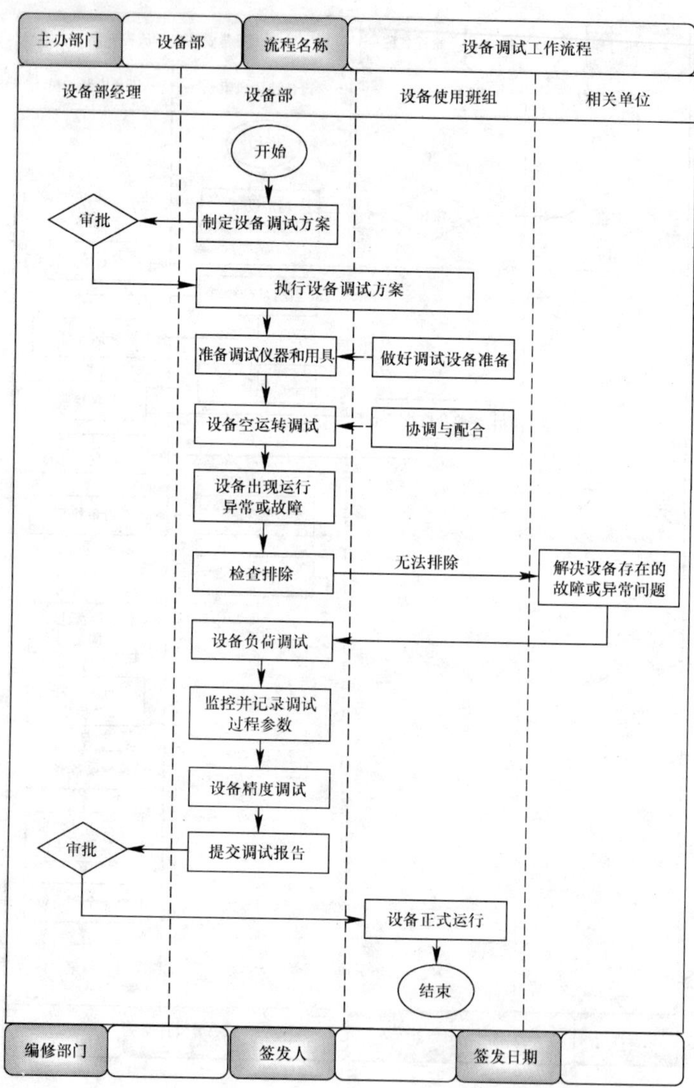

3.3.5　设备安装工作表单

1. 设备安装工作安排表

编号：　　　　　　　　　　　　　　　　　　日期：　　年　月　日

时间	内容	负责人	完成情况	签字
_月_日～_月_日	成立设备安装小组或寻找设备安装企业			
_月_日～_月_日	根据设备安装相关规定，合理规划布局，画出设备布局草图			
_月_日～_月_日	提交设备部经理或主管副总审批			
_月_日～_月_日	进行设备安装基础设施建设			
_月_日～_月_日	出库搬运，包括开箱检验并将设备运至安装地点			
_月_日～_月_日	安装定位、安装找平和浇筑混凝土固定			
_月_日～_月_日	安装验收			

2. 设备安装进度表

编号：　　　　　　　　　　　　　　　　　　日期：　　年　月　日

作业单位	作业名称	作业代号		估计工作时间					最早时刻		最晚时刻		总宽裕	备注
		起	讫	乐观	中庸	悲观	平均	变异	开工	完工	开工	完工		
PERT（计划评审技术）网络图	可附PERT网络图文件													

第4章　设备使用与维护

4.1　设备使用管理

4.1.1　设备操作合规管理

班组长应了解到设备合规操作能有效减少设备的磨损，提高设备利用率，是最大限度发挥设备经济效益的主要管理手段。

1. 设备合规操作管理的基础

（1）建立健全设备使用管理制度。班组长应协助生产部经理和设备部经理建立健全设备使用管理制度，明确规定各类型设备的操作人员的上岗要求、职责范围以及设备操作规范等内容，并严格按照制度执行，监督其在生产过程中的具体执行情况。

（2）创造良好的设备使用环境。班组长应做好设备使用环境的管理工作，按照“5S”（整理、整顿、清扫、清洁和素养）现场管理要求，对生产设备使用环境做好整理、清洁工作，同时，还必须按照生产设备的运行要求，安排设备位置以及安全防护措施，满足设备运行的环境要求等，以便尽可能消除生产现场的安全隐患，保证设备运行的安全进行。

（3）合理配备设备操作人员。班组长应严格管理生产设备操作人员的上岗资质，并明确其工作职责，要求其熟知所负责设备的作业操作规程，了解设备的基本工作原理、构造以及性能等，并定期对设备操作人员进行培训和考核等。

（4）提高设备利用率，实现设备满负荷运转。班组长应合理安排现场设备的生产任务，明确各生产任务的设备运行台数和时间，保证并提高各设备的利用率，并逐步实现设备满负荷运转。

2. 设备的操作要求

(1) 特种设备操作的"四定"原则。特种设备是指危险性较大、易发生事故且容易危及作业人员生命安全，并对管理有特殊要求的一类设备，如锅炉、压力器、压力管道、起重设备、架空索道等。因这些设备使用的特殊性，其操作和管理应严格执行图 4—1 所示的"四定"原则。

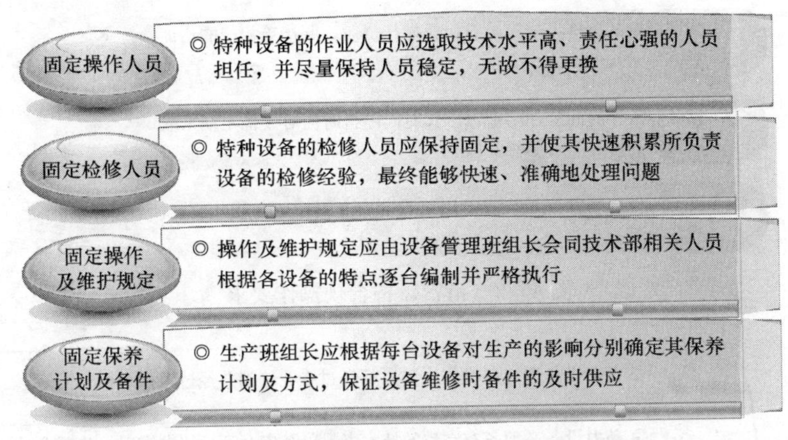

图 4—1　特种设备操作的"四定"原则

(2) 精密设备合规操作要求。精密设备的运行及操作受外界影响较大，为保证设备精准运行，设备厂商对设备的安装、运行、操作环境以及养护等方面均有详细、严格的要求，企业在进行相关设备管理工作时，应严格按照设备附带的设备说明书进行相关操作，具体操作要求如图 4—2 所示。

(3) 动力设备的合规操作要求。动力设备是企业生产运行的关键性设备，在其运行过程中容易出现易燃、爆炸、毒害等危险情况，为保证企业的安全生产，以及保证其为企业安全生产连续、稳定地供能，对动力设备的合规操作应按照图 4—3 所示的要求进行。

◎ 必须严格按设备安装说明的规定安装设备，并严格按照设备操作规程和注意事项进行设备的操作

◎ 设备运行对环境有如低温、恒温、恒湿、防振、防尘等特殊要求的，企业应采取相应措施，确保设备安全、准确运行

◎ 设备在日常维护及保养中不许私自拆卸零部件，发现异常应立即停止运行，不允许设备带故障运转

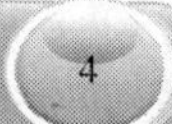

◎ 精密设备的操作人员应持有相应操作资质，并接受相应的培训后方可上岗

◎ 设备非工作时间应加防护罩，长时间停机时应对设备定期采取擦拭、润滑、空转等维护措施

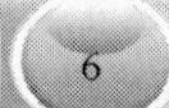

6 ◎ 设备附件、备件以及设备专用工具应有专用柜架存放、搁置，严禁外借

图 4—2　精密设备合规操作要求

1 ◎ 动力设备运行及操作人员必须经过专业培训并经过考试合格

2 ◎ 动力设备必须备有完整的技术资料以及安全运行技术规程，并要求对其进行详尽的运行、保养和故障记录

3 ◎ 动力设备操作人员在值班期间应进行设备无死角巡查，不得随意离开工作岗位

4 ◎ 在运行过程中遇有不正常情况时，设备操作人员应根据操作规程进行紧急处理，应及时通知设备部并进行动力设备故障情况的上传下达

5 ◎ 生产班组应制订动力设备的日常维护及保养计划，保证各种指示仪表和安全装置灵敏、准确，以及备用设备完整、可靠

6 ◎ 动力设备不得带故障运转，任何一处发生故障必须及时上报设备维修人员，设备维修人员应优先处理动力设备故障问题

7 ◎ 生产班组长应定期对动力设备进行预防性试验和季节性检查，预防设备的周期性使用故障

8 ◎ 生产班组应定期或不定期对设备值班操作人员进行安全教育，严格监督其安全管理工作的执行情况

图 4—3　动力设备的合规操作要求

4.1.2　设备使用环境管理

班组长应明确认识到设备工作环境对设备运转、设备使用寿命以及对生产现场人员的重要性，了解设备布置原则和方法以及设备环境管理要求等，保证设备的正常运行，避免设备发生因设备环境原因造成的故障和事故。

1. 设备布置管理

（1）设备布置原则。生产班组长进行设备布置管理时，首先应明确生产设备的布局要求，设备布置应优先满足工艺流程的要求，其次要满足安全、卫生等方面的要求，班组长应综合考虑操作、安全、作业流动等因素，严格按照图 4—4 所示的设备布置原则进行布置，确保各设备之间有足够的空间。

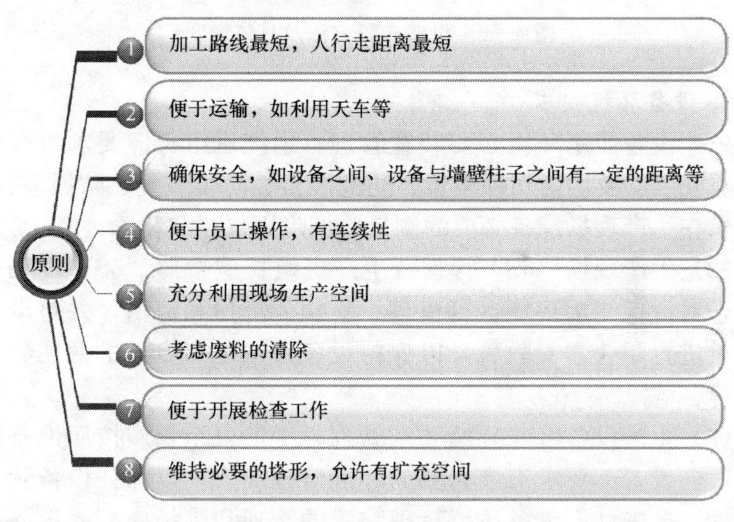

图 4—4　设备布置原则

（2）设备布置的四种方法。生产班组长在进行设备布置时，应根据所生产产品的品种、数量以及工艺等方面的特点，选择合适的设备布置方法，提高生产现场的设备利用率，降低生产成本，保证生产现场布置的合理性等，设备布置的方法及具体说明如图 4—5 所示。

1 工艺专业化形式	2 产品对象专业化形式	3 固定布置形式	4 混合布置形式
◆ **说明** 各种同类设备布置在一起，组成设备群 ◆ **适用范围** 适用于生产工艺较复杂的产品	◆ **说明** 设备或工作地之间位置固定，均按产品加工顺序或装配顺序排列，产品顺次从一个工作地流向下一个工作地，直至生产完成 ◆ **适用范围** 适用于品种少、产量大的产品	◆ **说明** 将加工对象固定在一个位置，操作工携带工具、设备在该处工作 ◆ **适用范围** 适用于体积与重量都非常大，不易移动和只能以单件或极小批量生产的产品	◆ **说明** 根据产品的批量、工艺相似性而使产品有一定顺序，以减少在制品的库存时间，缩短生产周期 ◆ **适用范围** 产量不足以达到使用生产线的产品

图 4—5　设备布置方法及具体说明

2. 设备环境要求

（1）设备使用环境必要装置管理。生产班组长应要求对设备使用地点安装必要的防腐蚀装置、防潮装置、防尘装置、防振装置等，并要求在生产现场配备必要的测量、保险用仪器和装置。

（2）生产现场“5S”管理。生产班组长应按照“5S”现场管理要求，对设备使用环境进行整理、整顿、清扫和清洁，并对设备维护人员进行职业素养教育，以保持设备使用地点良好的照明、通风条件等。

（3）生产设备特殊环境要求管理。生产班组长应按照设备运行要求，向设备部要求安装必要的环境管理装置，以保证设备运行的安全性、准确性，设备环境管理装置的管理和维护应列入设备维护计划，定期对其进行维护和检修。

4.1.3　设备生产任务管理

随着设备规模的增大，生产量增加，企业固定成本被分摊到更多的生产量中，使单位费用减少，生产班组长为降低设备成本，应合理安排设备生产任务，提高设备利用率。

1. 生产设备劳动力计算

(1) 生产设备劳动力计算公式。生产班组长计算生产所需设备劳动力，首先应了解生产车间的单位标准准备时间、单位标准作业时间以及每批次标准准备时间等内容，为保证生产所需设备劳动力计算的科学性，生产班组长应按照下列公式进行生产所需设备劳动力的计算：

$$所需设备劳动力=\frac{总实际作业时间}{生产计划时间}$$

其中，总标准作业时间=生产量×(单位标准准备时间+单位标准作业时间)+(所需批次×每批次标准准备时间)。

$$总实际作业时间=\frac{总标准作业时间}{组织效率\times作业者效率\times设备运行效率}$$

(2) 生产设备劳动力计算案例。下面以某生产单一产品且运用单一设备的企业为例，计算其下月设备生产任务所需的设备劳动力。

计算案例

某企业，下月产品需求是2 000个，现无库存。其生产车间单位产品的标准准备时间是1 h，标准作业时间是2 h。2 000个产品分为10个生产批次进行生产，每个批次的标准准备时间是2 h，组织效率为100%，作业者效率为95%，设备运行效率为90%。

若下月有22个工作日，每天设备运行时间为8 h，所需要的设备劳动力计算流程如下：

(1) 总标准作业时间=2 000×(1+2)+10×2=6 020 (h)

(2) $总实际作业时间=\frac{6\ 020}{1\times0.95\times0.90}\approx7\ 040.9$ (h)

(3) $所需设备劳动力=\frac{7\ 040.9}{22\times8}\approx40$ (台)

2. 生产设备劳动力安排

生产班组长安排生产设备任务时，应充分考虑设备负荷率，保证设备当月的实际负荷率不超出设备管理标准。其中，设备负荷率的计算公式如下：

$$设备负荷率=\frac{设备实际生产量}{设备标准生产能力}\times 100\%$$

设备标准生产能力是指设备在规定生产条件下和一定时间内可能生产某种产品的最大能力。

一般企业生产设备管理标准中，设备负荷率应不超过100%，以免设备超负荷运行，造成安全隐患，增加设备发生故障的概率。

生产班组长应根据其生产班组当月所有生产任务计划所需的总设备劳动力需求以及设备标准生产能力平均分配任务，保证生产班组的每台设备不出现超负荷运行情况。

4.2 设备维护与保养

4.2.1 设备维护的内容

设备维护与保养的内容一般包括日常维护、定期维护、定期检查、精度检查、设备润滑和冷却系统维护等。

生产班组长应了解现今企业生产现场设备维护一般采用三级保养制，将设备维护与保养工作分为日常维护与保养、一级保养、二级保养三个不同等级的保养措施，以保证设备日常、定期维护的合理性和设备维护质量，并降低维护成本。

1. 设备日常维护与保养

设备日常维护与保养是设备维护的基础，生产班组长应明确设备维护主体是设备操作人员，并规定设备日常维护与保养工作按维护周期的不同分为每日维护与保养和每周维护与保养两种，具体工作内容如图4—6所示。

2. 设备一级保养

一级保养的执行以设备操作人员为主，由设备维修人员从旁协

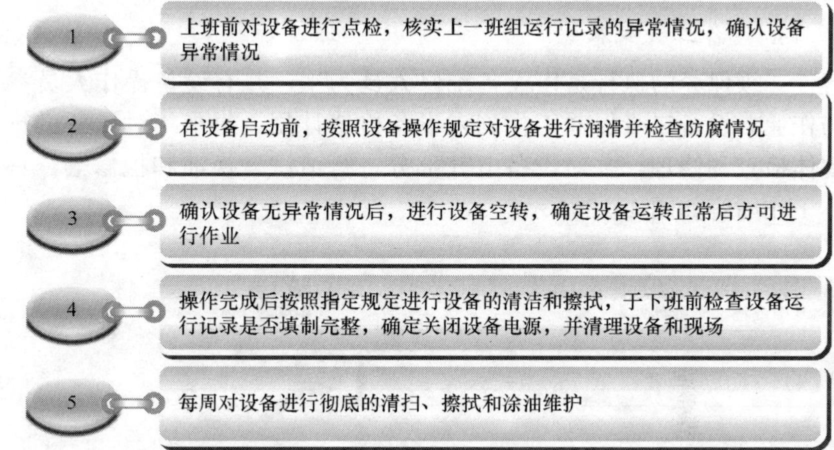

图 4—6　设备日常维护与保养的工作内容

助，按计划每季度对设备进行局部和重点部位拆卸检查，彻底清洗设备内外，疏通油路，清洗和更换油毡、油线、滤油器等，其中电气部分的保养工作由设备维修人员负责，具体工作内容如图 4—7 所示。

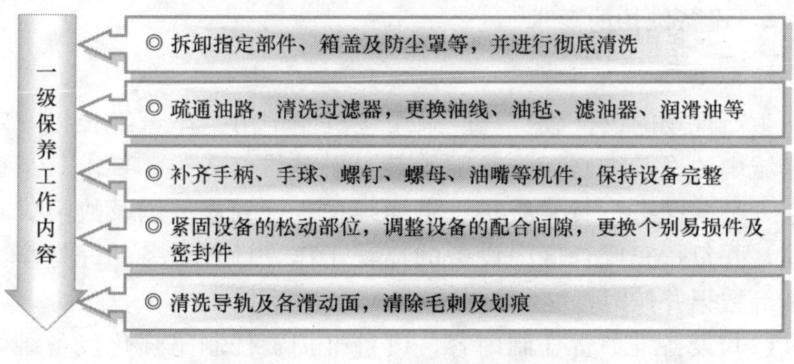

图 4—7　设备一级保养工作内容

进行设备一级保养前，设备维护人员应确定设备已关闭且电源已切断，以保证一级保养作业人员的人身安全。

3. 设备二级保养

二级保养的执行是以设备维修人员为主，并有设备操作人员参与作业。设备二级保养工作列入设备检修计划，每半年对设备进行解体检查和修理，并对设备电气部分进行清洗、换油和检修等，具体工作内容如图 4—8 所示。

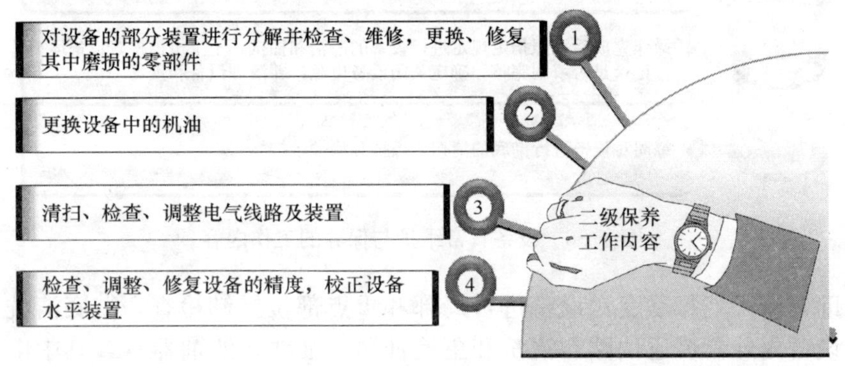

图 4—8　设备二级保养工作内容

4.2.2　设备维护的要求

1. 设备维护责任制

生产现场的设备维护一般采用包机制，由生产班组长将一定生产区域内的设备维修工作分配给某一设备维修人员，要求其与设备操作人员共同进行日常维护、定期维护、计划修理以及故障排除等工作，并负责完成管区内设备的巡查工作，计算设备的完好率、使用率等数据并按时提交相关报告。

（1）设备维护责任制内容。设备维护责任制是强化设备维修为生产服务的意识，调动维修工人积极性，并使设备维护人员主动关心设备保养和维修工作的管理形式。在设备维护责任制下，设备维护人员的主要职责如图 4—9 所示。

图 4—9 设备维护人员的主要职责

(2) 设备区域划分。设备维护责任制采用区域维护组的组织形式，生产班组采用此形式明确设备维护专人，有利于将从事设备维修、维护工作的其他人员空余出来，提高整个生产现场的设备故障维修人员机动性，而且值班维护人员可在在无维修任务时完成各项预防作业。

设备维护区域划分应综合考虑生产设备分布、设备状况、技术复杂程度、生产需要和维护人员的技术水平等因素。生产班组长可根据上述因素将生产现场划分成若干设备区域，流水生产线的设备应按生产线划分维护区域。

区域维护管理要求生产班组长组织相关人员编制定期和精度维护计划，并规定出每个维护小组对设备进行日常和定期维护的时间及周期。为保证生产活动的正常进行，设备维护工作应安排在非生产运作时间进行。

2. 设备维护“三化”

生产班组为提高设备维护水平和效率，应要求维护工作基本达到“三化”标准，即规范化、工艺化、制度化。

(1) 规范化。规范化是指明确维护对象、维护内容、维护周期以及相关责任人的权责分工，制定相应维护措施的具体实施流程和规范，并编制相应的制度、规范，形成书面文件，要求相关人员严格执行。

（2）工艺化。工艺化就是要求生产班组应根据不同工艺技术、不同的设备，根据实际情况制订各项设备维护计划，并严格按照相关制度进行监督和维护。

（3）制度化。制度化就是根据不同设备、不同工作条件以及不同的产品项目，规定不同维护周期和维护时间，并由生产班组长进行严格监督。

4.2.3 维护计划的编制

生产班组应选派具有三年以上设备操作和管理经验的人员，根据供应商提供的相关技术资料和设备操作说明、使用说明等资料进行维护计划的编制工作。

1. 设备维护计划需求资料

设备维护计划需求资料如图 4—10 所示。

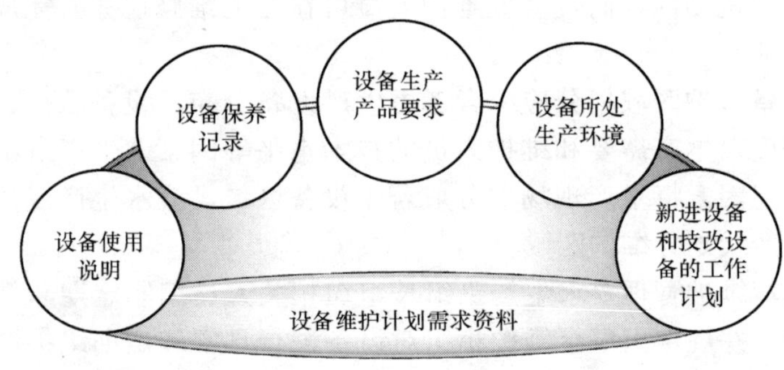

图 4—10 设备维护计划需求资料

2. 设备维护计划内容

生产班组在编制设备维护计划时，应注意包括图 4—11 所示的六项内容。

3. 设备维护与保养计划编制步骤

企业编制设备维护与保养计划时，主要分为为新增设备编制维护与保养计划和为所有设备编制年度维护与保养计划两种情况。

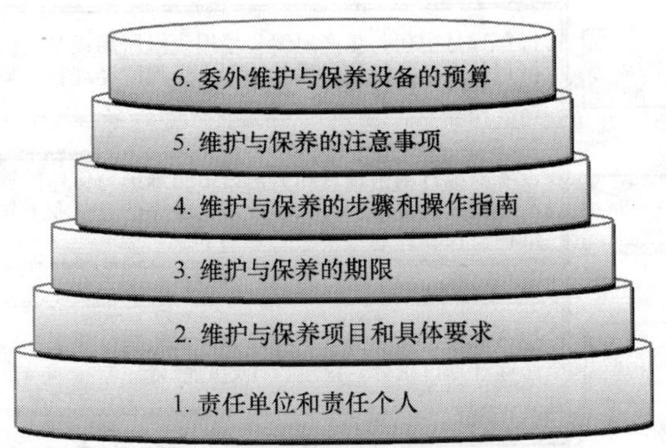

图 4—11　设备维护计划内容

（1）新增设备维护与保养计划的编制。新增设备维护与保养计划的编制步骤具体如图 4—12 所示。

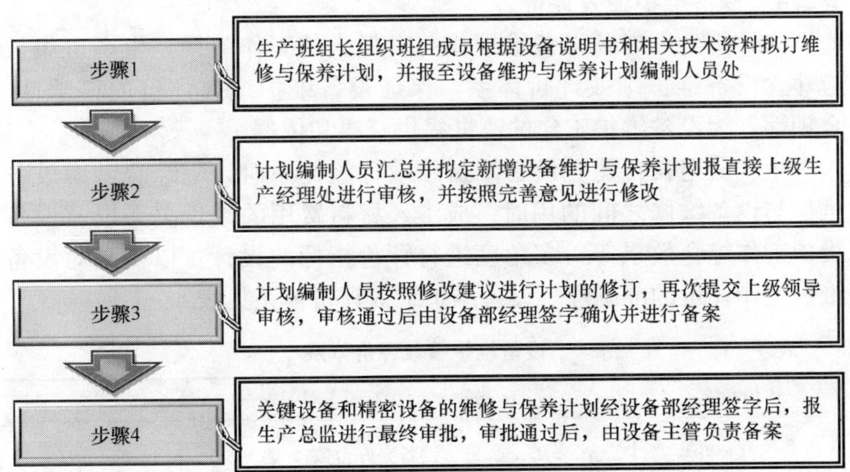

图 4—12　新增设备维护与保养计划的编制步骤

（2）年度设备维护与保养计划的编制。年度设备维护与保养计划的编制步骤具体如图 4—13 所示。

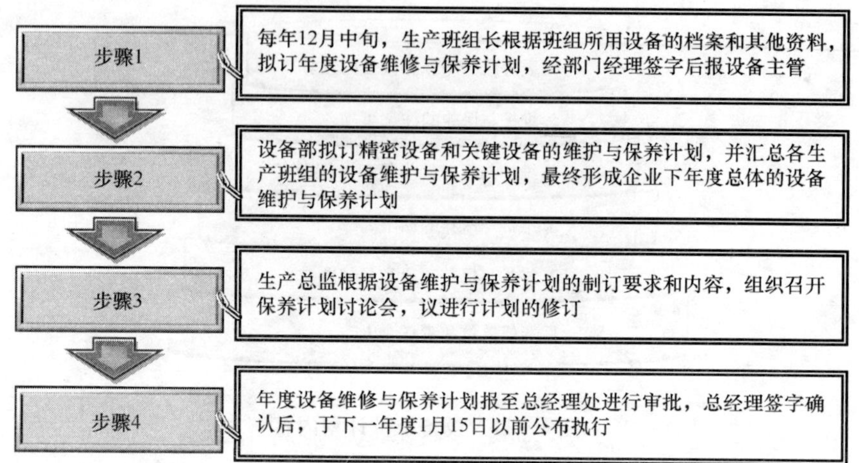

图 4—13　年度设备维护与保养计划的编制步骤

4.2.4　设备维护绩效评价

为评价生产现场设备维护相关责任人的工作效果，生产班组长应建立设备维护绩效评价体系，保证设备维护绩效评价的科学性、合理性，为设备维护工作的改进提供资料和依据。

生产班组长在建立设备维护绩效评级体系时，应综合考虑设备维护与设备维修之间的用时、成本、材料费用的数量关系以及设备维护工作综合效果等，多角度进行评价指标的设计，以提高对设备维护工作评价的准确性。设备维护绩效评价体系见表 4—1。

表 4—1　　　　**设备维护绩效评价体系**

评价角度	指标及其计算公式
设备维护效果	1. $设备完好率=\frac{设备完好台数}{设备总数}$ 2. $设备利用率=\frac{实际设备工作总时间}{总设备工时}$ 3. $设备有效利用率=\frac{设备有效利用时间}{设备有效利用时间+设备故障停机时间}$

续表

评价角度	指标及其计算公式
设备维护管理	1. $维护人员负荷水平=\frac{维护实际工作小时数}{总工作小时数}$ 2. $设备故障率=\frac{非人为原因造成故障次数}{设备故障次数}$ 3. $预防维护指标=\frac{预防维护小时}{总维修小时}$ 4. $设备维护培训强度=\frac{周期内设备维护培训时数}{总设备维修工时}$
设备维护工作成本及损失	1. $设备维护费用率=\frac{设备维护费用}{设备维修总费用}$ 2. 设备损失费用=误工时数×设备使用单位成本+设备维修费用 上式中，误工专指因非人为原因造成设备故障而停工的情况 3. $维护材料费用比=\frac{维护材料费用}{维修材料总费用}$

4.3　设备使用与维护实务

4.3.1　设备使用管理制度

<table>
<tr><td rowspan="2">制度名称</td><td rowspan="2">设备使用管理制度</td><td>编　　号</td><td></td></tr>
<tr><td>执行部门</td><td></td></tr>
<tr><td colspan="4">

第1章　总　　则

第1条　目的

为确保设备正常使用，避免设备的不正常磨损或损坏，防止人身、设备事故的发生，延长设备的使用寿命与大修周期，特制定本制度。

第2条　适用范围

本制度适用于设备使用与操作、运行以及设备资料管理等工作。

</td></tr>
</table>

续表

制度名称	设备使用管理制度	编　　号	
		执行部门	

第3条　职责分工

设备使用管理相关部门分工和具体职责如下：

1. 生产和设备班组长应协助设备部经理建立健全设备操作的相关制度，并在设备使用过程中督察使用设备时各项规章制度的执行状况。

2. 设备部应严格按照本制度中的规定要求，加强对生产现场设备的使用管理，在生产作业活动中贯彻并监督设备使用规范，做好设备在使用前、使用中和使用后的管理工作。

第2章　设备操作规范

第4条　设备操作规范的编制依据

企业的设备操作规范是设备操作者必须执行的法规，关系到设备的运行安全，因此，设备操作规范必须根据设备的性能参数和生产工艺对设备的要求进行编制。

第5条　设备操作规范编写分工

企业每台设备在交付生产班组使用前，必须编制完整的设备操作规范。设备规范中的工艺操作内容由企业负责工艺技术的人员负责编写，安全操作部分由安全人员编写，设备部经理负责汇总编写。

第6条　设备操作规范的内容

设备操作规范必须包括以下四个方面的内容：

1. 上岗前的准备工作。

2. 设备的参数及性能。

3. 设备出现紧急情况时的处理措施。

4. 设备日常维护与保养的规定。

第7条　设备操作规范的审批和执行

设备操作规范经技术部经理与主管副总审批同意后，下发到各生产单位执行。

第8条　设备操作规范的变更

生产工艺发生变化或设备经过技术改造后其性能或操作手法发生变化时，该设备的操作规范也应相应地做出调整。

第3章　设备使用前的准备工作

第9条　设备操作上岗资质

设备操作人员操作设备前，必须根据设备操作规范的内容进行培训，由人力资源

续表

<table>
<tr><td rowspan="2">制度名称</td><td rowspan="2">设备使用管理制度</td><td>编　　号</td><td></td></tr>
<tr><td>执行部门</td><td></td></tr>
<tr><td colspan="4">部负责，经考核合格后，由设备综合管理办公室颁发上岗证。持有上岗证的设备操作人员方可操作设备。
第10条　设备开机前准备
设备启动前，设备操作人员必须按照设备使用规范的规定进行设备的逐项检查。
第11条　多人设备操作管理
需要多人控制或处于生产线的设备，在启动前要求设备操作人员必须熟悉及掌握开机时的联系方法和内容，以防止造成事故。
第12条　设备开机前观察
设备操作人员进行必要的设备试操作时，必须观察前后工序和设备区域内是否有人工作或放置物件。
第13条　设备开机前鸣示
设备操作人员在开机时，必须先发出启动设备的警告信号，然后按设备使用规范中的动作程序进行操作，设备在启动和运转过程中，应注意检查设备有无不正常的现象。
第4章　设备使用中的规定
第14条　设备使用“四定原则”
企业设备使用定人、定机制，非授权人员禁止操作相关设备，否则后果由当事人承担。
第15条　设备安全装置管理
任何人未经批准不得对设备进行乱割、乱焊和改变设备结构或者改变和取消设备的安全装置。
第16条　关键设备操作要求
关键要害岗位（如总降压站、变配电所等）实行两人操作确认制，即一人操作一人在旁监护，以避免因操作失误而导致重大人身和设备事故的发生。
第17条　设备异常情况处理
设备在启动运行中，设备操作人员应对周围环境进行监视，注意前后工序的衔接与配合，注意仪表指示变化。发现设备的异常状况时，应立即停车并向上级报告。
第5章　设备操作的交接班
第18条　设备运行记录</td></tr>
</table>

续表

制度名称	设备使用管理制度	编　号	
		执行部门	

设备操作人员下班之前，应将设备运行记录填写完整，并对设备进行必要的保养与润滑。

第 19 条　设备区域清洁

设备操作人员应保持设备区域的文明卫生，应在下班前对设备进行擦拭并打扫区域内的卫生，以保持设备和区域的整洁。

第 20 条　设备交接要求

设备在运行中发现故障，凡在本班可以处理的，不得交下一班处理，本班无法完全处理，未完成部分可交给下一班，接班人员应继续处理并详细检查，一切正常后方可开机。

第 21 条　交接人员查看记录

接班人员到岗后，需要认真查看上一班的设备运行记录，特别是故障记录，必须做到心中有数，以防止出现事故。

第 22 条　确定设备交接情况

接班人员对设备运行记录有疑问时，应及时咨询值班的管理人员，确定设备的真实情况。

第 6 章　设备使用中文件和资料管理

第 23 条　设备使用记录内容

设备操作人员需要记录设备的运行状况，所记录的内容应反映设备的实际运行技术状态。设备操作人员须记录的内容包括以下六个方面：

1. 设备在运行过程中，设备本体发生异常现象，如运转不平稳、出现振动和噪声、检测装置显示数据不正常、局部温升超过规定、零部件不正常磨损、变形、出现轴向窜动、腐蚀及异常气味、火花、冒烟等情况。

2. 设备控制系统的突然变化和异常波动的数据，如断电保护频繁的情况。

3. 电气设备电磁性能参数的变化，如绝缘、整流、接地、电控励磁、变频等方面的参数及电压、电流、电阻、电容等变化情况。

4. 动力供应参数，如蒸汽、压缩空气、工业水压力、流量、流速、温度等变化情况。

5. 设备润滑参数，如集中润滑油的压力、流量、温度及油脂质量变化，管路的泄漏和堵塞等异常情况。

续表

制度名称	设备使用管理制度	编　　号	
		执行部门	

6. 设备发生事故或故障的全过程（包括时间、现象、原因、特征和后果），发生前的异常迹象等。

第 24 条　设备记录要求

设备出现上述情况时，设备操作人员应随时记录，并且所记录的数据要求准确、清楚、完整。

第 25 条　设备记录上交

设备运行记录由生产单位按照班、日、月的顺序装订成册，定期上交给设备综合管理办公室相关人员。

第 26 条　设备记录统计

企业设备综合管理办公室人员应不定期地检查设备运行状况的记录情况，设备操作人员不记录设备运行状况或故意漏记、错记设备运行状况的事件一经发现，企业将进行严肃处理。

第 27 条　建立设备档案

设备部应建立设备管理档案，内容包括设备使用说明书等原始技术文件、交接登记、运转记载、点检记录、检查及整改情况、维修记录、事故分析和技术改造资料等，生产班组应及时将设备变动情况报告给设备部。

第 7 章　附　　则

第 28 条　本制度由设备部制定，其解释权、修改权归设备部所有。

第 29 条　本制度经总经理办公会审议后，自下发之日起执行。

编制人员		审核人员		批准人员	
编制日期		审核日期		批准日期	

4.3.2　设备维护管理制度

制度名称	设备维护管理制度	编　　号	
		执行部门	

第 1 章　总　　则

第 1 条　目的。

为规范企业设备维护与保养管理工作，确保设备的长期平稳运行，延长设备的使

续表

制度名称	设备维护管理制度	编　　号	
		执行部门	

用寿命，特制定本制度。

第2条　适用范围。

本制度适用于对生产车间内设备的日常维护、定期维护等。

第2章　设备维护与保养职责

第3条　企业设备的维护与保养所涉及的主要人员为生产班组长、设备维护人员与设备操作人员。

第4条　生产班组长的职责如下：

1. 根据相关资料制订设备维护与保养计划。

2. 对设备操作人员进行设备维护与保养方面知识的培训。

3. 监督设备维护与保养计划的落实与执行。

4. 定期检查设备的维护与保养工作并进行评比。

第5条　设备维护人员的职责如下：

1. 掌握设备的运行状况。

2. 负责设备的二级维护与保养工作。

3. 督导设备操作人员的设备维护与保养工作。

4. 检查设备的维护与保养记录，并定期收集、整理、分析。

5. 负责备用设备的维护与保养工作。

第6条　设备操作人员的职责如下：

1. 严格执行设备的操作规范，做好设备维护与保养的记录。

2. 负责设备的清理、清扫工作。

3. 监测设备的运行，发现问题时应及时上报。

第3章　设备维护与保养的准备工作

第7条　生产班组长应编制设备维护与保养方案，将设备的保养工作落实到具体的人员，并制定相应的考核方案。

第8条　设备维护人员应提前制作好设备的各种维护与保养记录表单，并准备好设备养护的工具及用品。

续表

制度名称	设备维护管理制度	编　号	
		执行部门	

第 9 条　设备维护与保养人员应在设备的周边制作设备维护与保养看板，看板上应有设备维护与保养的基本要点及程序。

第 10 条　生产班组长应在操作人员上岗前对其进行技术培训，使其掌握设备的结构、性能、操作、保养规定等，达到“三懂”（懂结构、懂原理、懂性能）“四会”（会使用、会检查、会维护、会排除故障）的要求。

第 11 条　在设备使用前，设备维护与保养人员应会同设备维修人员及技术部相关人员对设备的精度、性能、安全、控制等进行全面的检查与核对，确保无误后方可进行使用。

第 12 条　设备操作人员在上岗前必须取得上岗证，确定岗位的同时需要确定所操作的设备，不得随意掉换。

第 4 章　设备维护与保养实施

第 13 条　设备保养的日常工作由设备操作人员负责，设备操作人员必须按照设备的保养规范进行设备的维护与保养工作。

第 14 条　每日下班前，设备操作人员应详细填写设备完整的维护与保养记录，并说明设备的运行状况，此项工作由设备维护人员进行检查。

第 15 条　设备维护人员应定期收集设备的维护与保养资料，并进行整理、分析，编制设备维护与保养报告。

第 16 条　生产班组长应认真审阅设备维护与保养报告，检查设备的维护与保养记录，根据记录在必要时更改设备的维护与保养规范，使设备的维护与保养方式更加合理化。

第 5 章　设备维护与保养规范

第 17 条　设备的维护与保养分为日常维护与保养、一级维护与保养和二级维护与保养三个级别。其中日常维护与保养又分为每班保养与节假日保养。

第 18 条　设备每班保养的规范

1. 设备操作人员在上班前应对设备进行点检，查看有无异常情况并检查上个班组的设备运行记录。

续表

<table>
<tr><td rowspan="2">制度名称</td><td rowspan="2">设备维护管理制度</td><td>编　　号</td><td></td></tr>
<tr><td>执行部门</td><td></td></tr>
<tr><td colspan="4">2. 设备操作人员应在设备启动前按照设备润滑图标的规定对设备进行润滑处理。
3. 设备操作人员在确保设备无误后，进行设备的空车运转，待设备的各个部分运转正常后方可工作。
4. 设备操作人员在设备的运行过程中要来回巡检，发现设备异常应立即停机进行处理，并及时通知设备维护人员。
5. 每日下班前，设备操作人员应检查设备运行记录是否填制完整，并用 20 min 左右的时间清理设备，切断电源，清理工作场地，确保设备干净、整洁。
第 19 条　遇有节假日，设备操作人员应花费 1.5 h 左右的时间彻底清洗设备，清除油污，进行润滑及环境清理，并由设备维护人员进行检查。
第 20 条　设备一级保养的规范
1. 设备的一级保养原则上以三个月为周期，干磨多尘的设备以一个月为周期。
2. 设备的一级保养以操作人员为主、设备维护人员为辅。
3. 设备一级保养的操作要点如下：
(1) 拆卸指定部件、箱盖及防尘罩等，进行彻底清洗。
(2) 疏通油路，清洗过滤器，更换油线、油毡、滤油器、润滑油等。
(3) 补齐手柄、手球、螺钉、螺母、油嘴等机件，保持设备完整。
(4) 紧固设备的松动部位，调整设备的配合间隙，更换个别易损件及密封件。
(5) 清洗导轨及各滑动面，清除毛刺及划痕。
第 21 条　设备二级保养的规范
1. 设备的二级保养原则上每半年进行一次，也可在生产淡季进行。
2. 生产设备的二级保养以设备维护人员为主、操作人员为辅。
3. 生产设备二级保养的操作要点如下：
(1) 对设备的部分装置进行分解并检查、维修，更换、修复其中磨损的零部件。
(2) 更换设备中的机油。
(3) 清扫、检查、调整电气线路及装置。</td></tr>
</table>

续表

制度名称	设备维护管理制度	编　号	
		执行部门	

第6章 特殊设备的维护与保养

第22条 企业的特殊设备主要指企业的“精密、大型、稀有”设备。

第23条 日常工作中，设备维护与保养人员需要指导设备操作人员不断整理企业特殊设备所处的环境，使设备的运行环境满足特殊设备的运行要求。

第24条 特殊设备操作人员在设备的日常保养中必须严格遵守设备养护规范，不得随意拆卸部件，特别是精密部件。

第25条 特殊设备保养中所使用的润滑油品、擦拭材料及清洗剂等必须按照设备使用说明书中的规定使用，不得随意更换。

第26条 特殊设备在运行中若出现异常现象应立即停机，向设备维护人员报告，不允许带病运行。

第27条 特殊设备不进行工作时应对整机或关键部位罩上防护罩，如长期停用，也必须定期擦拭、润滑及空运转，防止设备零部件的腐蚀、受损。

第28条 特殊的附件及保养工具应设立专柜由设备操作人员妥善保管并保持清洁，以防止丢失和锈蚀。

第29条 特殊设备保养时的“四定”

1. 定使用人员。特殊设备的使用人员应选取技术水平高、责任心强的人员担任，并保持稳定，无故不得更换。

2. 定检修人员。特殊设备的检修人员应固定，使其熟悉、积累此类设备的检修经验，快速、准确地处理问题。

3. 定操作及维护规定。由生产班组长会同技术部相关人员根据各设备的特点逐台编制维护与保养规范并严格执行。

4. 定保养计划及备件。生产班组长根据每台设备对生产的影响分别确定其保养计划及方式，保证设备维修时备件的及时供应。

第7章 附　　则

第30条 本制度由设备部制定，其解释权、修改权归设备部所有。

第31条 本制度经总经理办公会审批后，自颁布之日起执行。

编制人员		审核人员		批准人员	
编制日期		审核日期		批准日期	

4.3.3 设备使用管理流程

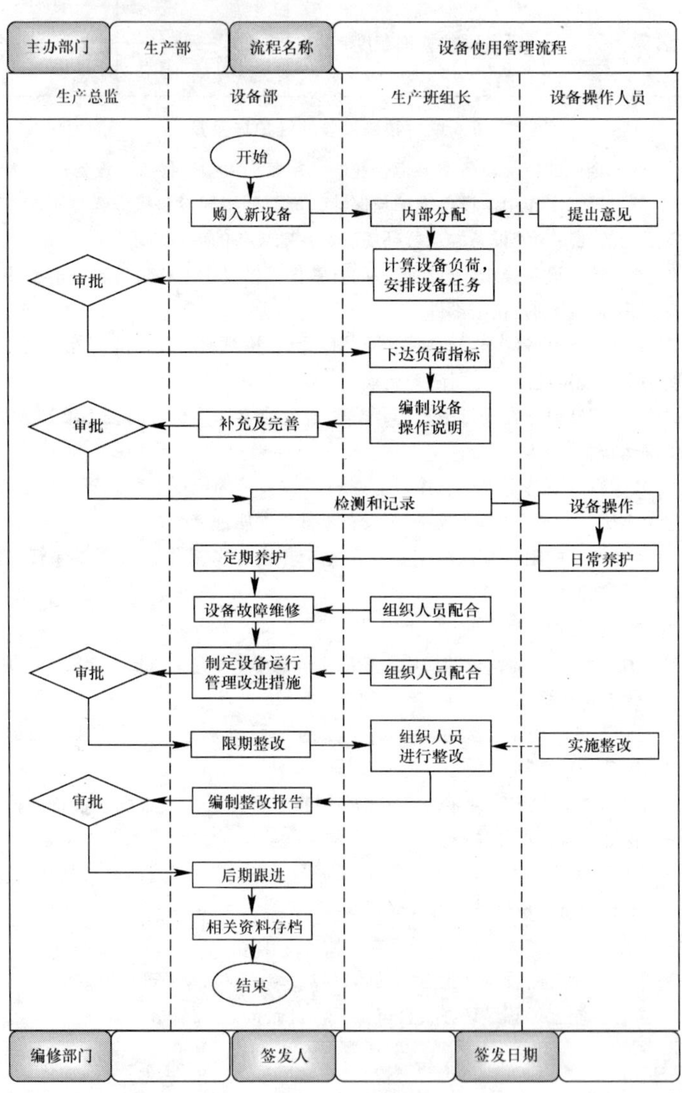

4.3.4 设备维护管理流程

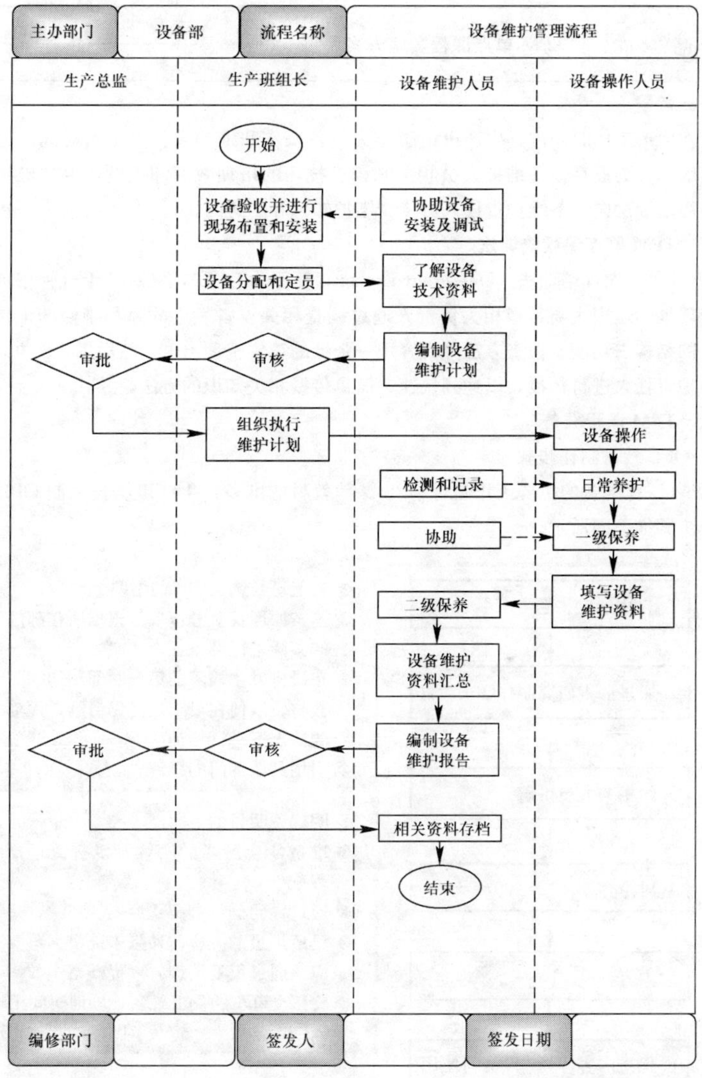

4.3.5 TPM 单点课程实施方案

<table>
<tr><td rowspan="2">方案名称</td><td rowspan="2">TPM 单点课程实施方案</td><td>编　号</td><td></td></tr>
<tr><td>执行部门</td><td></td></tr>
</table>

一、背景

正常生产工作时间内，生产班组很难为设备操作和维护人员空余出时间，为其进行专业培训，为提高设备维护人员相关知识、技巧的培训效率和质量，生产班组采用单点课程培训法向设备维护责任人员传授维护知识和小窍门。

二、TPM 单点课程培训法

TPM 单点课程培训法（One Point Lesson，简称为 OPL），又称“十分钟培训法”，在生产现场的运用主要是指相关负责人通过调查相关设备发生故障和维修的记录，并将设备的结构、功能、检查方法等内容用一张纸的篇幅整理出来，然后用 5～10 min 向设备维护责任人进行传授，以达到快速、简单传授相关知识的方法。

三、TPM 课程准备

1. OPL 教材制作步骤

TPM 课程准备的主要工作是对 OPL 课程教材的准备，生产班组长编制 OPL 教材的制作步骤如下图所示。

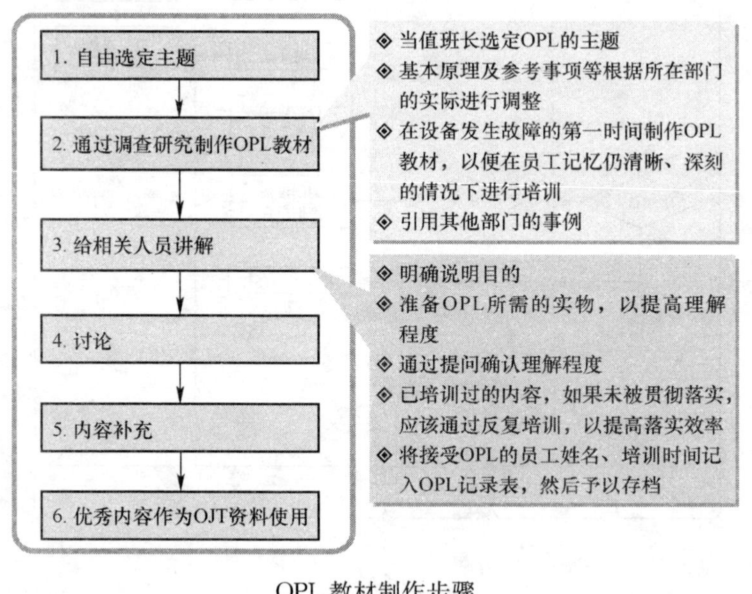

OPL 教材制作步骤

续表

方案名称	TPM单点课程实施方案	编　号	
		执行部门	

2. OPL教材范例

生产班组长制作OPL教材时，应充分利用图表、照片、漫画等方式，把资料做得浅显易懂。同时，生产班组长应明确OPL教材的基本要素应包括标题、编写人、审批、类别、培训对象、培训记录等内容，以车间常用零部件为例，单点课程培训法教材范例如下图所示。

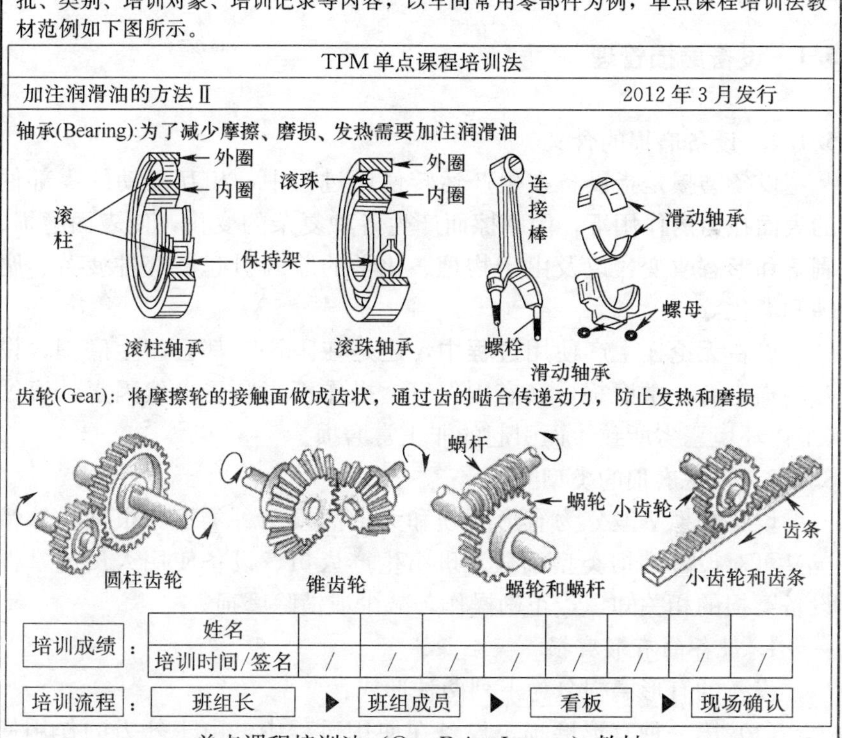

单点课程培训法（One Point Lesson）教材

四、TPM课程实施

生产班组长在OPL教材制作完成后，将教材下发至每一设备维护人员手中，并将人员组织起来，用5～10 min向其讲解教材的重点内容和注意事项等。

对于新发生的故障，生产班组长应及时将其作为新案例编入OPL教材，在设备维护人员记忆仍深刻时，尽快开展单点课程培训。

编制人员		审核人员		批准人员	
编制日期		审核日期		批准日期	

第5章　设备磨损与润滑管理

5.1　设备磨损管理

5.1.1　设备磨损的含义

设备磨损是指设备在生产运转使用过程中，相互运动的零部件的表面在力的作用下，因摩擦而产生各种复杂的变化，使表面磨损、剥落和形态改变，以及由于物理、化学的原因引起零部件疲劳、腐蚀和老化等。

设备无论在生产使用过程中，还是在闲置时都会产生磨损。设备磨损既有正常磨损，又有因保管、操作不当和受自然因素的腐蚀（工作环境恶劣所致）而引起的非正常磨损。

5.1.2　设备磨损的类型

设备磨损一般分为有形磨损和无形磨损两种类型。根据具体情况又可对设备磨损类型细分。班组生产人员、设备使用人员应掌握设备磨损的相关知识，正确操作，减少或消除磨损。

1. 设备的有形磨损

设备的有形磨损分为下列两种形式：

（1）第一种有形磨损。设备在使用过程中，由于外力的作用使零部件发生摩擦、振动和疲劳等现象，导致设备的实体发生磨损，这种磨损叫做第一种有形磨损。在第一种有形磨损的作用下，设备的加工精度降低，表面粗糙度值增大，劳动生产率降低。磨损到一定程度，整个机器功能下降，设备的使用费剧增。有形磨损达到比较严重的程度时，设备便不能继续正常工作，甚至发生事故。

设备第一种有形磨损的具体表现如图5—1所示。

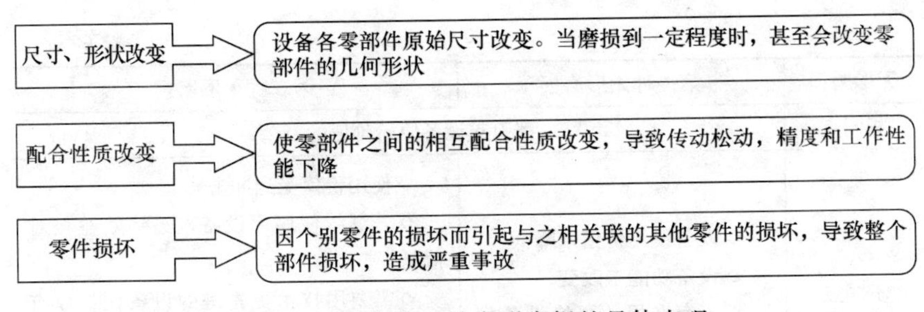

图 5—1　设备第一种有形磨损的具体表现

（2）第二种有形磨损。是指设备在闲置时，受到风吹、日晒、雨淋等自然力的作用而产生的磨损，导致设备风化、腐朽、生锈、老化等。

第二种有形磨损也会使设备丧失工作精度和使用价值，要消除这种磨损，可通过修理来恢复，但修理费应小于新设备的价值。当磨损导致设备丧失工作能力，即使修理也不能达到原有功能时，则需更新设备。

设备的两种有形磨损都会造成设备的技术性陈旧，导致设备运行费用和维修费用增加，降低工作效率，从而降低设备的使用价值。

2. 设备的无形磨损

设备的无形磨损是相对于有形磨损来讲的，它与社会发展紧密相连，班组长作为班组的负责人，应积极学习和熟悉企业设备的市场技术改进情况，并针对设备无形磨损带来的影响提出建议，减少损失。设备的无形磨损分为两种，其比较见表 5—1。

表 5—1　　**两种无形磨损的比较**

无形磨损	第一种无形磨损	第二种无形磨损
定义	设备的技术结构和性能并未变化，但由于技术进步，社会劳动生产率水平的提高，同类设备的再生产价值降低，致使原设备相对贬值	由于科技进步，不断出现性能更完善、效率更高的设备，使原设备相对陈旧落后，因此产生经济磨损，叫做第二种无形磨损

续表

无形磨损	第一种无形磨损	第二种无形磨损
相同点	都引起设备原始价值的贬值	
不同点	◇设备使用价值未降低 ◇设备功能未改变 ◇不存在提前更换设备的问题	◇使用价值受到冲击 ◇若继续使用原设备，经济效益相对降低 ◇需要用技术更先进的设备代替原有设备 ◇是否更换取决于是否有更新的设备以及原设备贬值的程度

3. 有形磨损和无形磨损比较

设备的有形磨损和无形磨损都对生产工作造成一定程度的影响，根据磨损性质不同，可以做出以下比较，如图 5—2 所示。

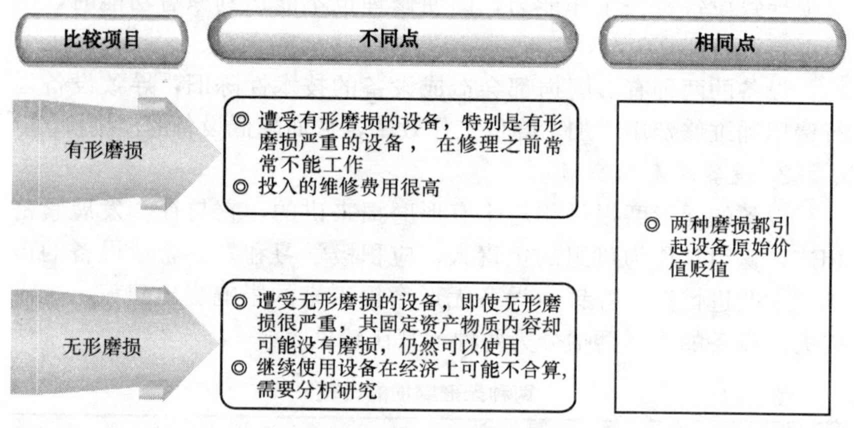

图 5—2　有形磨损与无形磨损的比较

4. 设备的综合磨损

设备的综合磨损是指设备同时存在有形磨损和无形磨损的情况。设备在实际运作中，有形磨损和无形磨损必然同时发生，并且相互影响。

技术进步在一定程度上会加快设备有形磨损的速度，同时，技术进步又可提供耐热、耐磨、耐腐蚀、耐振动、耐冲击的新材料，使设备的有形磨损减缓，但由于使用周期的延长，使设备无形磨损加快。

5.1.3 设备磨损的检测

各班组设备操作人员在每天设备开动和运转过程中，要随时检测设备的磨损情况，设备专门检测人员也应定时检测设备的磨损情况，保证设备正常使用，确保生产按计划顺利完成。设备磨损的检测部位重点在轴承，其检测项目有轴承的滚动声、轴承的振动、轴承的温度、润滑状态等，具体说明见表5—2。

表5—2 设备磨损检测项目的具体说明

项目序号	检测项目	具体说明
1	轴承的滚动声	(1) 采用测声器对运转中轴承滚动声的大小及音质进行检测 (2) 若轴承有剥离或损伤，会发出异常声和不规则声，用测声器能够分辨
2	轴承的振动	(1) 轴承振动对轴承的损伤很敏感 (2) 剥落、压痕、锈蚀、裂纹、磨损等都会在轴承振动的测量中反映出来 (3) 通过采用特殊的轴承振动测量器可测量出振动的大小
3	轴承的温度	(1) 一般由轴承室外面的温度就可推测出来 (2) 如果利用油孔能直接测量轴承外圈温度，则更为合适 (3) 轴承的温度随着运转开始慢慢上升，1～2 h后达到稳定状态 (4) 轴承的正常温度因机器的热容量、散热量、转速及负载不同而不同
4	润滑状态	(1) 检查摩擦部位的润滑状态，给予适量润滑 (2) 如果润滑、安装不合适，则轴承温度会急剧上升，损坏设备

5.1.4 设备磨损的分析

班组长要想对设备磨损进行合理分析，必须了解设备磨损的规律，同时掌握设备磨损的主要原因。

1. 设备磨损规律

一般设备的正常磨损过程具有一定的相似规律，一般表现为三个阶段，即初期磨损阶段、稳定磨损阶段和剧烈磨损阶段，其特点如图 5—3 所示。

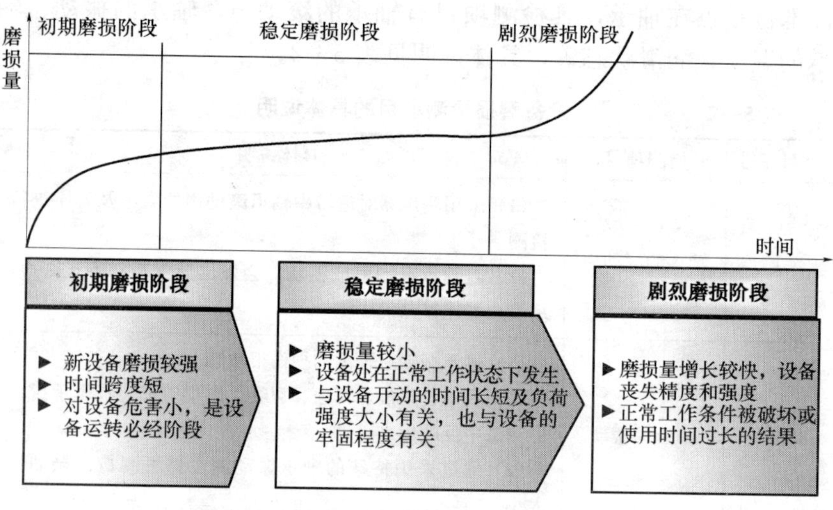

图 5—3 典型磨损阶段的特点

2. 设备磨损因素分析

影响设备磨损的因素众多而且复杂，设备部或生产现场各班组设备使用人员在进行设备磨损分析时，可主要从零件材料、运转条件、几何因素、环境因素四个方面来分析，如图 5—4 所示。

5.1.5 设备磨损的补偿

在生产过程中，会引起设备磨损，磨损严重的设备，往往不能正常运转使用。设备的磨损形式不同，所采取的措施和补偿磨损的形式也不同。

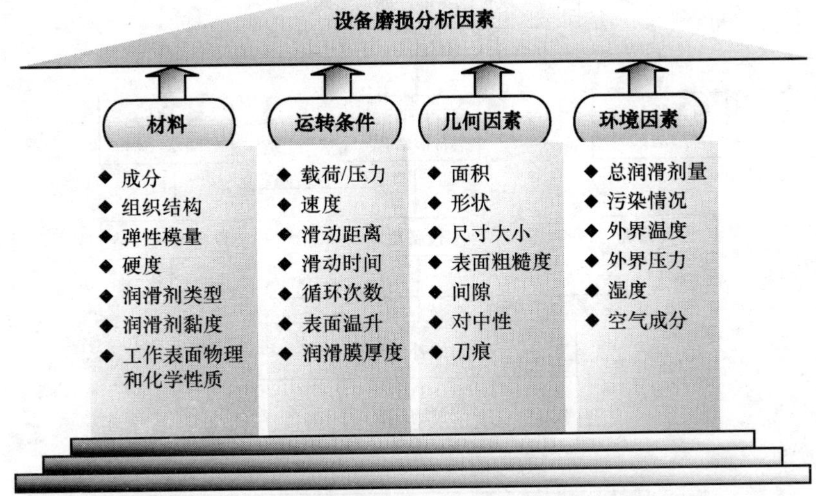

图 5—4　设备磨损分析因素

对于可消除的有形磨损，班组长应通知设备维修部修理设备部件来恢复其功能。对于不可消除的有形磨损，必须更新才能进行补偿，班组长可协助车间主任向主管副总或生产总监申请采购新设备。

对于第二种无形磨损，因为它是由于科学技术进步产生了相同功能的新型设备所致，要全部或部分补偿这种差距，只有对原设备进行技术改造，即现代化改装或技术更新，此时，班组长应积极协助设备技术部对设备进行改造，并认真学习使用方法，做好对班组设备操作人员的培训。设备磨损的 3 种补偿方式具体如图 5—5 所示。

1. 设备修理

设备修理是修复由于不同原因造成的设备损坏和精度劣化，通过修理更换已经磨损、老化和腐蚀的零部件，使设备性能得到恢复。按修理的程度和工作量大小，一般分为小修、项修和大修，具体如图 5—6 所示。

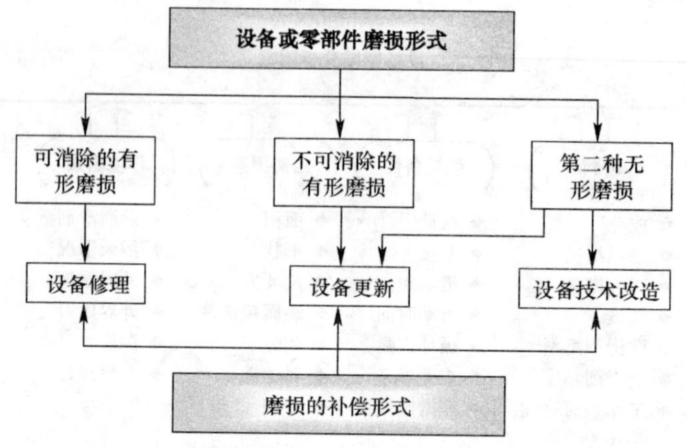

图 5—5　设备磨损的三种补偿方式

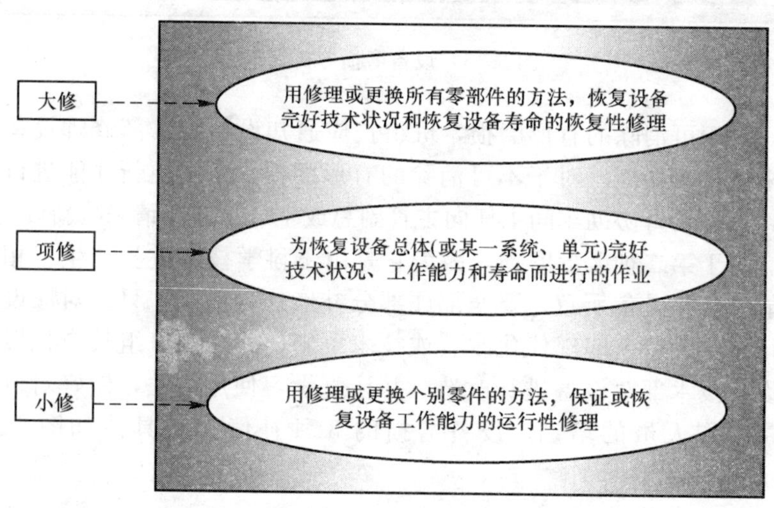

图 5—6　设备修理分类

2. 设备更新

班组长应多了解新技术、新设备情况，增加自己的知识水平，开阔眼界，培养设备战略意识，及时提出设备更新的建议，提高现场生产效率。设备更新有原型更新和技术更新两种形式，如图 5—7 所示。

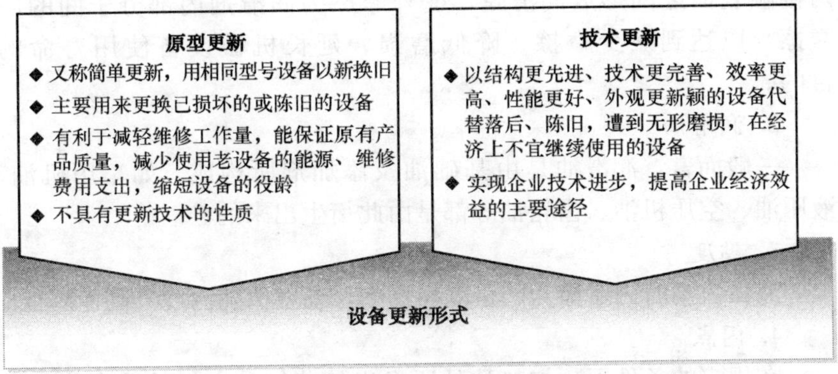

原型更新
- ◆ 又称简单更新，用相同型号设备以新换旧
- ◆ 主要用来更换已损坏的或陈旧的设备
- ◆ 有利于减轻维修工作量，能保证原有产品质量，减少使用老设备的能源、维修费用支出，缩短设备的役龄
- ◆ 不具有更新技术的性质

技术更新
- ◆ 以结构更先进、技术更完善、效率更高、性能更好、外观更新颖的设备代替落后、陈旧，遭到无形磨损，在经济上不宜继续使用的设备
- ◆ 实现企业技术进步，提高企业经济效益的主要途径

设备更新形式

图 5—7 设备更新的形式

3. 设备技术改造

设备技术人员应用现代化的技术成就和先进经验，根据生产的具体需要，改变旧设备的结构或增加新装置、新部件等，以改变旧设备的技术性能，使它达到目前生产的新设备的水平，就是设备的技术改造。

设备技术改造完成后，班组长与设备操作人员应认真接受技术人员的培训，学习设备经过改造后的使用方法和原理，确保改造后的设备正常运行。

5.2 设备润滑管理

5.2.1 设备润滑的术语

使用设备的班组长以及班组成员应注重对设备的维护保养，其中掌握设备润滑的相关术语对于设备保养、提高设备工作效率意义重大。

1. 润滑

润滑就是在相对运动的各种摩擦接触面之间加入润滑剂，使两接触表面之间形成润滑膜，变外摩擦为润滑剂内部分子间的内摩擦，以达到减少摩擦、降低磨损、延长机械设备使用寿命的目的。

2. 润滑油

一般而言，润滑油是由基础油及添加剂所构成。如车用机油、液压油、空压机油、齿轮油等都是由此衍生出来的。

3. 黏度

液体流动时内摩擦力的量度叫黏度，黏度值随温度升高而降低。

4. 闪点

在规定的条件下，加热油品所逸出的蒸气和空气的混合物与火焰接触瞬间点燃的最低温度称为闪点，以℃表示。

5. 凝点

试油在规定条件下冷却至停止移动时的最高温度称为凝点，以℃表示。

6. "五定"

"五定"，即设备润滑的定点、定质、定量、定期、定人。"五定"是对设备润滑工作在人员、时间、润滑要求等方面详细的量化安排。

7. "三过滤"

"三过滤"，又称"三级过滤"，包括入库过滤、发放过滤和加油过滤。它是为了减少油液等润滑剂中的杂质含量，防止灰尘、碎屑等杂质随油进入设备而采取的净化措施。

5.2.2 设备润滑的作用

现场设备使用人员通过润滑设备的摩擦部分，可减少设备零部件之间的摩擦抵抗，防止烧结和磨损、减少动力的消耗，提高设备工作效率，从而提高班组生产效率。设备润滑有很多实用方面的作用，具体说明见表5—3。

表 5—3　　设备润滑作用一览表

序号	作用	具体说明
1	减少摩擦	在摩擦面之间加入润滑剂，能使摩擦系数降低，从而减少了摩擦阻力，节约能源的消耗
2	降低磨损	（1）机械零件的黏着磨损、表面疲劳磨损和腐蚀磨损与润滑条件很有关系 （2）在润滑剂中加入抗氧、抗腐剂有利于抑制腐蚀磨损，而加入油性剂、极压抗磨剂可以有效地降低黏着磨损和表面疲劳磨损
3	冷却作用	润滑剂可以减轻摩擦，并可以吸热、传热和散热，因而能降低机械运转摩擦所造成的温度上升
4	防锈防蚀	摩擦面上有润滑剂覆盖时，就可以防止或避免因空气、水滴、水蒸气、腐蚀性气体及液体、尘土、氧化物等所引起的腐蚀、锈蚀
5	绝缘性	精制矿物油的电阻大，如作为电绝缘材料的电绝缘油的电阻率一般比水的大
6	传递动力	油可以作为静力的传递介质。例如，汽车、起重机的液压油。也可以作为动力的传递介质，例如，自动变速机油
7	减振卸荷	润滑剂吸附在金属表面上，本身应力小，所以，在摩擦副受到冲击载荷时具有吸收冲击能的本领
8	洗涤作用	通过润滑油的循环可以带走油路系统中的杂质，再经过滤器滤掉。内燃机油还可以分散尘土和各种沉淀物，起着保持发动机清洁的作用
9	密封作用	润滑剂对某些外露部件形成密封，防止水分或杂质的侵入，在汽缸和活塞间起密封作用

5.2.3 设备润滑的要求

设备润滑的基本要求主要有“五定”、选用合适润滑剂及“三过滤”等。

1. “五定”要求

各班组设备操作人员在润滑设备时，应严格执行设备润滑管理的“五定”方针，对设备润滑系统进行点检，对润滑油池的油位进行检查，确认润滑系统正常，油量充足。“五定”的具体内容如图5—8所示。

图5—8 设备润滑“五定”方针

在生产现场，“五定”要求主要用特定符号的图体现在设备润滑卡片上，所使用的特定符号标识、要求见表5—4。

表 5—4　　　　“五定”润滑卡片图示符号

项目	名称	图例	项目	名称	图例
定点	标线指示	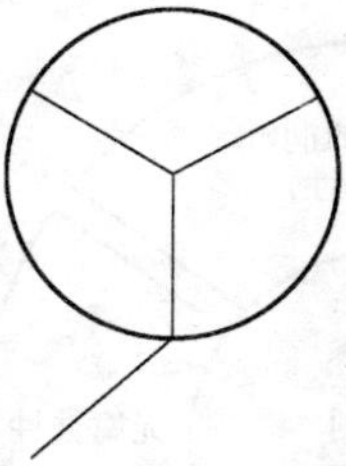	定质	油牌号	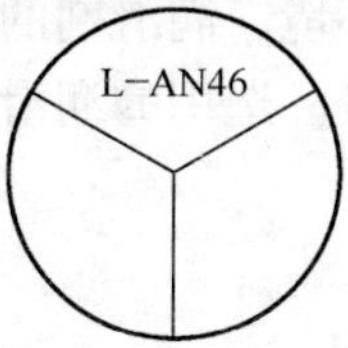 L-AN46
				脂牌号	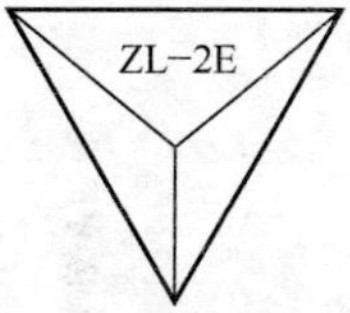 ZL-2E
定量	油的重量	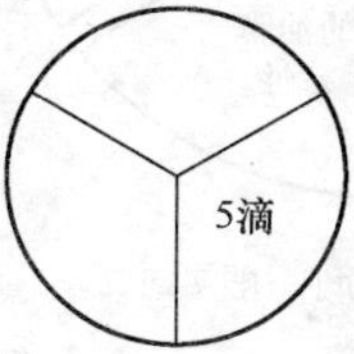 5滴	定人	操作工	(红色) 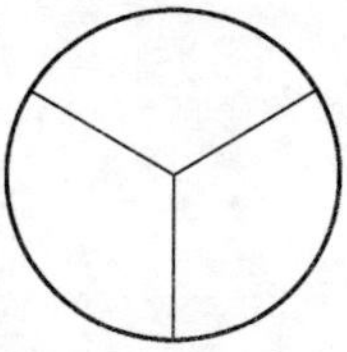
定期	加油时间	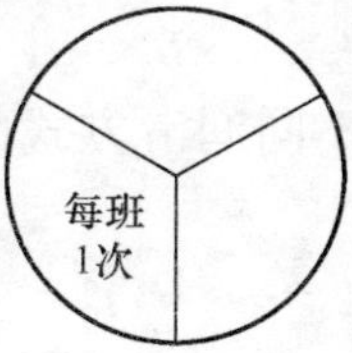 每班1次		润滑工	(黄色) 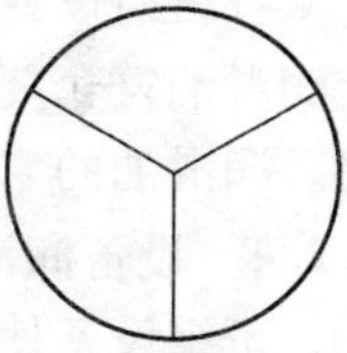
				电工	(绿色) 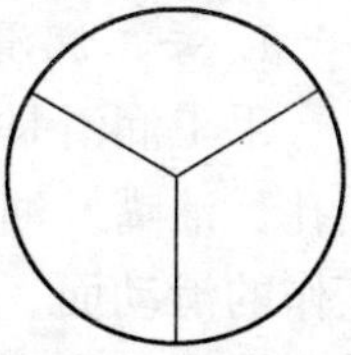

2. 选用合适的润滑剂

班组长需根据使用设备的运动情况、表面光洁度、工作条件和环境、润滑剂的特性等方面的因素，来确定选用润滑剂的种类和牌号。选用的润滑剂应符合的要求如图 5—9 所示。

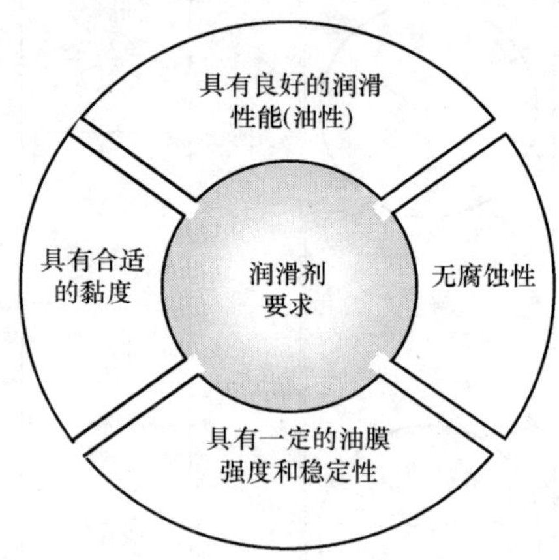

图 5—9　润滑剂一般要求

3. “三过滤”要求

各班组设备操作人员在领用润滑油时，应查看过滤记录表，确定润滑油符合要求。在对设备进行润滑时，应提前对润滑油进行过滤。润滑油的“三级过滤”具体如图 5—10 所示。

5.2.4　设备润滑的方式

班组设备使用人员应了解设备不同润滑方式的特点，运用恰当的方式对设备进行润滑。

1. 手工润滑

手工润滑是指由班组设备操作人员使用油壶或油枪向润滑点的油孔、油嘴及油杯加油。这种润滑方式主要用于低速、轻载和间歇工作的滑动面、开式齿轮、链条以及其他单个摩擦副。加油量依靠设备操作人员感觉与经验加以控制。

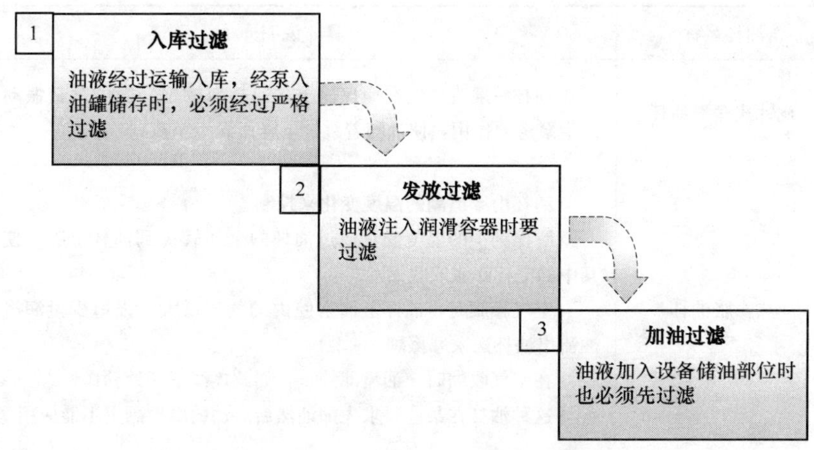

图 5—10　润滑油“三级过滤”

2. 滴油润滑

滴油润滑主要使用油杯向润滑点供油。油杯多用铝或铝合金等轻金属制成骨架，杯壁的检查孔多用透明的塑料或玻璃制造，以便观察其内部油位。常用的油杯有针阀式注油杯、压力作用滴油油杯等，具体说明见表 5—5。

表 5—5　　滴油润滑油杯使用一览表

油杯名称	具体说明
针阀式注油杯	◇滴油量受针阀的控制，油杯中油位的高低可直接影响通过针阀环形间隙的滴油量
压力作用滴油油杯	◇油杯的底面有一个针阀，其阀杆通过油杯上的操作缸伸出外部连接调节螺母 ◇阀的启闭由压缩机的排气通过弹簧压着的活塞加以控制，并可用阀杆上的螺母来调节油杯的滴油量

续表

油杯名称	具体说明
跳针式润滑油杯	◇油杯一般直接装在摩擦副上，通过摩擦副轻微的垂直振动产生泵送的作用，使油随着跳针下降而润滑摩擦副
热膨胀油杯	◇油杯由摩擦副的温度变化来控制 ◇摩擦副中的温度变化通过油杯的金属管传到油杯上腔，使其中的空气膨胀或收缩 ◇空气膨胀时，油杯上面空腔内的气压增大，强迫少量润滑油流出油杯送入摩擦副 ◇在空气收缩时，油流即停止，如此连续不断地动作 ◇这种油杯在某些要求先加油然后启动的摩擦副上不能应用
连续压注油杯	◇由于连续压注油杯下面储油器能保持不变的油压，所以能保证自动均匀地供油
均匀滴油油杯	◇润滑油从上面储油器经过连在浮漂上的阀，补充到下面的储油器
活塞式滴油油杯	◇滴油量可通过杯上的杠杆机构来调节

3．油绳和油垫润滑

油绳和油垫润滑一般是用与设备摩擦表面接触的毛毡垫或油绳从油中吸油，然后将油涂在零件摩擦表面上的方法。它的具体特点和应用如图5—11所示。

4．油环或油链润滑

在轴上挂一油环，环的下部浸在油池内，利用轴转动时的摩擦力，把油环带着旋转，将润滑油带到轴颈上，再从轴颈的表面流散到各润滑点。油环或油链润滑只能用于水平安装的轴，原理如图5—12所示。

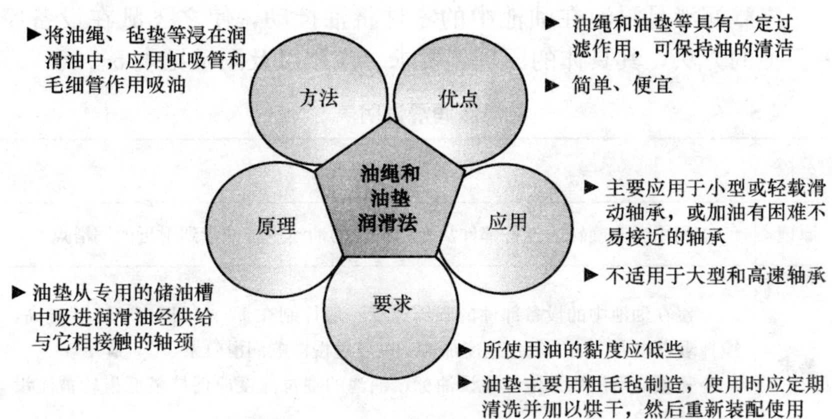

图 5—11　油绳和油垫润滑特点说明图

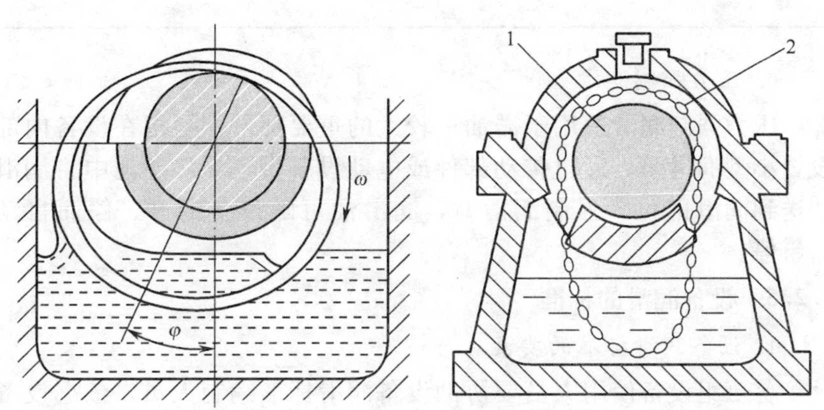

图 5—12　油环或油链润滑原理图

1—轴　2—油链

5. 飞溅润滑

飞溅润滑是浸泡在油池中的零件将油搅动，使之飞溅在设备摩擦面上的方法，其具体的原理、要求、应用以及图示见表 5—6。

表 5—6　　飞溅润滑说明表

名称	具体说明或图示
原理	◇利用高速旋转的设备部件从专门设计的油池中将油带到附近的润滑点
要求	◇浸在油池中的设备部件的圆周速度一般控制在 12 m/s 以内，速度过高，搅拌阻力增大，油的氧化速度加快，速度过慢影响润滑效果 ◇飞溅润滑所用油池应装设油标，油池的油位深度应保持最低齿轮被淹没 2～3 个齿高
应用	◇主要用于润滑闭式箱体中的滚动轴承、齿轮传动、蜗杆传动、链传动、凸轮

6. 压力强制润滑

压力强制润滑适用于需油量较大的重要部件，是指在设备内部设置小型润滑泵，通过传动部件或电动设备带动，从油池中将润滑油送到润滑部位。强制润滑时，润滑油可随设备的开、停而自动送、停。

5.2.5　设备润滑的标准

1. 设备润滑标准的要素

各班组设备使用人员要协助设备润滑标准编制人员，依据设备使用说明书、同类设备资料以及工厂或企业有关技术部门推荐的设备润滑使用技术，编制设备润滑标准。编制的标准表应具备表 5—7 的要素。

表 5—7 设备润滑标准编制要素一览表

要素序号	要素名称及编制说明		要素序号	要素名称及编制说明	
1	序号	填写设备名称顺序号	7	点数	填写所需润滑的点数
2	设备名称	填写单项设备名称	8	补油标准量	以 L（升）为单位
3	设备部件	填写该设备具体设备部件的名称	9	周期时间	h—时、d—天、w—周、m—月、a—年
4	给油点	如轴承、滑道、衬板等	10	填写要求	严格按分工协议的规定进行填写
5	润滑方式	如手动给油、手动集中给油、自动给油方式等	11	备注	备注栏填写附加说明
6	润滑油	填写润滑油牌号			

2. 设备润滑标准的编制要求

编制设备润滑标准时，除了符合上述要素要求外，还有其他要求，班组长应提醒设备润滑标准编制人员注意，协助编制人员完善设备润滑标准。具体要求如下所示：

（1）新增设备或当设备由于技术改良原因更改润滑部位或改变润滑方式时，应相应增补和修改润滑标准。

（2）通过 PDCA（全面质量管理）工作循环，不断完善设备润滑标准。

（3）编制顺序。首先编制设备部件补油标准和更换油脂标准，然后编制化验油的标准。一般对容积大于 500 L 的供油部位要进行油化验。

（4）凡改用新油种或替代油种，必须经上级权威部门审批。

5.3 设备磨损与润滑实务

5.3.1 设备磨损管理制度

制度名称	设备磨损管理制度	编　　号	
		执行部门	

第1章　总　　则

第1条　目的

为了规范设备磨损与补偿管理，减少或消除设备磨损，对设备进行合理补偿，特制定本制度。

第2条　适用范围

本制度适用于工厂设备的磨损控制管理与设备磨损补偿管理工作。

第3条　定义

设备磨损，是指设备在生产运转使用过程中，做相互运动的零部件的表面在力的作用下，因摩擦而产生各种复杂的变化，使表面磨损、剥落和形态改变，以及由于物理、化学的原因引起零部件疲劳、腐蚀和老化等。

第4条　职责分工

1. 设备部负责设备的磨损预防、修理和维护、改进工作。
2. 设备技术员负责设备技术改进工作。
3. 设备操作人员负责设备的日常防磨损工作。
4. 班组长和车间主任对设备操作人员的日常防磨损工作进行监督。

第2章　设备磨损检查方法

第5条　铁谱分析

设备部借助高倍显微镜观察设备磨损颗粒的材料（颜色不同）、尺寸、特征和数量，分析零件的磨损状态，正确地判断设备的磨损类型。

第6条　听诊法

1. 设备操作人员检查时，可通过听觉对比设备是否出现了异常噪声，判断设备内部是否出现松动、撞击、不平衡等隐患。
2. 如操作人员判断设备存在磨损，可上报班组长或车间主任，并报告设备部经理。

续表

制度名称	设备磨损管理制度	编　　号	
		执行部门	

3. 设备部经理派出专门检测人员，运用电子听诊器对声音进行定性测量，判断设备零件是否发生松动，设备是否故障。

第 7 条　触测法

1. 设备使用人员用手部触摸设备外壳，感觉设备发热状况和振动状况，发生异常，及时上报。

2. 设备操作人员检查时可用手晃动机件，感觉零件间隙大小；用手触摸机件可以感觉振动的强弱变化以及零件是否产生冲击。

3. 设备磨损检测人员用配有表面热电偶探头的温度计测量滚动轴承、滑动轴承、主轴箱、电动机等机件的表面温度，判断热异常位置，此方法具有检测迅速、数据准确、触测过程方便的特点。

第 8 条　观察法

1. 班组设备操作人员观察设备运行是否平稳，润滑是否充分，有无漏油等，发现异常及时停止运转。

2. 班组设备操作人员应随时观察设备上安装的各种反映设备工作状态的仪表，了解数据的变化情况，可以通过测量工具、直接观察表面状况或检测产品质量，判断设备工作状况。

第 9 条　工艺参数法

班组设备操作人员应借助五感，查看工艺参数是否有异常变化，如压力、流量是否异常等。

第 3 章　防止磨损途径

第 10 条　正确选购设备

设备采购人员在采购设备时，应选择质量好、有害杂质少的材料，采用抗疲劳合金材料，提高耐磨性。

第 11 条　表面处理

设备部在安装调试设备时，为了改善零件表面的耐磨性可采用多种表面处理方法，如采用滚压加工表面强化处理，各种化学表面处理，如塑性涂层、喷钼、镀铬、等离子喷涂等。

第 12 条　合理的结构设计

续表

<table>
<tr><td rowspan="2">制度名称</td><td rowspan="2">设备磨损管理制度</td><td>编　　号</td><td></td></tr>
<tr><td>执行部门</td><td></td></tr>
<tr><td colspan="4">
设备使用人员在选择生产设备时应选择具备合理结构设计的设备。合理的结构要有利于摩擦表面保护膜的形成和恢复、压力的均匀分布、摩擦热的散逸、磨屑的排出，以及防止外界磨粒、灰尘的进入等。
第 13 条　保护重要零部件
技术人员在改装设备时，可以应用置换原理，允许系统中一个零件磨损以保护另一个重要的零件；也可以使用转移原理，允许摩擦时其中一个零件快速磨损而保护较贵重的零件。
第 14 条　改善工作条件
各班组设备操作人员应尽量避免过大的载荷、过高的运动速度和工作温度，创造良好的环境条件。
第 15 条　正确使用和维护
各生产班组要加强科学管理和人员培训，严格按照操作规程作业。
第 16 条　合理润滑
设备操作人员应尽量保证设备润滑，采用合适的润滑材料和正确的润滑方法，采用润滑添加剂，注意密封。
第 17 条　提高修复质量
设备部人员应提高机械加工质量、修复质量、装配质量、安装质量，防止和减少磨损，班组长和车间主任应协助并监督设备部人员工作。
第 4 章　设备磨损处理
第 18 条　设备修理
班组设备使用人员发现设备磨损严重，无法正常运转，应及时向上级汇报，通知设备部维修人员对设备进行维修处理。
第 19 条　设备更新
当发现老设备陈旧落后、效率低下，已经无法满足生产需要时，生产人员可向上级提出更换建议，车间主任或班组长向生产总监或主管副总申请采购新设备，经总经理批准后，进行设备更新。
第 20 条　设备改造
</td></tr>
</table>

续表

<table>
<tr><td rowspan="2">制度名称</td><td rowspan="2">设备磨损管理制度</td><td>编　　号</td><td></td></tr>
<tr><td>执行部门</td><td></td></tr>
<tr><td colspan="4">设备部技术员应及时对设备进行技术改造，改变旧设备的结构或增加新装置、新部件等，提高设备的性能，达到提高生产效率的目的。
第5章　附　　则
第21条　本制度由设备部经理负责制定、修改和解释。
第22条　本制度需经生产总监审批通过后方可生效。</td></tr>
</table>

编制人员		审核人员		批准人员	
编制日期		审核日期		批准日期	

5.3.2　设备润滑管理制度

<table>
<tr><td rowspan="2">制度名称</td><td rowspan="2">设备润滑管理制度</td><td>编　　号</td><td></td></tr>
<tr><td>执行部门</td><td></td></tr>
<tr><td colspan="4">第1章　总　　则
第1条　目的
为规范企业的设备润滑工作行为，确保生产设备的正常使用和生产的正常有序运行，特制定本制度。
第2条　适用范围
本制度适用于企业所有设备的润滑管理事项。
第3条　职责划分
1. 设备维护主管
（1）负责制订设备润滑的相关规范及计划。
（2）负责监督设备润滑规范及计划的执行情况。
2. 设备润滑管理员
（1）为储油箱定期添油，清洗换油。
（2）为手动润滑泵内添加油脂。
（3）为输送链条、装配带等共用设备定期加油。
（4）按计划取油样送检等。</td></tr>
</table>

续表

制度名称	设备润滑管理制度	编　号	
		执行部门	

3. 设备操作人员

（1）每班、每周、定期或经常用手动润滑泵为润滑点加油。

（2）开关滴油杯，旋拧加脂杯，并通过油窗监视油位。

4. 维修人员

（1）润滑装置与滤油器的修理、清理与更换。

（2）在大修与检修中，负责拆卸部位的清洗换油。

（3）治理漏油等。

第 2 章　设备润滑的准备工作

第 4 条　编制设备润滑规范

设备维护主管应根据设备的特点及运行要求制定设备的润滑规范，并编制成文，经相关人员审批同意后下发。

第 5 条　制定“五定”润滑卡

设备维护主管应将设备按照一定标准分类，并根据其类别特点制定相应的设备“五定”润滑卡，张贴于设备管理看板上。

设备“五定”润滑卡

设备名称	注油部位名称	注油点数（个/点）	润滑油牌号	润滑周期	润滑油加入量	润滑责任人
	1.					
	2.					
	3.					
	4.					
	5.					
润滑说明	1. 日常加油工作由设备操作人员每班开机前进行加油，由当班班长检查考核，机动班长对各班进行考核 2. 定期加油由检修工（兼职加油工）进行，根据“五定”要求的时间间隔进行加油并填好相关记录，由检修班长检查考核，专业负责人监督考核					

第 6 条　清理设备

设备润滑管理员在所有设备交付使用前都应协同相关人员清理设备，保证设备润

续表

<table>
<tr><td rowspan="2">制度名称</td><td rowspan="2">设备润滑管理制度</td><td>编　号</td><td></td></tr>
<tr><td>执行部门</td><td></td></tr>
<tr><td colspan="4">滑管道、油口、滤油网的干净、无杂物。
第7条　岗前培训
设备操作人员上岗前应经过设备维护主管关于设备润滑方面的培训。
第3章　设备润滑的执行
第8条　润滑系统检查
设备操作人员在设备启动前需要检查设备润滑系统，具体检查内容如下：
(1) 根据油位指示计检查油箱容量，确保润滑油的液面保持在上限记号附近。
(2) 根据油温计检查油箱的油温，确保油温符合设备的使用要求。
(3) 通过压力表检查压力是否正常。
第9条　润滑记录
在设备的运行过程中，设备操作人员需要认真执行设备润滑的规范，并做好润滑记录。
第10条　设备巡检
(1) 设备维护管理专员需要巡检设备的润滑规范执行情况，发现问题及时处理。
(2) 设备操作人员需要监测设备的整体润滑情况，发现润滑异常时应立即停止运行，并上报情况。
第11条　润滑用具清洁
设备操作人员对设备进行润滑时需要注意油桶、油具、加油点与润滑油（脂）的清洁，防止因润滑用具不洁导致油路堵塞。
第4章　设备润滑工具管理
第12条　润滑工具领取
设备润滑管理员负责统一领取设备润滑的用具，登记造册后发放到设备操作人员手中。
第13条　润滑工具保管
设备的润滑工具由设备操作人员负责妥善保管、使用，遇有报废或遗失时需要及时通知设备润滑管理员，重新领取。
第14条　润滑工具报废和遗失
设备润滑管理员需要记录润滑工具的发放原因。若因个人原因造成润滑工具报废或遗失，且润滑用具在使用周期之内时，设备润滑管理员需要通知财务部从责任人员的工资中扣除需要赔偿的数额。
第5章　润滑油（脂）管理
第15条　润滑油（脂）的领取</td></tr>
</table>

续表

<table>
<tr><td rowspan="2">制度名称</td><td rowspan="2">设备润滑管理制度</td><td>编　　号</td><td></td></tr>
<tr><td>执行部门</td><td></td></tr>
<tr><td colspan="4">
设备操作人员使用的设备润滑油或润滑脂应按照规定的量领取，避免造成浪费。
第 16 条　润滑技术学习
设备维护主管与设备润滑管理员应积极学习新的润滑技术，做好润滑新技术和油品的更新换代工作。
第 17 条　润滑油（脂）品质检测
设备润滑管理员需要定期检测润滑油或润滑脂的品质，防止润滑油受到外界灰尘、水分、温度等因素的影响而产生变质。经检验后油品不符合设备使用要求时需要及时更换润滑油（脂）的种类。
第 18 条　润滑油（脂）更换注意事项
1. 设备润滑油（脂）的更换需要列入设备维护保养计划中，并经过试验，确保安全后才可进行更换。
2. 更换润滑油（脂）前必须清理设备的润滑管道，确保润滑管道的干净、畅通。
第 6 章　设备润滑安全
第 19 条　行走安全
设备润滑管理专员在日常巡检设备时需要注意安全，只允许在规定的通道上行走，不得跨越传动装置和运输带。设备停车以前，不得将手及其他物品伸入油箱检查。
第 20 条　电路安全
设备清洗换油前，需要由电工配合将电路切断，并在开关处挂上“禁止合闸”的标牌。
第 21 条　操作安全
设备润滑管理专员在检查设备润滑系统供油情况时，必须由设备操作人员启动设备，不得擅自启动。
第 22 条　现场环境安全
设备操作人员需要注意油桶及油车的运输安全，并保持现场的卫生。加完润滑油后需要及时清理地面上的油污物，防止其着火。
第 7 章　附　　则
第 23 条　本制度由设备部制定，其解释权、修改权归设备部所有。
第 24 条　本制度经总经理办公会议审批后，自颁布之日起执行。
</td></tr>
</table>

编制人员		审核人员		批准人员	
编制日期		审核日期		批准日期	

5.3.3 设备磨损管理流程

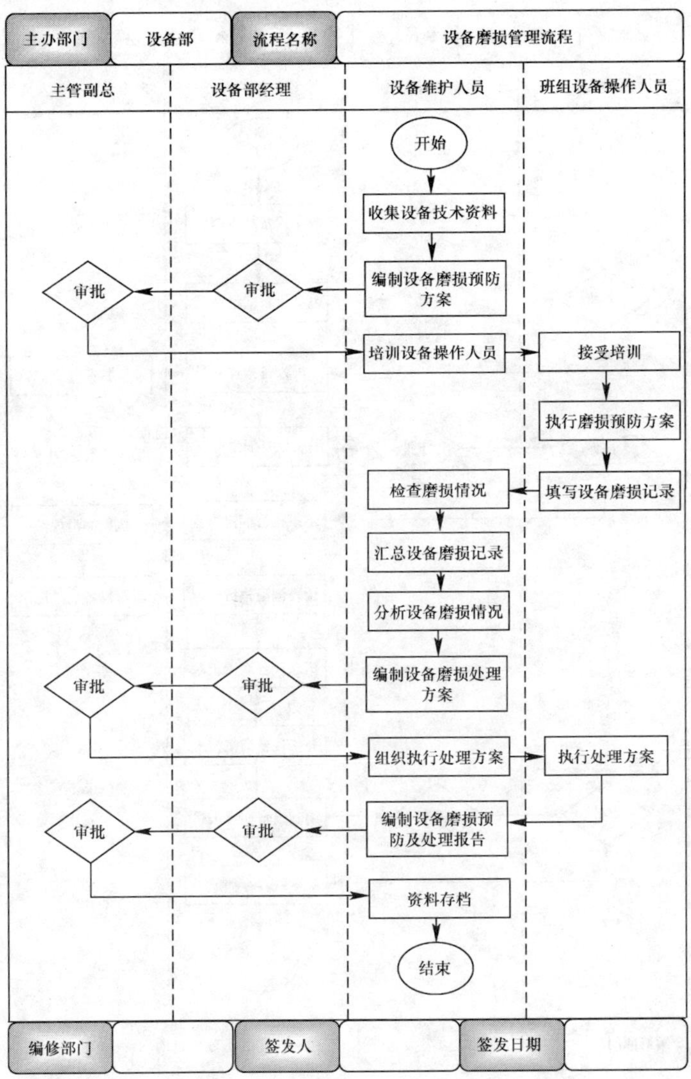

5.3.4 设备润滑管理流程

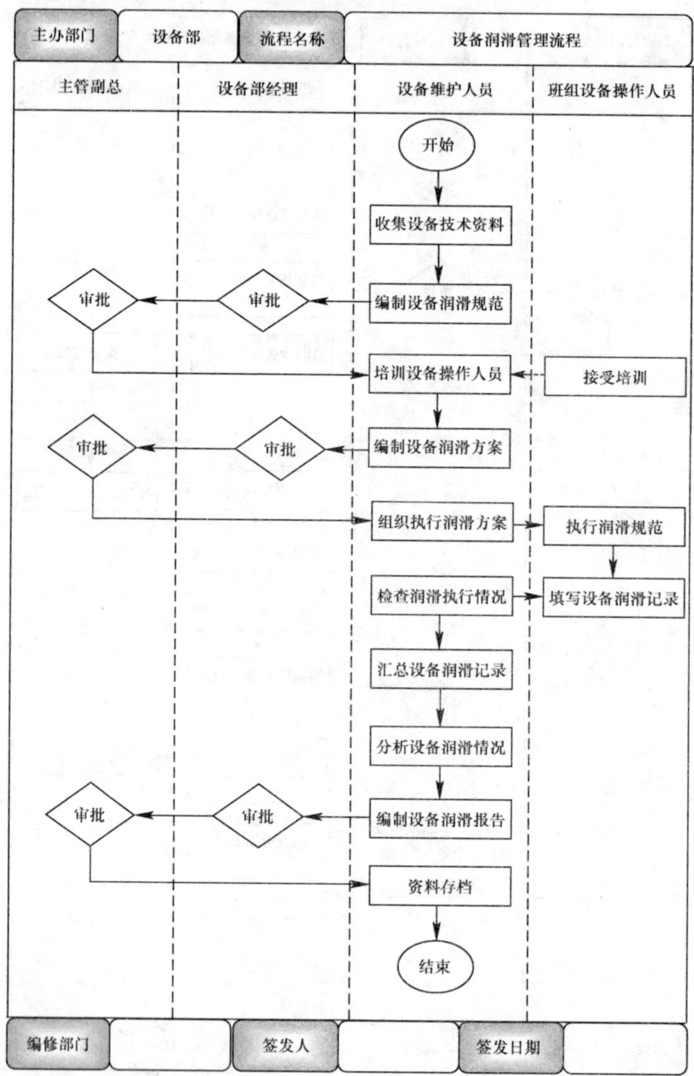

第6章　设备技术状态管理

6.1　设备点检

6.1.1　设备点检的定义

设备点检是指为了维持生产设备的原有性能，通过人的五感（视、听、嗅、味、触）或简单的工具、仪器，按照预先设定的周期，对设备上的规定部位精心地、逐项地进行周密检查，准确地掌握设备运行状态和磨损程度，及时发现设备的缺陷、隐患及劣化部位，并使其尽早得到排除，确保生产顺利进行的设备检查过程。

点检人员通过检查设备关键部位点，能及时、准确地获得设备技术状况信息，生产制造企业的班组长应从点检人员处了解班组生产设备的状态，以便指导班组成员选择合适的管理方式对设备进行维护保养并积极配合点检人员的工作。

设备点检的实质，就是对设备进行检查、监测，并对设备设定部位的劣化程度提出防范措施，并实施针对性的维修，以保持设备性能的稳定，延长设备的使用寿命。

6.1.2　设备点检的分类

按照设备点检作业时间间隔，即点检周期，可将设备点检分为日常点检、定期点检及精密点检，具体见表6—1。

表 6—1　　设备点检分类一览表

点检类别	基本定义	目的	作业内容	作业周期
日常点检	由设备操作人员根据规定的标准，每日一次或数次对设备的关键部位进行技术状态检查和监视，并对设备进行必要的简单维护和调整	及时发现设备异常，防患于未然，保证设备正常运转	作业内容比较简单，作业时间也较短，一般可在设备运行中进行，对生产影响不大	作业周期在一个月以内
定期检查	由设备维修人员和专业检查人员根据点检计划表的要求，定期对设备的技术状态进行全面检查和测定	确认设备的缺陷和隐患，定期掌握设备的劣化状态，为进行精度调整和安排计划修理提供依据	作业内容比较复杂，工作时间较长，一般需要停机进行	作业周期在一个月以上
精密点检	由工程技术人员或专业技术专家组成精密点检小组，用精密仪器、仪表或其他综合性的手段对设备进行的定量测定	通过对测得的数据进行比较，定量地确定设备的技术状况和劣化倾向程度，以判断其修理和调整的必要性，并决定维修对策	作业内容比较复杂，工作时间较长，一般需要停机进行	作业周期可以是定期的也可以是不定期的

6.1.3 设备点检的内容

1. 设备日常点检的内容

日常点检一般包括点检、修理、调整、清扫、给油、排水等项目，其各自的点检内容如图 6—1 所示。

2. 设备定期点检的内容

设备定期点检的业务内容主要包括编制点检标准、点检计划的

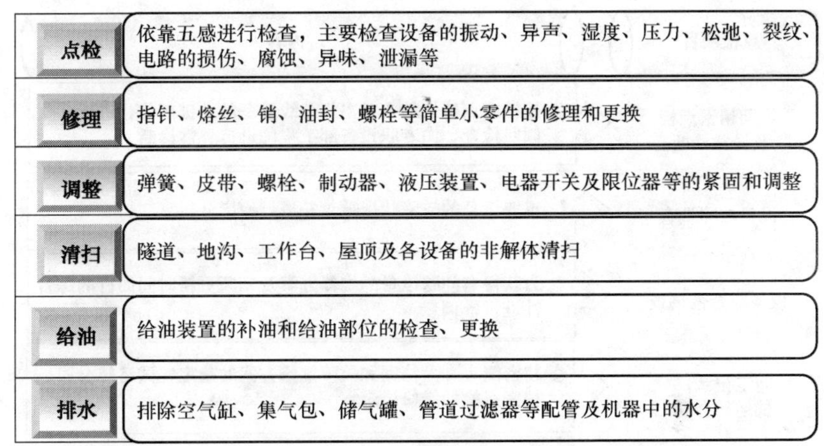

图 6—1　设备日常点检的内容

编制及实施、设备维修费用的掌握、故障的分析与处理、改善设备故障的研讨、与操作人员的沟通等项目。

班组长应掌握生产设备定期点检的内容，以便做好班组的生产安排工作，配合点检人员如期完成点检工作。

设备定期点检的具体内容如下：

（1）设备的非解体定期检查。

（2）设备解体检查。

（3）劣化倾向检查。

（4）设备的精度测试。

（5）系统的精度检查及调整。

（6）油箱油脂的定期成分分析及更换、添加。

（7）零部件更换、劣化部位的修复。

3. 设备精密点检的内容

班组长应了解设备精密点检的相关内容，积极配合设备部工程技术人员及点检人员的设备精密点检工作。设备精密点检的具体内容如图 6—2 所示。

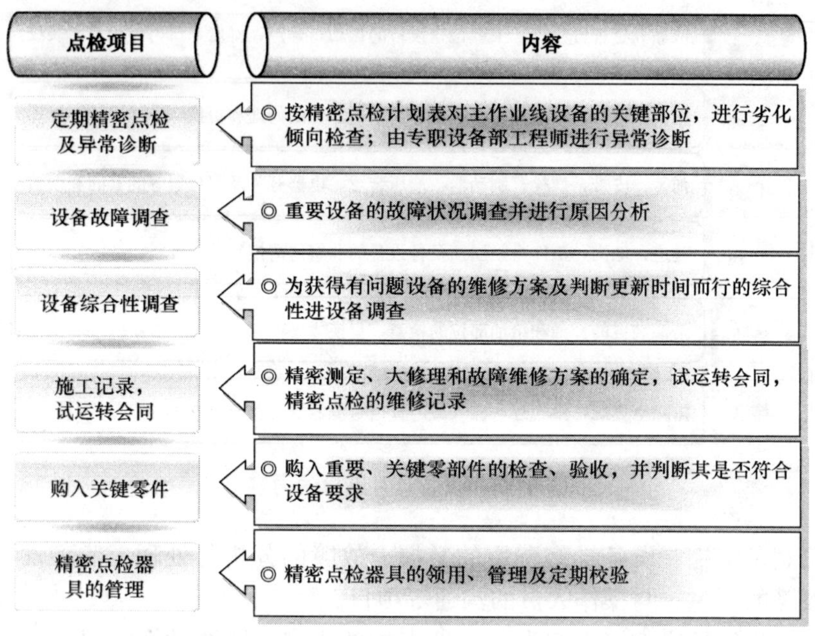

图 6—2　设备精密点检的内容

6.1.4　设备点检的标准

设备点检标准是点检工作的重要技术文件，点检标准制定得是否合理，直接影响设备点检的质量。班组长应在保证满足生产质量、产量、设备和人身安全的前提下，积极协助设备部制定设备的点检标准。

1. 点检标准的内容

点检标准是点检人员开展设备点检、检查作业的依据，是编制点检计划表、点检计划卡以及如何进行点检作业的基础，它明确了待点检设备各部位的点检项目、内容，点检时设备的状态、周期、判断标准值以及点检过程的分工、方法等。

具体点检标准应包括以下 4 个方面的内容，如图 6—3 所示。

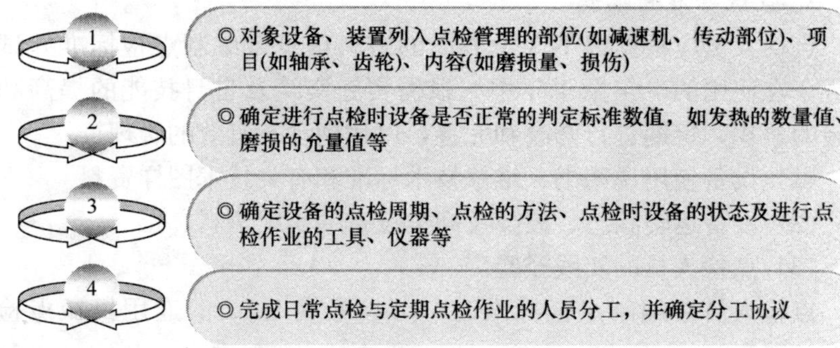

图 6—3　设备点检标准的内容

2. 点检标准的分类

点检标准根据设备专业和使用条件的不同，可以分为通用标准和专用标准两类。

（1）通用点检标准。通用点检标准是指同类设备在相同的使用条件下实行点检的通用标准，适用于电气设备和仪表设备的点检作业，如接触器、各类高压电缆及各种检测器等。若同类型、同规格的机械设备，在相同的使用条件下，也可以采用通用点检标准，如泵、风机等机械设备。

（2）专用点检标准。专用点检设备一般适用于机械设备，尤其是对工艺、运转有特殊要求以及工作环境恶劣的非标设备。根据其用途不同，可分为日常点检标准和定期点检标准，二者的具体区别如图 6—4 所示。

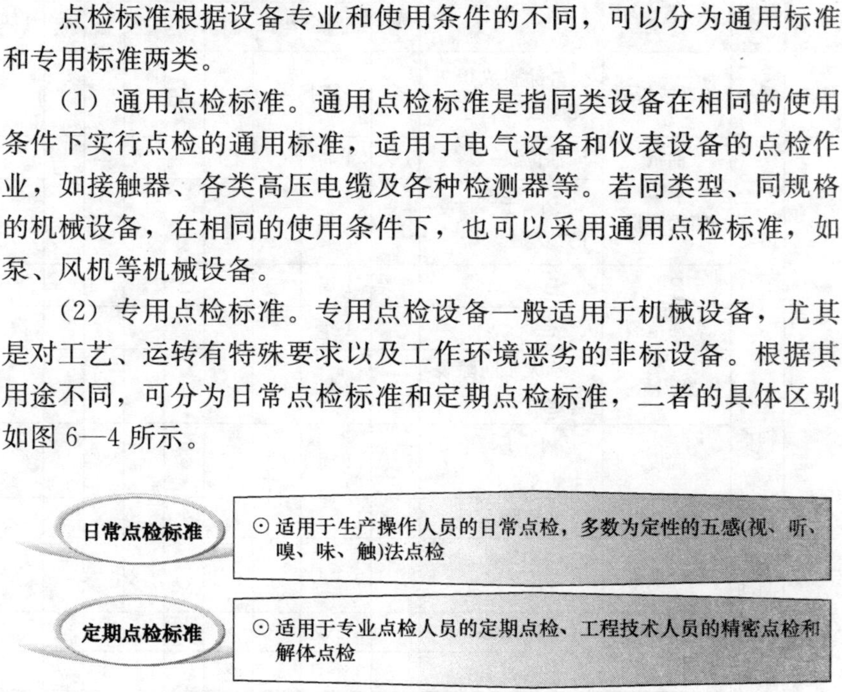

日常点检标准

⊙适用于生产操作人员的日常点检，多数为定性的五感(视、听、嗅、味、触)法点检

定期点检标准

⊙适用于专业点检人员的定期点检、工程技术人员的精密点检和解体点检

图 6—4　日常点检标准和定期点检标准的区别

3. 点检标准的编制

点检人员应根据以下 3 个方面的资料信息来编制点检标准并试运行，在使用的半年至 1 年中，根据实施实绩及自身技能的提高和经验的累积，定期进行修改和完善，以达到动态有效的管理。

（1）设备使用说明书、维修技术标准和有关技术图样资料。

（2）设备运转状态、故障及同类设备的实绩资料。

（3）点检人员的实践经验。

点检人员在编制点检标准时，可参考表 6—2 的通用机械点检标准。

表 6—2　　通用机械点检标准

点检部位	项目	内容	判定标准	点检周期		点检分工		点检方法				
				生产	维修	生产	维修	听	视	触	测	其他
基础	螺栓	松动或折损	外涂料或积灰无裂纹		1 个月		○		√			√
减速箱	齿轮	油量	油位线	1 天	1 周	○	○		√			
		齿面磨损	小于齿厚的 20%		1 年		×				√	
		异音	无	1 天	1 周	○	○	√				
		表面龟裂	无		1 年		×		√			
	轴承	磨损量	不大于间隙表规定值		2 年		×		√			
		温度	小于室温+40℃	1 天	1 周	○	○			√	√	
		振动	无异振		1 个月		○				√	
制动器	制动轮	表面磨损	<30%的制动轮壁厚		6 个月		×				√	
		轮面凹凸	<1.5 mm		6 个月		×					√
	制动瓦	磨损	原厚的 50%		3 个月		×				√	
		互轮间隙	1～1.5 mm		2 周		×				√	

续表

点检部位	项目	内容	判定标准	点检周期		点检分工		点检方法				
				生产	维修	生产	维修	听	视	触	测	其他
十字头接轴	叉头	连接螺栓	无松动		1个月	×	×					√
		磨损量	＜8%（原尺寸）		1个月		×				√	
		损伤	无		1个月		×		√			
链传动	链条链轮	磨损	＜20%（原尺寸）		3个月		×				√	
		变形	伸长量2%～2.5%		3个月		×				√	
		润滑	正常工作	1天	1周	○	○		√			
		损伤	无		3个月		×				√	
压下丝杆	丝杆	磨损	不大于原丝牙厚度的20%		1个月						√	
		损伤	无		1个月				√			
	螺母	磨损	不大于原丝牙厚度的20%		1个月						√	
		损伤	无		1个月				√			
	球石垫	磨损	不大于原壁厚的20%		1个月						√	
液压缸	缸	连接螺栓	无松动	1天	1个月	○	○		√			
		磨损	＜0.5 mm		1个月	○					√	
		密封	无泄漏	3班	1个月	○	○		√			
	活塞杆	磨损	＜0.5 mm		1个月		×				√	
		变形	无	3班	1个月	×	×		√		√	
	皮套	破损	无		1个月		×				√	

续表

点检部位	项目	内容	判定标准	点检周期		点检分工		点检方法				
				生产	维修	生产	维修	听	视	触	测	其他
液压泵	本体	异音	无	3班	2周		○	√				
		振动	无异振		2周		○					
	轴承	异音	无异音	3班	2周	○	○	√				
		温度	小于室温+40℃	1天	1周	○	○			√		
	叶片	磨损	1/3长度		3个月		×				√	

注：表中符号○——运转中，×——停止中。

6.1.5 设备点检的计划

班组长应了解设备点检计划的相关内容，以便能够做好班组生产的相关安排工作，并指导班组成员积极配合点检人员的工作，确保点检工作的顺利进行。

1. 设备点检计划的编制依据

点检计划的编制依据是点检标准。

(1) 日常点检标准衍生出日常点检计划。班组组织生产，生产装备连续开动，设备操作人员必须每天对生产设备按照日常点检计划进行点检作业。

(2) 定期点检标准衍生出定期点检计划。定期点检计划表是月点检计划的总结，是按照主机装配的部位来制订设备的定期点检计划。

2. 设备点检计划的分类

设备点检计划可分为日常点检计划、定期点检计划、长期点检计划以及精密点检计划，四类点检计划的具体区别见表6—3。

表 6—3 设备点检计划的分类表

种类		内容	点检方法	周期	责任部门
日常点检		检查设备状态是否良好	用五感法，在运转前后及运转中检查	根据每个设备装置定周期	生产部门
定期点检	重点点检	振动、温度、异音、松动、磨损等	用五感及测量器具在运转前后及运转中检查	根据每个设备装置定周期	点检部门
	解体点检	磨损、给油等检查	用五感及测量器具在设备停止时检查	根据每个设备装置定周期	点检部门
	循环维修点检	腐蚀、磨损、探伤、劣化等检查	将循环、重复维修的部件从设备装置中卸下，解体检查	根据每个部件定周期	点检部门
精密点检		振动、应力、超声波探伤	使用特殊测定器具在设备运转中或停机时检查	根据点检部门委托定周期	维修技术部门

3. 设备点检计划的内容

设备点检计划的内容形式分为点检作业卡和点检计划表两类。

（1）点检作业卡。点检作业卡又可分为日常点检作业卡和周点检作业卡，两者的具体区别如图 6—5 所示。

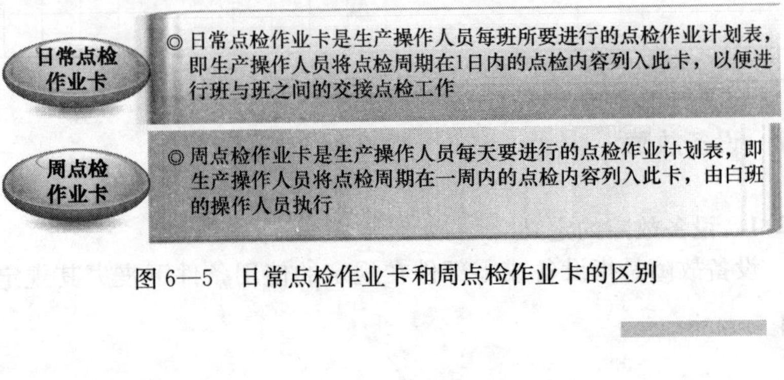

日常点检作业卡

◎日常点检作业卡是生产操作人员每班所要进行的点检作业计划表，即生产操作人员将点检周期在1日内的点检内容列入此卡，以便进行班与班之间的交接点检工作

周点检作业卡

◎周点检作业卡是生产操作人员每天要进行的点检作业计划表，即生产操作人员将点检周期在一周内的点检内容列入此卡，由白班的操作人员执行

图 6—5 日常点检作业卡和周点检作业卡的区别

生产操作人员及点检人员在制作点检卡时，可参照表 6—4，如下所示。

表 6—4　　周点检作业卡

<table>
<tr><th rowspan="2">设备名称</th><th rowspan="2">部位</th><th rowspan="2">点检项目</th><th rowspan="2">点检内容</th><th colspan="7">星期</th><th rowspan="2">点检标准</th><th rowspan="2">异常记录</th><th rowspan="2">备注</th></tr>
<tr><th>一</th><th>二</th><th>三</th><th>四</th><th>五</th><th>六</th><th>日</th></tr>
<tr><td></td><td></td><td></td><td></td><td></td><td></td><td></td><td></td><td></td><td></td><td></td><td></td><td></td><td></td></tr>
<tr><td></td><td></td><td></td><td></td><td></td><td></td><td></td><td></td><td></td><td></td><td></td><td></td><td></td><td></td></tr>
<tr><td></td><td></td><td></td><td></td><td></td><td></td><td></td><td></td><td></td><td></td><td></td><td></td><td></td><td></td></tr>
<tr><td></td><td></td><td></td><td></td><td></td><td></td><td></td><td></td><td></td><td></td><td></td><td></td><td></td><td></td></tr>
</table>

（2）点检计划表。点检计划表一般适用于定期点检计划，是专职点检人员在实施重点点检作业前编制的点检计划，即专职点检人员将点检周期为一个月以上的点检内容列入此表，以便有序地执行点检作业。专职点检人员在编制点检计划表时，可参考表 6—5 的样式。

表 6—5　　定期点检计划表

<table>
<tr><th rowspan="2">装置名称</th><th rowspan="2">点检部位</th><th rowspan="2">周期</th><th rowspan="2">月 / 周 / 点检</th><th colspan="4">1月</th><th colspan="4">2月</th><th colspan="4">3月</th></tr>
<tr><th>1</th><th>2</th><th>3</th><th>4</th><th>1</th><th>2</th><th>3</th><th>4</th><th>1</th><th>2</th><th>3</th><th>4</th></tr>
<tr><td></td><td></td><td></td><td></td><td></td><td></td><td></td><td></td><td></td><td></td><td></td><td></td><td></td><td></td><td></td><td></td></tr>
<tr><td></td><td></td><td></td><td></td><td></td><td></td><td></td><td></td><td></td><td></td><td></td><td></td><td></td><td></td><td></td><td></td></tr>
<tr><td></td><td></td><td></td><td></td><td></td><td></td><td></td><td></td><td></td><td></td><td></td><td></td><td></td><td></td><td></td><td></td></tr>
<tr><td></td><td></td><td></td><td></td><td></td><td></td><td></td><td></td><td></td><td></td><td></td><td></td><td></td><td></td><td></td><td></td></tr>
</table>

6.2　设备故障

6.2.1　设备故障的定义

设备故障是指设备或零部件在规定的使用条件下丧失其规定性

能的状态。设备运行一段时间，由于物理、化学等内在原因或操作失误、维护不良等外部原因，会出现故障。作为生产一线的班组长需要明确设备规定性能的具体内容，并了解设备故障的判别标准，以便班组正常生产工作的开展。

设备故障一般都是以设备故障模式的形式来体现，常见的故障模式包括以下类型，如图 6—6 所示。

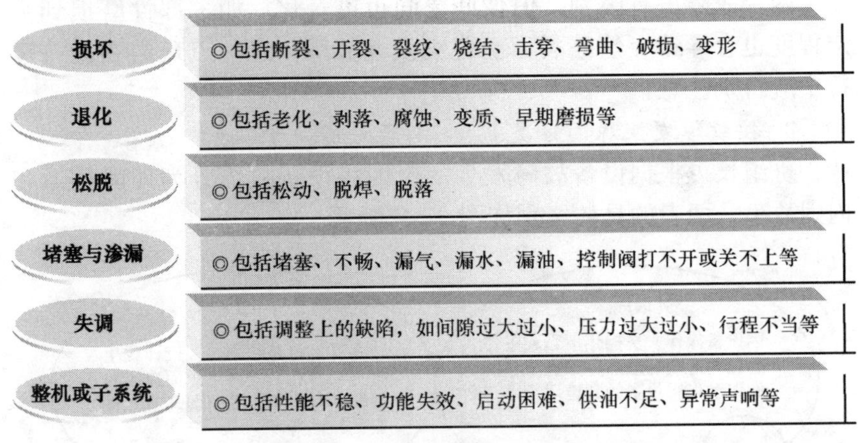

图 6—6　设备故障模式的类型

6.2.2　设备故障的分类

由于设备种类很多，因而故障的形式也有所不同，班组长必须对其进行分类研究，从而确定采用何种诊断方法。

1. 按故障存在程度分类

（1）暂时性故障，是指在一定条件下，设备系统所产生的功能上的故障，通过调整系统参数或运行参数就可恢复系统正常功能的间断性故障。

（2）永久性故障，是由某些零部件损坏而引起的，必须经过更换或修复后才能消除故障。

2. 按故障发生、发展的进程分类

（1）突发性故障，由于各种不利因素和偶然的外界影响的共同作用超出了设备所能承受的限度而突然发生的，出现前无明显征兆，发生时间很短暂，一般带有破坏性，并且难以依靠事先检查或监视预知，如润滑油中断而使零件产生热变形裂纹。

（2）渐发性故障，设备在使用过程中某些零部件因疲劳、腐蚀、磨损等使性能逐渐下降，最终超出允许值而发生的故障，有明显的征兆，可通过事先状态监测和故障预测来预防。

两种故障虽有区别，但彼此之间也可转化，如零部件磨损到一定程度也会导致突然断裂而引起突发性故障，这一点班组在设备运行中应特别注意。

3. 按故障发生原因分类

班组长可根据设备故障发生的原因将设备故障分为外因故障和内因故障，两者的具体区别如图 6—7 所示。

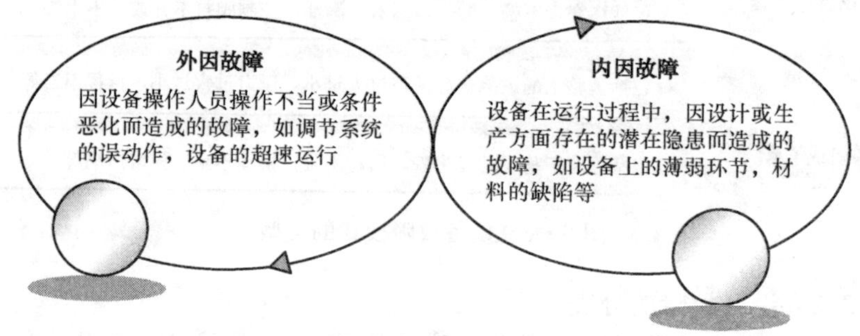

图 6—7　外因故障和内因故障的区别

4. 按故障损伤程度分类

班组长在判定设备故障类别时，按故障的损伤是否容忍可将设备故障分为允许故障和不允许故障。

（1）允许故障，是指设备随着使用时间的增长，设备参数的逐渐劣化是不可避免的，因而允许发生某些损伤但不引起严重后果的故障，如零件的某些正常磨损、腐蚀和老化等。

（2）不允许故障，由于设计、制造、装配质量的缺陷或违反操作规程所造成的故障，如设计强度不够造成的零件的断裂，超负荷使用设备等。

5. 按故障发生的后果分类

（1）功能故障，是指设备已不能达到自己规定的功能要求，一般是由个别零件损坏造成的，如内燃机不能发动等。

（2）参数故障，是指设备的工作参数超过允许范围的故障，属于渐发性的，一般不妨碍设备的运转，但影响产品的质量，如机床加工精度达不到规定标准等。

6.2.3　设备故障的原因

班组应建立设备故障库，以便于对设备故障的维修保养以及其他管理，通过对各设备的各种故障原因进行分类并进行统一，以节约选择设备故障处理办法的时间。设备故障原因类型见表6—6。

表6—6　　设备故障原因类型表

原因类别	主要内容
设计问题	设备的设计结果、尺寸、零部件的配合、材料选择不合理等
制造问题	设备零部件的加工、铸锻、热处理、装配等存在问题
安装问题	设备的安装基础、垫铁、地脚螺栓、水平、防振等存在问题
操作保养不良	设备不清洁、调整不当，未及时清洗、换油，操作不当等
超负荷，使用不合理	加工件超规格、加工件不符合要求、超切削规范、加工件超重、超负荷使用等
润滑不良	不及时润滑、油质不合格、油量不足或超量、油的牌号种类错误、加油点堵塞、自动润滑系统工作不正常等
修理质量问题	修理、调整、装配不合格，备件、配件不合格，局部改进不合格等
自然磨损劣化	设备的正常磨损、老化等

续表

原因类别	主要内容
自然灾害	由雷击、洪水、暴雨、地震、塌方等引起的设备故障
人为原因	指操作人员马虎大意或操作技术不熟练或违规操作等造成设备故障
原因不明	通过各种手段无法查知设备故障原因

6.2.4 设备故障的分析

1. 故障分析的工作要点

班组长应从故障的表面现象着手，分析故障产生的原因，找出故障的变化规律，控制和防止故障的发生。

班组长在进行故障分析工作时要把握好如图 6—8 所示的 5 个工作要点。

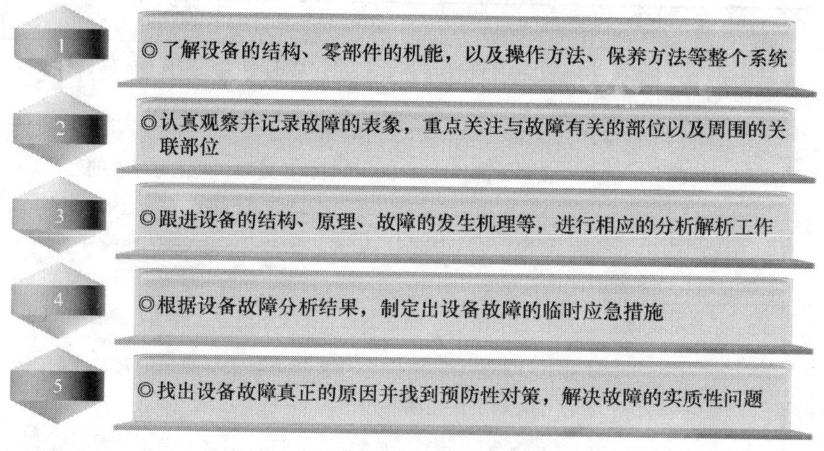

图 6—8　设备故障分析的工作要点

2. 故障分析的阶段划分

班组长可根据设备故障发生的具体情况及分析步骤，将故障分析阶段划分为初期研究阶段、判断阶段、研究阶段及结果分析阶段，具体如图 6—9 所示。

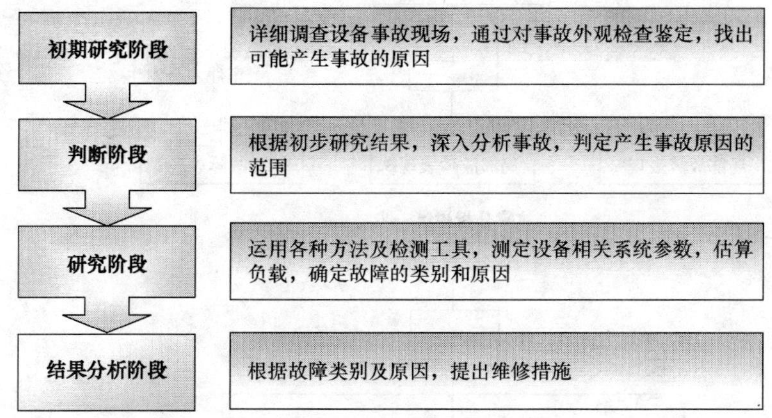

图 6—9 设备故障分析的阶段划分

3. 故障分析的具体方法

故障分析前，班组长应汇总记录故障的各种报表，与相关人员一起分析设备故障原因。班组长在查找故障具体原因时，可采用故障树分析法进行调查分析。

故障树分析法，是通过绘制故障树，分析设备发生故障的表现及其直接原因、途径，估算各情况发生概率，并提出有效预防措施的系统可靠性研究方法。故障树表示设备故障与各零部件故障之间的逻辑结构关系。

(1) 故障树的制作。故障树分析法是将设备的直观故障表现作为故障分析的目标，逐层找出直接导致这一故障发生的全部因素，以及造成下一级事件发生的全部直接因素，直到找出造成设备故障的所有基本因素为止。设备故障树的具体绘制流程如图 6—10 所示。

(2) 设备故障树的运用。故障树主要运用于故障诊断和检修计划制订等故障管理方面，主要通过定性分析和定量分析两种方法实现。

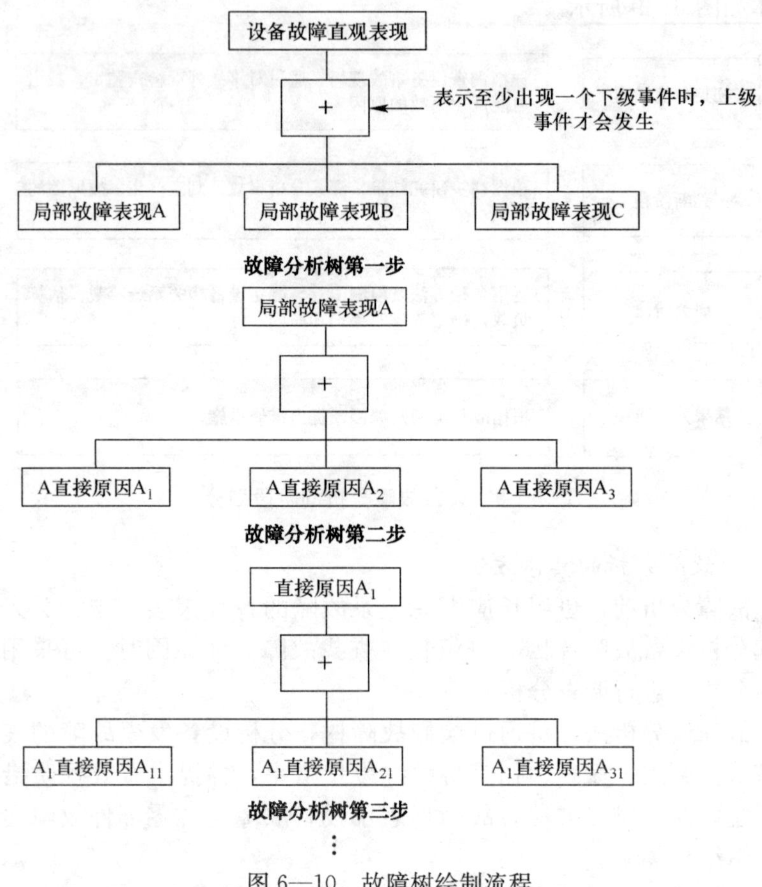

图 6—10　故障树绘制流程

定性分析是找出导致顶事件发生的所有可能的故障模式，得出故障原因的集合的分析方法，主要用于设备故障预防和检修计划的制订。

定量分析通过历史数据对故障分析树中各因素的发生概率和重要程度进行估算，并根据概率和重要度的大小排序判断最佳故障诊断和修理顺序。

6.2.5　故障诊断的方法

设备故障诊断方法因设备的不同而不同，班组长在具体运用时应根据设备的实际情况选择合适的诊断方法。

1. 振动诊断法

振动诊断是目前所有故障诊断技术中应用最广泛也是最成功的诊断方法，其振动信号的频率成分和能量的分布会发生不同的变化，通过对其振动信号测量、处理、分析，可以在线监测故障情况。

（1）在实际检测过程中，首先列出可能的振动原因（如减速箱中齿轮的规格、特征频率等），然后在减速箱上选择合适的测点，利用传感器检测信号，通过信号分析系统获得信号的特征进行诊断和预报故障。

（2）振动诊断法包括诊断的时域分析和频域分析，通过时域分析寻找设备故障位置，通过频域分析寻找设备故障性质和严重程度，对其进行综合分析来诊断设备故障。

2. 声学诊断法

当设备发生故障时，噪声的频率特性和能量分布会出现不同程度的变化，根据不同零件产生的机理和特征，采用合适的手段对监测到的噪声信号进行分析，识别噪声源，就可以对设备的故障进行诊断。

声学诊断法一般包括超声波监测、声发射监测和噪声监测等，其各自的使用特点如图 6—11 所示。

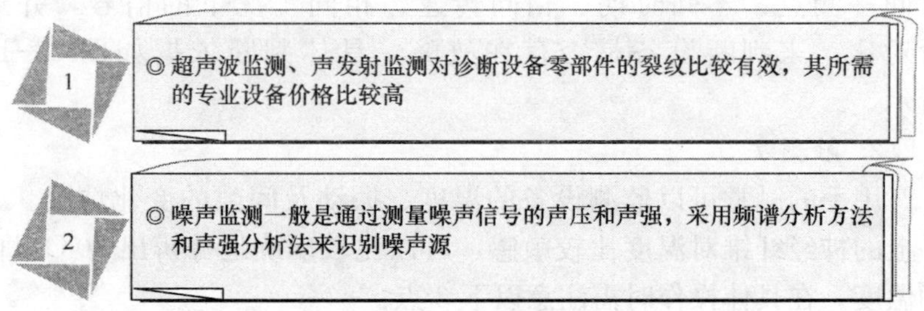

图 6—11　声学诊断法的使用特点

3. 油液分析技术诊断法

油液技术分析是液压设备中一个重要而特殊的诊断方式，其主要包括油液本身物理、化学性能分析和油液中不溶性物质的分析。

液压设备是一种流体驱动的装置，其元件最主要的失效机理是磨损和疲劳。在对其诊断时，根据油液中颗粒的浓度、形态、成分、类型、大小、分布和材料等数据信息，分析判断设备的磨损状态、磨损部位、磨损机理，从而进行故障诊断。

6.2.6 设备监测的方法

设备常用的简易状态监测方法主要有听诊法、触测法和观察法等，班组长可根据生产设备实际情况，采用合适的设备检测方法。

1. 听诊法

设备正常运转时，发出的声响具有一定的音律和节奏，只要熟悉和掌握这些正常的音律和节奏，通过听觉功能就能判断出设备是否出现了异常噪声，判断设备内部是否出现松动、撞击、不平衡等隐患。用锤子敲打零件，听其是否发生破裂杂声，可判断有无裂纹产生。

必要时，班组长可采用电子听诊器来进行设备状态监测，电子听诊器是一种振动加速度传感器，它将设备振动状况转换成电信号并进行放大，用耳机监听运行设备的振动声响，通过测量同一测点、不同时期、相同转速、相同工况下的信号，并进行对比，来判断设备是否存在故障，具体判断依据如图 6—12 所示。

2. 触测法

用手的触觉可以监测设备的温度、振动及间隙的变化情况。人手上的神经纤维对温度比较敏感，可以比较准确地分辨出 80℃以内的温度。在具体操作时需注意以下 3 点：

（1）触摸时，应试触后再细触，以估计机件的温升情况。

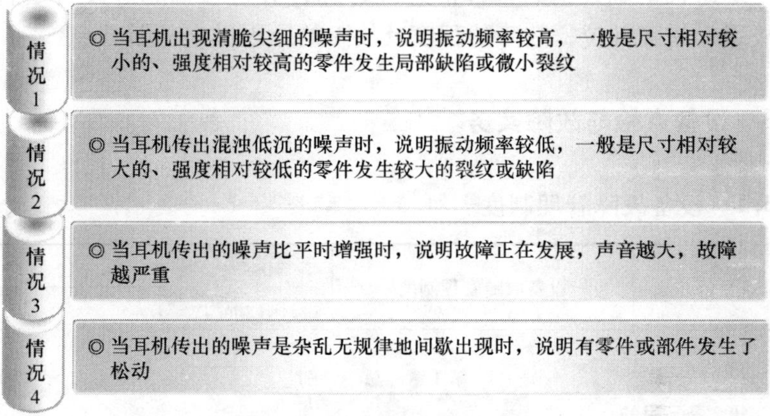

情况1 ◎当耳机出现清脆尖细的噪声时，说明振动频率较高，一般是尺寸相对较小的、强度相对较高的零件发生局部缺陷或微小裂纹

情况2 ◎当耳机传出混浊低沉的噪声时，说明振动频率较低，一般是尺寸相对较大的、强度相对较低的零件发生较大的裂纹或缺陷

情况3 ◎当耳机传出的噪声比平时增强时，说明故障正在发展，声音越大，故障越严重

情况4 ◎当耳机传出的噪声是杂乱无规律地间歇出现时，说明有零件或部件发生了松动

图 6—12 设备故障判定依据

（2）用手晃动机件可以感觉出 0.1～0.3 mm 的间隙大小。

（3）用手触摸机件可以感觉振动的强弱变化和是否产生冲击，以及溜板的爬行情况。

用配有表面热电偶探头的温度计测量滚动轴承、滑动轴承、主轴箱、电动机等机件的表面温度，具有判断热异常位置迅速、数据准确、触测过程方便的特点。

3. 观察法

班组长可通过视觉观察对设备进行一些基本的监测。

（1）观察设备上的机件有无松动、裂纹及其他损伤等。

（2）检查润滑是否正常，有无干摩擦和“跑”“冒”“滴”“漏”现象。

（3）查看油箱沉积物中金属磨粒的多少、大小及特点，以判断相关零件的磨损情况。

（4）查看设备运动是否正常，有无异常现象发生。

（5）观看设备上安装的各种反映设备工作状态的仪表，了解数据的变化情况，可以通过测量工具和直接观察表面状况，检测产品质量，判断设备工作状况。

班组长把观察到的各种信息进行综合分析，就能对设备是否存在故障、故障部位、故障的程度及故障的原因做出判断。

6.3 设备点检与故障实务

6.3.1 设备故障管理制度

制度名称	设备故障管理制度	编　　号	
		执行部门	

第1章　总　　则

第1条　目的

为规范班组的设备故障管理行为，尽可能地减少设备故障发生的次数和降低设备故障发生后的维修成本，以延长设备的使用寿命，特制定本制度。

第2条　适用范围

本制度适用于涉及班组设备故障管理的所有事项。

第2章　设备故障管理内容

第3条　设备故障管理内容划分

班组设备的故障管理内容主要分为以下3个部分，如图所示。

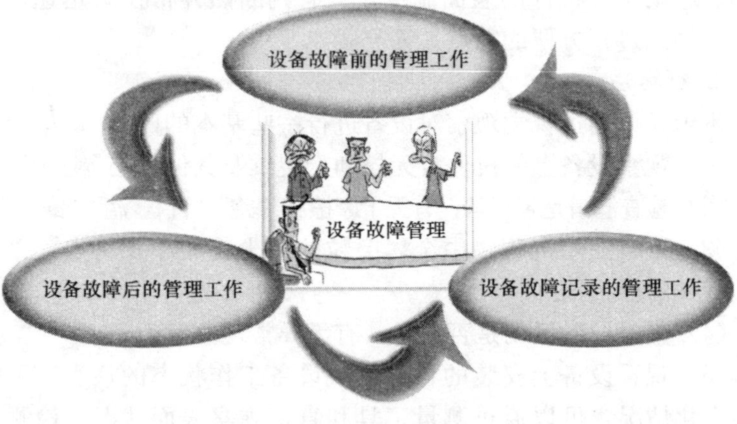

班组设备故障管理内容划分

续表

<table>
<tr><td rowspan="2">制度名称</td><td rowspan="2">设备故障管理制度</td><td>编　　号</td><td></td></tr>
<tr><td>执行部门</td><td></td></tr>
<tr><td colspan="4">

第 4 条　设备故障前的管理工作事项

设备故障前的管理工作是指班组长通过对设备与运行状态的监测与诊断，判断设备有无劣化情况，若发现设备的潜在隐患，应及时进行预防维修，以防止设备故障的发生。

第 5 条　设备故障后的管理工作事项

设备故障后的管理工作是指在设备故障发生后，班组长应及时分析设备的故障原因，研究解决方案，采取相关措施排除故障或改进设备，以防止设备故障的再次发生。

第 3 章　设备故障前管理要求

第 6 条　做好宣传培训工作

班组长需要做好设备的宣传培训工作，使设备使用人员与设备维修专员能够自觉遵守设备的操作、检测、检修等相关规章制度。

第 7 条　确定管理重点

班组长应根据本班组的生产现状与设备的基本资料、运行状态及特点确定设备故障管理的重点。

第 8 条　制定设备检查规范

班组长需要确定设备检查的工作规范，明确界定设备正常、异常与故障的界限。

第 9 条　制定设备检修计划

班组长应有计划地采用设备检测工具与诊断技术对设备进行全面的检修，及时发现设备的劣化征兆与劣化信息。

第 10 条　确定故障关键点

班组长在检测设备时需要着重掌握设备容易引起故障的部位、机构和零部件的技术状态以及设备的异常信息。

第 11 条　设备故障知识培训

为了能迅速查找设备故障的原因及部位，班组长除需要培训维修管理专员掌握一定的设备电气、液压等基本知识外，还需要将设备的常见故障、分析步骤、排除方法等编制成设备故障查找程序说明书，以便设备维修专员能够及时查找、排除故障。

第 4 章　设备故障后的管理要求

第 12 条　故障处理时间要求

</td></tr>
</table>

续表

<table>
<tr><td rowspan="2">制度名称</td><td rowspan="2">设备故障管理制度</td><td>编　　号</td><td></td></tr>
<tr><td>执行部门</td><td></td></tr>
<tr><td colspan="4">

班组长接到设备故障的信息后，需要立即赶往现场组织排除故障，以免影响生产进度。

第 13 条　故障处理程序

班组长在进行设备故障处理时，需按以下程序进行，如图所示。

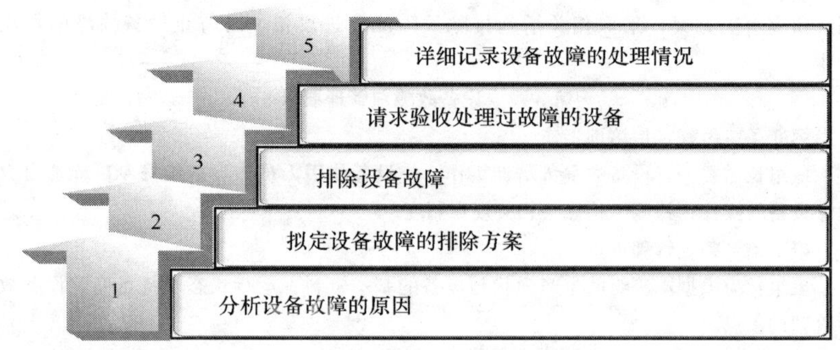

班组设备故障处理程序

第 14 条　设备故障分类

1. 班组长在设备维修人员维修完设备后，应根据设备的种类及故障原因对设备故障进行分类，并拟出相关的解决对策，避免此类故障的再次发生。

2. 班组长若遇到有代表性的设备故障，在维修完设备后，应将此次故障及时编入设备故障查找程序说明书中，使其不断完善。

第 5 章　设备故障的记录

第 15 条　设备故障记录的内容

设备故障的记录工作是设备故障管理的重要组成部分，其内容包括设备请修单、设备检修记录表、设备维修记录表、设备维修验收单等内容。

第 16 条　设备故障记录的管理

班组长应指派专人进行设备故障记录的管理工作，并要求其做好以下三点，如图所示。

</td></tr>
</table>

续表

制度名称	设备故障管理制度	编　　号	
		执行部门	

1 ◎设备故障记录的管理人员应及时收集与设备故障有关的设备检修、维修信息

2 ◎设备故障的原始记录不允许外借，设备维修人员需要借阅时应办理规定的手续并且只提供复印件

3 ◎设备故障的原始记录不允许任何人销毁，确需要销毁时必须得到设备部经理与主管副总的审批同意

班组设备故障记录的管理要求

第 17 条　设备故障记录分析

班组长需要定期查询设备的故障记录，根据记录的内容分析设备的故障频率、平均故障间隔期及设备的故障规律，以便提前安排设备的检修工作，提高设备检修与维修工作的效率。

第 18 条　绘制设备故障统计分析图

班组长需要根据对设备故障记录的统计分析，绘制设备故障的统计分析图表（如单台设备故障的动态分析统计表），作为设备维修人员在设备检修时的目视管理工具之一。

第 6 章　附　　则

第 19 条　本制度由生产部制定、解释及修改。

第 20 条　本制度经总经理办公会议审批后，自颁布之日起执行。

编制人员		审核人员		批准人员	
编制日期		审核日期		批准日期	

6.3.2 设备点检管理流程

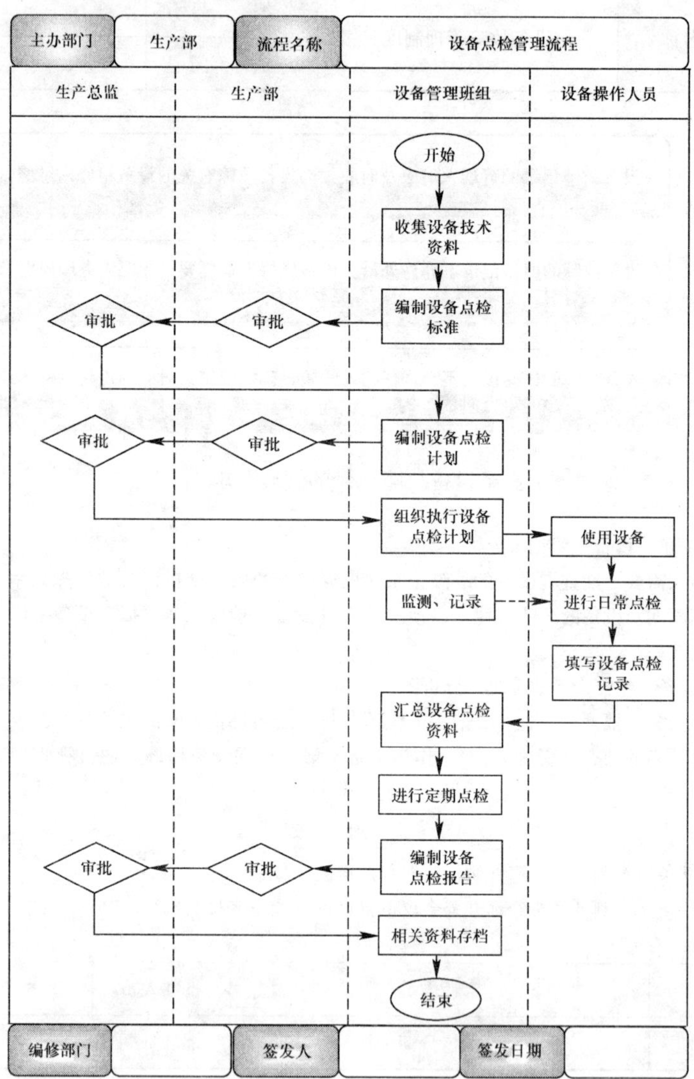

6.3.3 设备故障管理流程

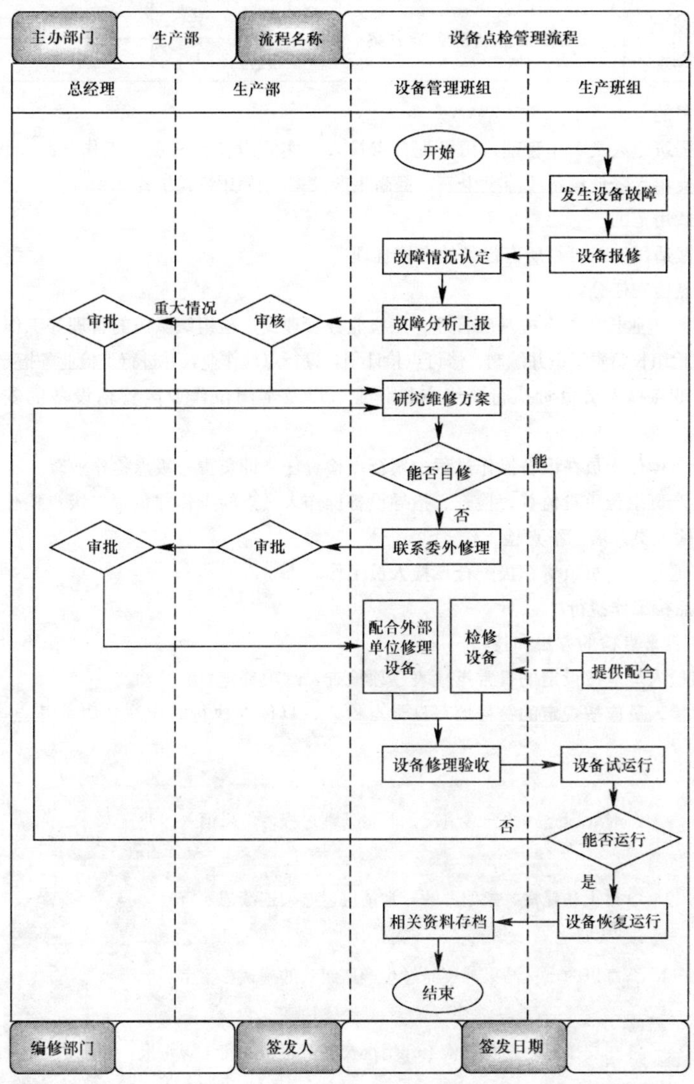

6.3.4 设备日常点检实施方案

<table>
<tr><td rowspan="2">方案名称</td><td rowspan="2">设备日常点检实施方案</td><td>编　号</td><td></td></tr>
<tr><td>执行部门</td><td></td></tr>
<tr><td colspan="4">

一、目的

为加强班组人员工作管理，积极配合点检人员实施设备日常点检工作，减少设备维修费用支出，降低设备故障发生率，提高生产效率，特制定本方案。

二、适用范围

本方案适用于对班组所有设备的点检管理。

三、点检责任分配

1. 点检作业长负责点检基础管理、点检业务管理及点检组织队伍的管理等工作。

2. 点检组长负责组织并编制、修订点检计划，进行点检作业，并进行点检业务指导。

3. 专职点检人员负责执行三级点检作业，以及本岗位作业区管辖设备的安全、顺行。

4. 设备操作人员在设备操作过程中履行点检责任，即负责一级点检作业。

5. 生产班组长负责监督、检查、指导设备操作人员点检工作即负责二级点检作业，并配合点检人员开展三级点检工作。

6. 其他相关人员负责积极配合点检人员工作。

四、点检工作执行

（一）日常点检的方法和技巧

1. 点检人员应按设定的日常点检表逐项检查，逐项确定。

2. 点检人员应按规定的符号填写日常点检表，具体在执行时应注意以下几点，如图所示。

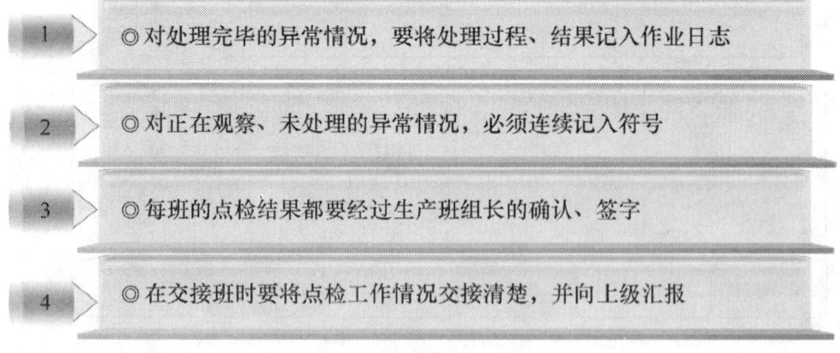

填写日常点检作业表注意事项

</td></tr>
</table>

续表

方案名称	设备日常点检实施方案	编　　号	
		执行部门	

3. 根据事先设定好的点检路线实施静态点检（停机点检）、动态点检（不停机点检）以及重点点检（重点部位检查）。

4. 运用“五感（视、听、嗅、味、触）法”或相关的工具、仪器进行点检判别。

5. 综合运用技术、经验及逻辑思维来寻找故障点。

（二）日常点检业务流程

点检人员在执行点检作业时，需按以下流程进行，如图所示。

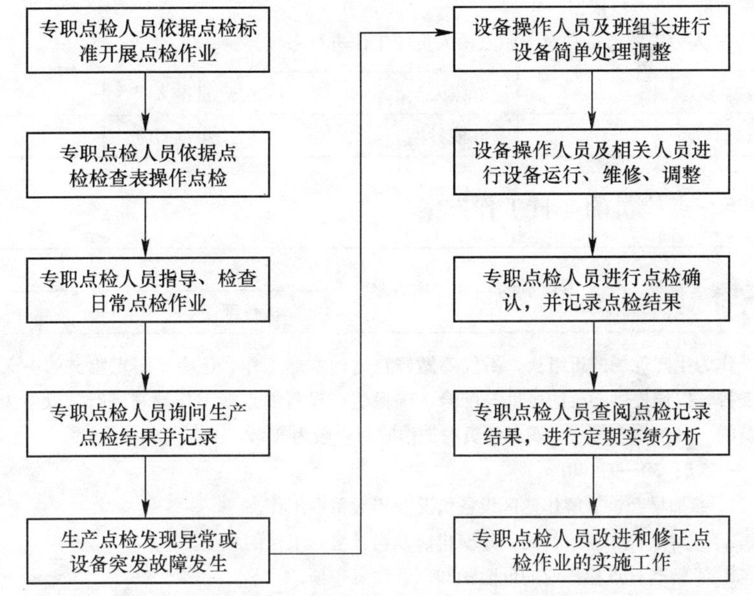

日常点检业务流程

五、点检工作考核

（一）对总体点检工作的考核指标

设备故障停机率控制在____%以下，设备开动率达到____%以上。

1. 设备故障停机率＝(设备故障停机台时/设备开动总台时)×100%

2. 设备开动率＝(合计作业时间－设备停机时间)/合计作业时间×100%

续表

方案名称	设备日常点检实施方案	编　　号	
		执行部门	

（二）对设备操作人员、生产班组长点检工作的考核指标

1. 点检及时率达到100%。

2. 点检表未及时填写或未正确填写的次数为0。

3. 由于点检未到位导致设备停机或停产的次数为0。

（三）考核工作的实施

1. 专职点检人员负责对设备操作人员及班组长的点检工作进行记录考核，并向人力资源部提供考核依据。

2. 人力资源部负责对专职点检人员的工作进行考核。

编制人员		审核人员		批准人员	
编制日期		审核日期		批准日期	

6.3.5　点检员的一日工作方案

方案名称	点检员的一日工作方案	编　　号	
		执行部门	

作为生产现场的班组长，不仅要做好自己的本职工作，还应了解点检员的一天工作安排，以便提供必要的协助与配合，确保生产设备的点检工作顺利进行。以下为点检员的一日工作安排（专职点检员的工作时间一般为8：30—17：20）。

一、8：30—9：00

1. 参加早会，了解作业区设备情况及当天重点工作。

2. 了解点检作业组长的工作安排以及当日检修工作的分工。

3. 了解当日点检作业的危险预知以及注意事项。

二、9：00—9：30

通过早晨的例行工作，对所属设备的缺陷、运行状态、异常点有了初步的了解，做到心中有数，以便现场进行点检时有重点地检查、分析、解决问题。

1. 了解生产设备情况，检查是否有需审核的工单。

2. 查看上一班的设备运行日志、生产运行日志及故障记录表等。

3. 查询前一天设备缺陷完成情况，有无超时缺陷。

4. 掌握当天的点检工单，明确点检路线及点检点。

续表

方案名称	点检员的一日工作方案	编　　号	
		执行部门	

5. 检查点检包中点检工具是否齐全：点检仪、点温仪、振动表、听针、盒尺、扳手，同时带上点检记录本。

三、9：30—12：00

1. 按照点检计划的内容，携带规定的点检工具进行现场点检。

2. 2 h的点检工作完成后，再用0.5 h进行资料整理及设备信息交流工作，若点检过程不顺，也可用这0.5 h作为缓冲继续进行点检工作。若遇到上午有检修的项目，则要提前对点检计划适当地进行调整。

四、12：00—13：00

午饭和午休各0.5 h，点检员也可自行安排。

五、13：00—17：20

1. 对上午实施点检中发现严重异常的设备，会同点检组长、点检作业长及有关设备技术人员进行研究，提出处理方案。

2. 进行点检台账的管理。

3. 将设备的检修内容补充到检修台账中，整理技术台账。

4. 检修计划的编制。

5. 维修备件、材料的管理。

6. 记录点检日志、点检月报并上报高级主管汇总。

7. 进行点检数据分析和设备劣化倾向分析并及时提出定修计划。

8. 对承包商的安全维修和检修工作进行检查、监督、指导或验收质量见证点和停工待检点。

9. 编制中、长期维修计划和日修、定修计划。

10. 维修费用计划的平衡及调整。

11. 对新到的备品、备件进行检查和验收。

12. 电脑档案整理工作。

13. 检修工作结束后，完成检修总结（包括工时统计、备件使用、材料消耗、安全生产、技术指标、检修质量、费用分析和工期等）的编写。

14. 检修完毕后补充和完善作业指导书。

15. 填写分管设备的异动申请和报告，并向设备部交底移交。

16. 编写招标文件的技术部分，协助完成招标工作。

17. 通过讲座形式介绍分管设备的工作原理、性能、结构、检修工艺、操作注意事

续表

<table>
<tr><td rowspan="2">方案名称</td><td rowspan="2" colspan="3">点检员的一日工作方案</td><td>编　　号</td><td></td></tr>
<tr><td>执行部门</td><td></td></tr>
<tr><td colspan="6">项等，对新分配运行人员进行现场培训。
六、17：20—17：30
整理办公室，做好“6S”工作，若没什么检修项目或特殊安排可以下班，否则继续留任。</td></tr>
<tr><td>编制人员</td><td></td><td>审核人员</td><td></td><td>批准人员</td><td></td></tr>
<tr><td>编制日期</td><td></td><td>审核日期</td><td></td><td>批准日期</td><td></td></tr>
</table>

第 7 章　设备维修管理

7.1　设备维修管理

7.1.1　设备常见的问题

设备常见的问题因设备不同而不同，设备维修班组长可根据设备的系统类别将设备常见的问题分类列出，设备常见的问题见表 7—1。

表 7—1　　设备常见的问题汇总表

系统类型	常见问题	问题原因分析
制冷系统	高温报警	电动机结霜效果差、系统缺制冷剂、中冷膨胀阀开启小、中冷管道堵塞
	高压报警	制冷剂过多、冷却水温高或冷凝器脏堵、低压侧有泄漏、进空气
	高压压力偏低	制冷剂少、高压侧有泄漏、冷却水温低
	油压报警	油浑浊或脏、油压继电器是否正常、油管堵塞
	压缩机不启动	启动电磁阀未开启、检查操作画面设置、高压压力低于 0.4 MPa、缺制冷剂、检查线路
真空系统	真空抽不下来	检查阀门密封条、小碟阀、大碟阀（蘑菇阀）的密封性及阀门是否正常开启，检查所有管卡垫圈、检查气动电磁阀是否正常、压缩空气是否压力低
液压系统	板层自动下降	液压缸密封性差或老化、液压锁不密封
	板层到底升不上来	调整板层升降速度或拆下降压力探头、拆上面油管卸压
	板层到顶降不下来	把压力值设得过高、拆上升压力探头、拆下面油管卸压

7.1.2 设备维修的类别

班组设备维修是指由于正常或不正常的原因造成了生产设备损坏或精度劣化，影响到生产班组的正常生产，为使设备恢复原有的性能而采取的技术措施。

根据设备维修范围的大小、维修间隔期长短、维修费用多少，可将设备维修分为小修、中修和大修三类，生产班组长需了解维修的范围和时间周期，以便合理安排生产。设备维修的具体内容如图7—1所示。

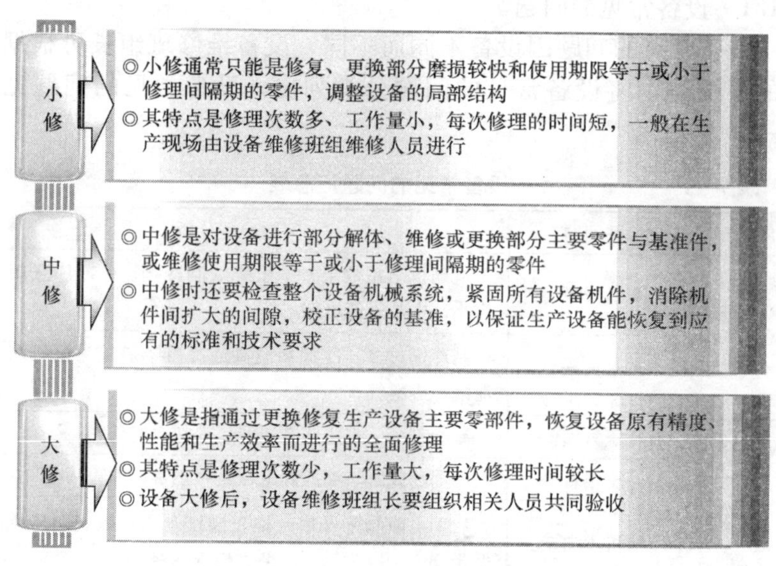

图7—1 设备维修的类别

7.1.3 设备维修的方式

设备的维修方式一般有预防维修和事后维修，设备维修班组长应根据班组的生产性质、设备特点和使用条件、设备的安全要求以及资源的有效利用，来选择合适的维修方式，使设备恢复规定的功能，保证生产班组的正常生产。

1. 预防维修

预防维修是为了防止设备的功能、精度降低，并降低故障率，按照事先制订的维修计划对设备所进行的修理活动。预防维修可分为以状态为基础的状态检测维修和以时间为基础的定期维修，两者的区别如图 7—2 所示。

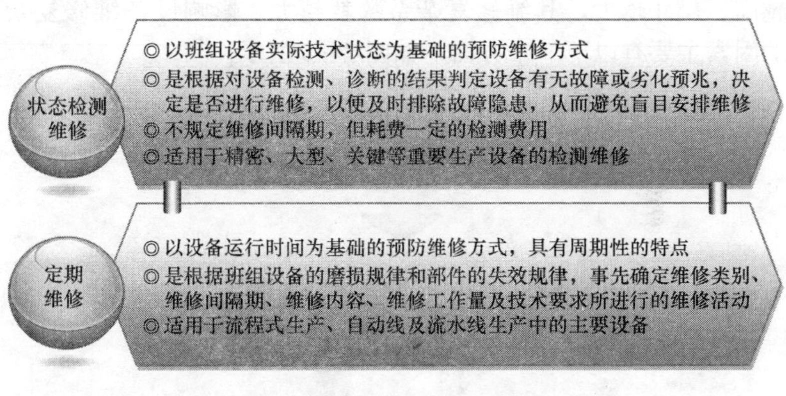

图 7—2 状态检测维修与定期维修的区别

2. 事后维修

事后维修又称故障维修，是指班组设备在使用过程中发生故障后或性能、精度降低导致不能正常生产时所进行的恢复性维修。这种维修方式事先无计划，是对设备突发性故障的事后处理，一般适用于结构简单、利用率低或有备用的设备或发生故障停机后再修理不会影响生产任务的生产设备。

7.1.4 设备维修的定额

班组设备维修的定额是制订班组设备维修计划、考核班组设备修理中的各项消耗及分析设备修理经济效益的依据，一般包括工时定额、停歇时间定额、维修费用定额及材料消耗定额等。

设备维修班组长应根据维修人员的实际情况，对设备之前的维修记录，经过统计分析，制定出适合本班组的设备维修定额。

1. 设备维修复杂系数

设备维修复杂系数是反映设备修理复杂程度和修理工作量大小的指标，用 F 表示。它是计算设备维修定额的基本依据，是表示设备维修复杂程度的一个单位。

（1）设备维修复杂系数的影响因素。班组设备结构越复杂、精度越高、尺寸越大，其维修复杂系数就越大。影响设备维修复杂系数的因素主要有以下 5 个方面，如图 7—3 所示。

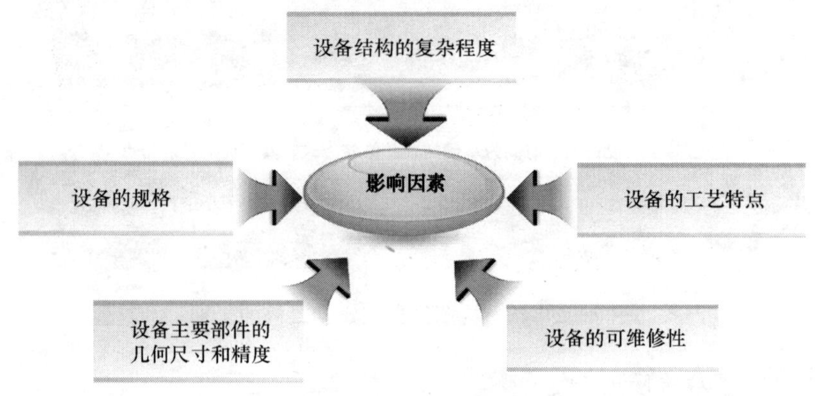

图 7—3 影响设备维修复杂系数的因素

（2）设备维修复杂系数的确定。对于机械设备、电气设备、热工设备等设备的类型不同，设备维修复杂系数的确定也不相同，其具体的系数确认标准如下：

1）机械设备的维修复杂系数是以标准等级（五级修理工）的机修钳工，彻底检修（大修）一台标准机床（中心高 200 mm、顶尖距 1 000 mm 的 C620 车床）所耗用劳动量的修理复杂程度为基本标准，并设定复杂系数为 10，其他机床的修理复杂系数，都与标准机床进行比较而确定。

2）电气设备的维修复杂系数是以标准等级的电修钳工（电工）彻底检修一台额定功率为 0.6 kW 的防护式异步鼠笼电动机为标准，

规定其修理复杂系数为 1（$F=1$），其他电气设备的修理复杂系数与此标准对比确定。

3）热工设备的维修复杂系数是将标准等级的热工工人彻底检修一台 IBA6（IK6）水泵所耗用劳动量的复杂程度设定为 1 个热工修理复杂系数，作为相对基数。

企业在确定设备维修复杂系数时，可参照以上标准，根据设备的具体结构特点和复杂程度运用分析比较法来确定。

2. 设备维修工时定额

设备维修工时定额是指完成修理工作所需要的标准工时数，一般用一个维修复杂系数所需的工时数来表示。

班组设备维修复杂系数的工时定额是根据班组维修设备统计资料、测定资料、生产水平、技术条件和修理特点等确定的。

有了各种设备的复杂系数和修理工时定额，就可以计算出每台设备的劳动工作量。修理工时定额的参考数据见表 7—2，表内的定额是按中级技工的技术水平的工时计算的，若换算为其他等级的工种，则乘以技术等级换算系数，其系数值列于表 7—3。

表 7—2　　一个维修复杂系数的修理工时定额

单位：h/F

检修类别 / 工时定额 / 设备类别	大修					小修				定期检查				精度检查		
	合计	钳工	机工	电工	其他	合计	钳工	机工	电工	合计	钳工	机工	电工	合计	钳工	电工
一般机床	76	40	20	12	4	13.5	9	3	1.5	2	1	0.5	0.5	1.5	1	0.5
大型机床	90	50	20	16	4	16.5	11	4	1.5	3	2	0.5	0.5	2.5	2	0.5
高精设备	130	67	40	15	8	19	11	3	5	4	3	0.5	0.5	3.5	3	0.5
锻压设备	95	45	30	10	10	14	10	3	1	2	1	0.5	0.5	—	—	—
动力设备	90	45	25	16	4	17.5	12	3	2.5	2.5	1	0.5	1	—	—	—
电气设备	39	4	2	28	5	7	—	0.5	6.5	1	—	—	—	—	—	—

表 7—3　　技术等级换算系数

技术等级	初级工	中级工	高级工	技师	高级技师
换算系数	1.18	1	0.85	0.72	0.66

3. 设备维修停歇时间定额

设备维修停歇时间是指从设备停歇修理起到修理完毕，经质量检查验收后投产使用所经过的全部时间标准。

在机械设备行业，设备维修停歇时间定额是根据设备的维修复杂系数确定的。修理一台设备的停歇时间定额的计算公式如下：

$$T=\frac{Ft}{Lgmk}+T_0$$

式中　T——停歇时间工作日；

L——一个班组内同时修理该设备的人数；

k——修理工时定额完成系数；

F——设备的维修复杂系数；

g——每班工作时间；

T_0——其他停机时间；

t——一个复杂系数的修理劳动量定额工时；

m——工作班次。

在日常工作中，为了尽量缩短停机时间，班组长需与维修作业班组协调好，在修前做好各项准备工作，如图样及资料的准备、修理工艺的编制、备品备件的准备等。

4. 设备维修费用定额

设备维修费用定额是指完成设备修理项目所发生的费用（包括料、工、费等），它是根据修理复杂系数和修理劳动量，并结合班组的具体情况而确定的。设备维修费用定额包括维护费用定额和修理费用定额。

维护费用定额是指每一个 F 每班每月维护设备所需耗用的费用标准，一般由企业根据固定资产总额、历年消耗统计数据、设备维护复杂程度规定的限额来确定。单位是元/（F×每班每月）。

修理费用定额是指每一个 F 进行某种修理所耗用的费用标准，具体由备件费、材料费、厂内外协作劳务费、人工费等组成。单位是元/F。

5. 设备维修消耗定额

设备维修消耗定额是指完成设备修理工作所规定的材料消耗定额、备件消耗定额、油料消耗定额及辅助材料消耗定额。企业在确定设备维修消耗定额时，需要考虑旧件修复再用、旧物回收再用以及采用新工艺新材料等因素，以达到既要保证维修质量又能节约维修费用的目的。

其中，在机械设备行业，设备检修备件消耗定额可由企业按机型规格、易损件明细情况、零件磨损规定等因素制定；而设备维修材料消耗定额可采用每一修理复杂系数所需的材料数量来表示。设备维修材料消耗定额参考数据见表7—4。

表7—4　　设备维修主要材料消耗定额列表　　kg/F

设备类别	修理类别	一个修理复杂系数的主要材料消耗定额							
		铸铁	铸钢	耐磨铸铁	碳素钢	合金钢	锻钢	型钢	有色金属
金属切削机床	大修	12	0.25	1	13.5	6.6		1.6	
	项修	7	0.2	0.3	8	3		0.5	1
	定期检查	1	0.05	0.1	2	1		0.5	
锻造设备、汽锤、剪床、摩擦压力机	大修	11	15		12	20	30	4	
	项修	5			4	8		2	
	定期检查	2	3		2	3	7	0.4	
备注	项修是指修理的范围、内容较多，费用也多，必须按不同的内容、部位分成若干个项目进行修理的维修方式								

7.1.5　设备维修的计划

1. 设备维修计划的编制

设备维修班组长应根据班组设备的实际监测数据、磨损规律、使用情况等资料，事先制订有针对性和预防性的维修计划，以确定计划期内需要维修的设备，以及维修类别、维修时间，所需工时、备件、维修费用等相关事项。

通过切合实际的维修计划，设备维修班组长可以统一安排人力、物力，及时做好设备维修前的准备工作，缩短设备停歇时间、降低维修费用，确保既能适时维修设备，又能保证生产班组生产工作的正常进行。

(1) 设备维修计划的编制依据。班组设备年度维修计划的编制依据主要有 6 个方面，具体如图 7—4 所示。

图 7—4 班组设备维修计划的编制依据

设备维修班组长在编制季度、月度维修计划时，可根据年度维修计划来编制，综合考虑维修计划的执行情况，在年度维修计划范围内进行适当调整，确保维修计划符合班组设备的实际情况。

(2) 班组设备维修计划的分类。班组设备维修计划分为年度、季度及月度维修计划三种，各种维修计划又可以分为以下几种，如图 7—5 所示。

图 7—5　班组设备维修计划的分类

（3）设备维修计划的编制流程。设备维修班组长在编制班组设备年度维修计划时，应按以下流程进行，具体的流程如图 7—6 所示。

2. 设备维修计划的实施

设备维修班组长在做好设备维修准备工作后，应按照事先制定的设备维修计划开展设备维修实施工作。

（1）设备大修。班组设备的大修是在编制维修任务书，办理设备送修手续并做好维修相关准备工作后，根据维修计划实施的。设备维修班组在进行维修作业时，必须按照维修任务书中规定的维修方法进行修复和更换零部件。在修复和更换完后，必须按照设备质量和精度要求进行自检。

在执行设备维修计划过程中，如维修人员有特殊情况必须修改计划时，设备维修班组长必须履行申请审批手续。

（2）设备项修。班组设备项修主要是针对班组设备的某些部位进行的状态检测维修，以恢复和保持设备的精度、性能。设备项修计划比较随机，当通过监测发现班组设备有异常情况或故障预兆时，即可针对设备具体问题进行项修。

班组设备项修一般都在现场进行，根据设备技术能力及条件来决定是由班组自修还是由机修单位承修，无论由谁负责维修，设备

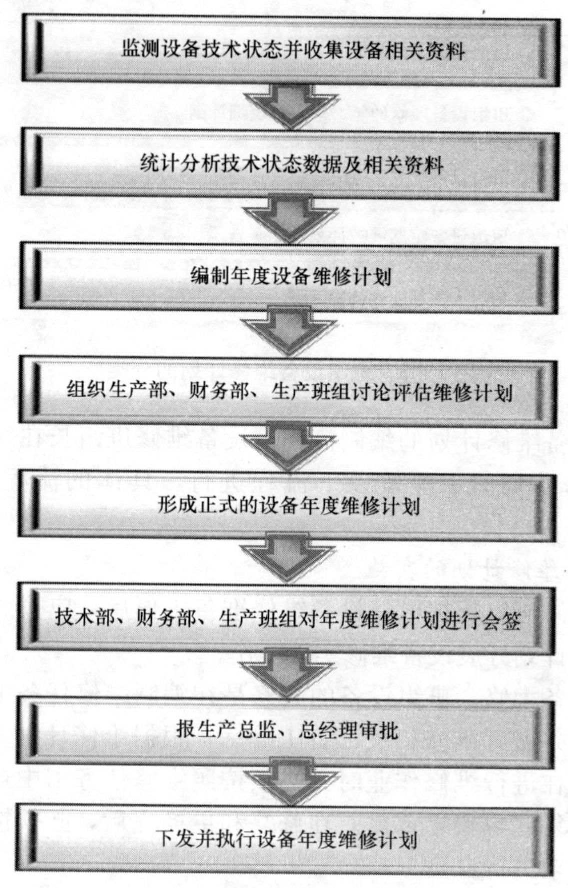

图 7—6　班组设备维修计划的编制流程

维修班组长都必须进行监督、检验并验收。

（3）日常维修。班组设备日常维修一般都是由设备维修班组技术人员根据班组维修工人在检查、维护、检测中所获取的设备状态信息、故障预兆及维护记录资料来安排维修的。日常维修计划时间间隔比较短，能够控制和减少故障发生的次数，提高设备的利用率。

7.1.6　设备维修的委托

班组设备委托维修是指由于企业的维修条件或维修能力不能满足维修任务的要求，或者从企业经济效益方面考虑，自行修复不如委托修复更为经济合算时，将维修任务委托给其他单位进行的维修。

1. 设备维修委托的原则

为保证设备托修任务按照合同及验收标准保质保量按期完成，以满足生产班组的要求，设备维修班组长需掌握以下几个原则，如图 7—7 所示。

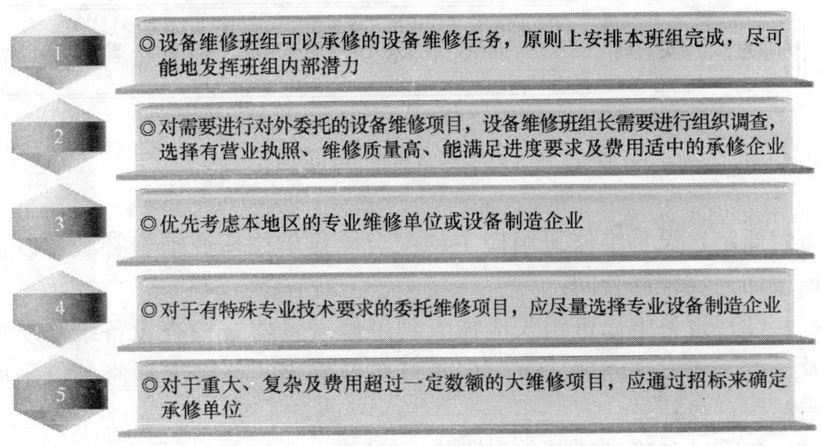

图 7—7　班组设备维修委托的原则

2. 设备维修委托的工作程序

设备维修班组长在将班组设备委托给承修单位时，需按照以下程序进行，具体如图 7—8 所示。

3. 设备维修委托合同执行的注意事项

在执行合同中，设备维修班组与承修单位都应认真履行合同规定的责任，同时要注意以下四大事项：

(1) 班组设备解体后，如发现双方在签订合同前均未发现并在委托书中没有标明的严重缺损状况，承修单位应立即通知设备维修

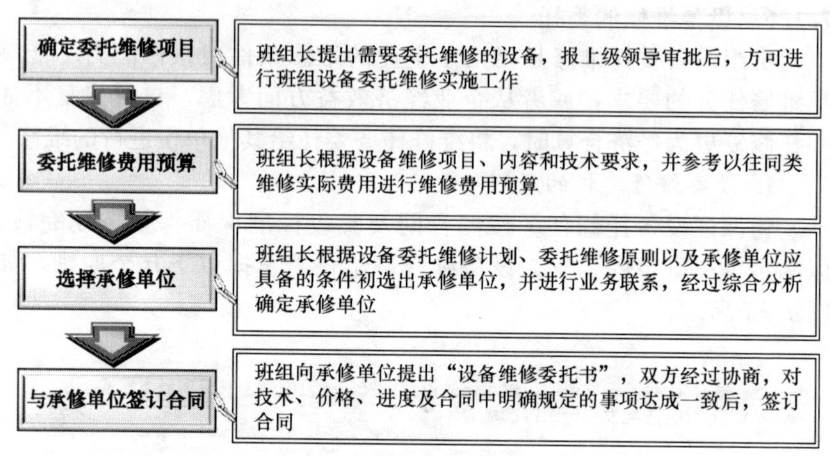

图 7—8　班组设备维修委托的工作程序

班组商定，设备维修班组应主动配合承修单位研究措施补救，以保证按期完成维修合同。

（2）设备维修班组长应派人到维修现场监督检查设备维修质量及进度，如发现问题，及时向承修单位提出，并要求承修单位采取措施纠正或补救。

（3）设备维修班组长要做好工艺部门及班组之间的协调工作，以保证试车验收工作顺利地进行。

（4）维修验收投产后，设备维修班组要与承修单位经常保持联系，特别是在保修期内发生重大故障时，要及时通知承修单位，要求其派人赶赴现场，采取措施予以排除。

4. 设备维修验收

设备委托维修验收是保证班组设备维修后达到规定的质量标准，减少返工维修，降低返修率的重要环节。设备维修班组在验收时一定要严把质量关，按设备精度标准验收，及时发现质量问题并在维修作业现场解决。

7.1.7　设备维修的记录

在班组设备的维修活动中，设备维修班组长要真实、详细地做好设备维修过程中的各项维修信息记录。通过对各种维修记录的分析、整理，可以了解班组设备的故障规律，提高班组设备计划维修的准确性，且有助于改进班组设备的管理工作。

班组设备维修记录所涉及的内容比较多，可以对其进行分类，具体分类见表7—5。

表7—5　　　　设备维修记录的分类表

分类	内容	各种记录及图表
原始数据	设备维修情况的资料	日常检查记录、定期检查记录、精度检查记录、日常维修记录、故障维修记录、各种改装记录等
标准资料	各种设备检查维修实施标准与要求	日常检查标准、定期检查标准、维修作业标准及有关的设备技术资料和图册
分析数据	实施设备维修的分析数据及整理后资料	各种设备故障分析数据、各种有关设备维修问题的数据资料
成果数据	表示设备维修效果的数据和资料	各种统计和分析图标，表示设备检查、维修情况的管理图标

7.1.8　设备维修管理指标

设备维修管理绩效的评估工作，应设立合适的指标进行定量评价，以综合反映出设备维修班组在一定时期内的设备维修管理工作水平，以督促设备维修班组更科学、有效地开展设备维修工作。

1. 设备维修作业指标

设备维修作业指标主要包括预防性维修工时率、预防性维修次数率及突发故障作业率，其计算公式如下：

$$预防性维修工时率=\frac{预防性维修作业时间}{全部维修作业时间}\times 100\%$$

$$预防性维修次数率=\frac{预防性维修次数}{全部维修次数}\times 100\%$$

$$突发故障作业率=\frac{故障维修作业时间}{全部维修作业时间}\times 100\%$$

在上述三个指标中，缩短维修作业时间和提高维修有效次数是提高维修作业效率的关键。设备维修班组应采用先进的故障诊断仪器，快速准确地确定故障点，缩短故障维修时间；同时班组长应根据班组实际情况健全设备维修管理信息系统，加强设备点检，以便减少预防性维修时间。除此之外，班组长还应加强对班组设备维修人员的技术培训，提高其设备维修水平，缩短修理时间。

2. 设备维修费用指标

衡量设备维修费用的指标主要有维修费用强度、维修材料费用比、万元净产值维修费用等。其计算公式如下：

$$维修费用强度=\frac{年度维修费用}{年度生产费用}\times 100\%$$

$$维修材料费用比=\frac{年度材料维修费用}{年度维修费用}\times 100\%$$

$$万元净产值维修费用=\frac{维修费用}{净产值（万元）}$$

上述的万元净产值维修费用是最常见的用来评价设备日常维护、检查和修理经济效果的一种标准。在实际维修管理工作当中，维修班组还要做好维修备件的管理，并加强设备维修成本的预算，认真分析和执行维修管理的费用指标，合理安排维修费用，提高班组设备维修效率。

3. 设备维修质量考核指标

设备维修质量指标是生产班组和维修班组共同关心的指标，对此设备维修班组要严格控制设备的返修率。一般用设备大修质量返修率、设备检修计划完成率及设备维修计划完成率来反映设备是否存在失修现象及设备的维修效果和维修质量。其计算公式如下：

$$设备大修返修率=\frac{考核期实际发生返修工时}{同期发生全部大修工时}\times100\%$$

$$设备检修计划完成率=\frac{设备检修作业完成量}{检修作业计划量}\times100\%$$

$$设备维修计划完成率=\frac{维修完成设备台数}{计划维修设备台数}\times100\%$$

在实际维修中，设备维修班组可结合设备情况，补充其他技术指标，如设备精度、性能和设备大修后初期故障率等，对设备维修的质量进行考核。

4. 设备维修管理的组织指标

一般用维修人员比例、维修技术人员比例等指标来衡量维修班组的工作效率及员工数量构成情况。其计算公式如下：

$$维修技术人员比例=\frac{维修技术人员数目}{全体维修人员数目}\times100\%$$

$$维修人员比例=\frac{维修人员数目}{全体员工数目}\times100\%$$

5. 设备外委维修的管理指标

在设备越来越专业、越来越精密以及专业设备人才养成成本居高不下的今天，设备外委维修的趋势越来越明显。对企业班组长来说，应选择哪些设备、在什么时间安排设备的外委维修，对节约维修费用、提高维修效能至关重要。企业一般选用外委维修费用比、外委维修集中化程度这两个指标对企业班组长、设备维修班的绩效进行考核。其计算公式如下：

$$外委维修费用比=\frac{企业年度外委维修费用}{企业年度维修费用}\times100\%$$

$$外委维修集中化程度=\frac{维修班安排的外委维修工作量（工时）}{企业年度总维修工作量（工时）}\times 100\%$$

7.2 设备维修管理实务

7.2.1 设备自修管理办法

办法名称	设备自修管理办法	编　　号	
		执行部门	

第1章　总　　则

第1条　目的

为规范班组对设备维修的管理行为，确保班组的设备修理有章可循，延长设备的使用寿命，保证班组的持续生产能力，特制定本办法。

第2条　适用范围

本办法适用于班组自身进行设备维修时的相关事宜。

第3条　定义

本办法中的设备维修是指采用技术手段与管理行动，对生产设备进行检查、调整或更换零部件，使生产设备能够恢复其功能或精度的技术活动。

第4条　自行维修分类

生产设备的自行维修类别分为大修、中修与小修，设备维修班组长应根据设备的实际使用情况与现状合理选择。

第2章　设备维修计划

第5条　维修计划编制责任人

设备维修班组长应负责编制班组的年度、季度及月度设备维修计划并报相关负责人审批。

第6条　维修计划编制程序

设备维修计划的编制程序如下图所示。

续表

<table>
<tr><td rowspan="2">办法名称</td><td rowspan="2">设备自修管理办法</td><td>编　号</td><td></td></tr>
<tr><td>执行部门</td><td></td></tr>
<tr><td colspan="4">

收集资料：设备维修班组长要收集生产设备技术状况方面的资料以及编制维修计划需要了解的信息，如设备修理工时定额资料、设备的备件库存状况等

↓

编制维修计划草案：设备维修班组长根据班组总体生产情况及对设备的要求，结合生产现状确定必须列入维修计划的需修设备，并根据其轻重缓急，编制维修进度

↓

维修计划的平衡：设备维修班组长应将编制的设备维修计划草案送各部门（如技术部、财务部、生产部等）征求意见，根据相关部门的意见对设备维修计划进行修订

↓

维修计划的审核：设备维修班组长将正式的维修计划报设备部经理进行审核，由主管副总进行审批

班组设备维修计划编制程序

第 7 条　维修计划编制依据

设备维修班组长需根据以下四个方面的内容来编制设备维修计划：

1. 设备的技术状况。

2. 班组的产品工艺对设备的要求。

3. 班组生产安全与环保对设备的要求。

4. 班组设备的维修周期与维修间隔期。

第 8 条　维修计划调整

对未列入设备维修计划但必须进行维修的设备，设备维修班组应提前通知设备部，以进行设备维修计划的调整。

第 9 条　维修计划上报

年度设备维修计划必须在每年的 12 月 25 日之前上报，季度与月度维修计划必须于季度末或月度末的 27 日之前上报下季度或下月的设备维修计划。

第 3 章　设备维修准备

第 10 条　了解设备现状

班组设备维修人员在进行设备维修前应掌握生产设备的具体劣化程度与设备将要生产产品的技术要求，并准确把握设备的磨损程度及需要的更换件和修复件。

</td></tr>
</table>

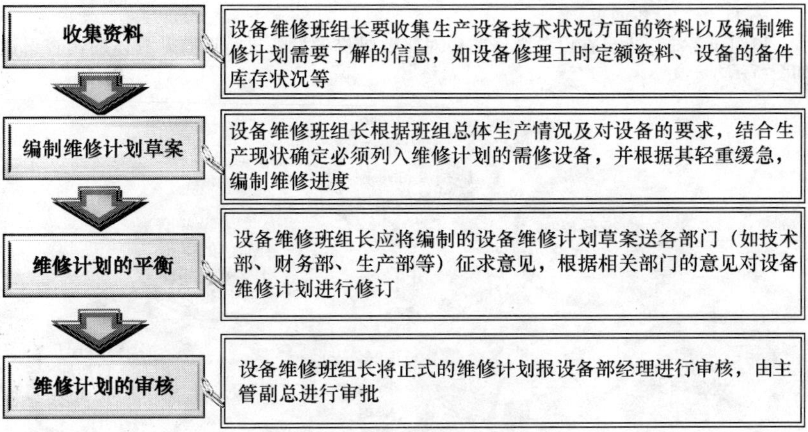

续表

<table>
<tr><td rowspan="2">办法名称</td><td rowspan="2">设备自修管理办法</td><td>编　号</td><td></td></tr>
<tr><td>执行部门</td><td></td></tr>
<tr><td colspan="4">

第 11 条　设备调查

班组设备维修人员在设备维修前应对将要维修的设备进行调查，具体的调查渠道如图所示。

班组设备调查渠道

第 12 条　编制维修技术文件

设备维修班组长应根据所调查了解的设备状况编制设备维修技术文件。设备维修技术文件的内容如下：

1. 维修说明书，主要包括维修内容、维修部件明细、所需材料明细及维修质量标准。

2. 维修工艺说明。

第 13 条　准备物料、工具

在设备维修之前，班组设备维修管理人员应根据维修技术文件中的清单，对设备维修时所用到的物料、工具及零部件进行逐项核对，若班组无库存应填制申购单递交采购部，由采购部进行购买。

第 14 条　维修计划内容

设备维修班组长编制的设备维修作业计划应详细说明设备维修的具体时间、参与人员、所需时间，维修的主要内容、顺序，所使用的场地、仪器等相关内容。

第 4 章　设备维修作业

第 15 条　维修设备交接

生产设备的使用班组应在规定日期将设备移交给班组设备维修人员，并填制设备交修单，双方确认无误后完成设备的交接。

</td></tr>
</table>

续表

<table>
<tr><td rowspan="2">办法名称</td><td rowspan="2">设备自修管理办法</td><td>编　号</td><td></td></tr>
<tr><td>执行部门</td><td></td></tr>
<tr><td colspan="4">

第 16 条　维修场地准备

如果在生产现场进行自行维修，生产设备的使用班组在移交设备前应将生产现场清理干净，腾出维修所需要的场地，移走占地的成品与半成品。

第 17 条　准备配件

班组设备维修人员在检查设备后，应尽快提出需要进行临时加工的配件清单，并交相关部门进行准备。

第 18 条　出具技术文件

设备检查中发现新的问题时，班组设备维修的管理人员应尽快出具设备维修的技术文件及工艺、质量要求，方便维修人员的修理，保证设备维修的进度。

第 19 条　生产配件

对于本班组能够生产的临时配件，班组应安排专人进行配件的生产，满足维修作业的需要。

第 20 条　调整生产

各生产班组的班组长应根据设备维修作业状况进行生产的调整，并积极配合维修作业，防止发生窝工、怠工现象。

第 5 章　设备维修验收与费用

第 21 条　进行维修检测验收

1. 设备维修完毕后，班组维修人员应进行空转试验及精度检验的自测，发现问题及时调整。

2. 负责设备验收的班组应在设备的空运转试验、负荷试验及精度验证后才可办理验收手续。

第 22 条　办理验收手续

1. 设备维修验收通过后，班组维修人员应与生产班组办理设备交接手续，并填写设备维修报告，由生产班组、验收班组进行签字确认。

2. 设备维修报告一式三份，班组维修人员自留一份，验收班组留一份，设备部留一份。

第 23 条　财务核算

设备维修完成后，设备维修班组长应进行设备维修的财务核算，并报财务部进行相关的财务处理。

第 6 章　附　　则

第 24 条　本办法由生产部、设备部制定、解释及修改。

第 25 条　本办法经总经理办公会议审议后，自下发之日起执行。

</td></tr>
</table>

编制人员		审核人员		批准人员	
编制日期		审核日期		批准日期	

7.2.2 设备自修管理流程

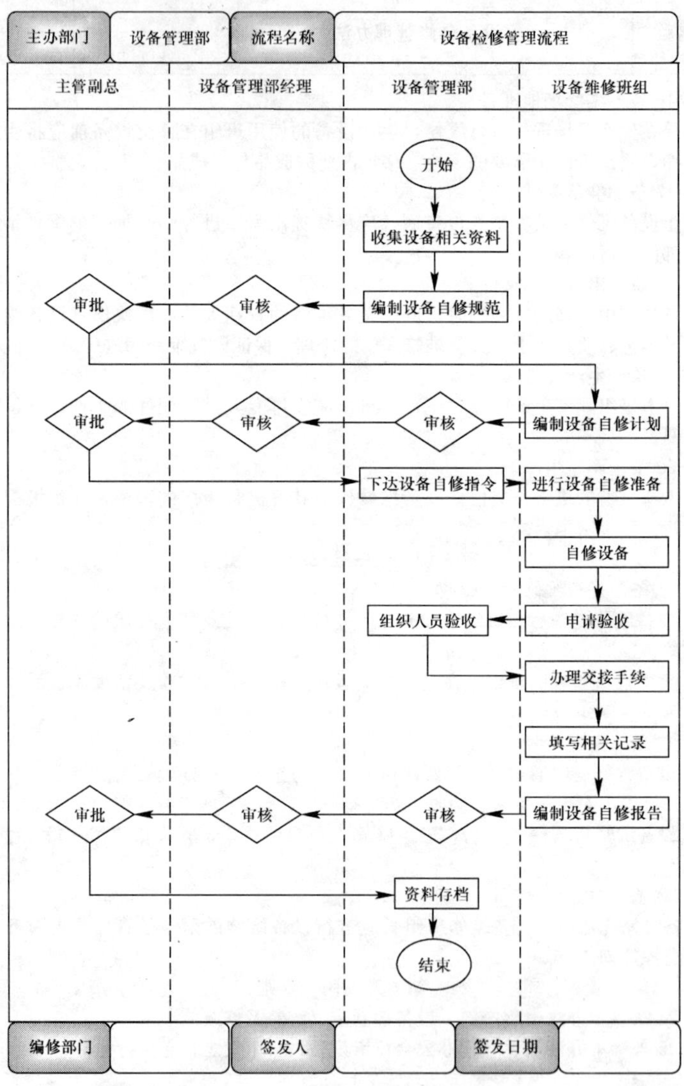

7.2.3　设备维修管理流程

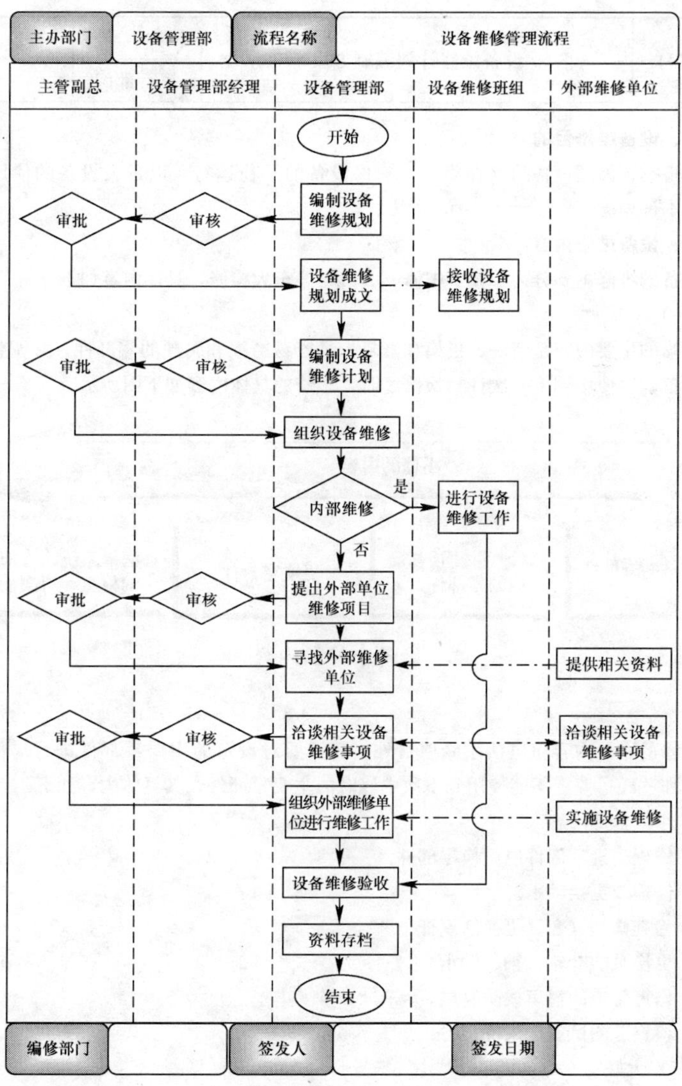

7.2.4 设备维修计划编制方案

方案名称	设备维修计划编制方案	编　号	
		执行部门	

一、设备维修目的

为检查、修理设备的潜在隐患，确保设备的平稳运行，以延长设备的使用寿命，特制订本计划。

二、设备维修内容

设备的维修主要分为小修、中修、大修与停车大检修，具体内容如下。

（一）小修

小修的主要内容是清洗、更换和修复少量容易磨损和腐蚀的零部件，并调整结构，确保设备能够使用到下一次计划检修之时，小修的具体内容如下图所示。

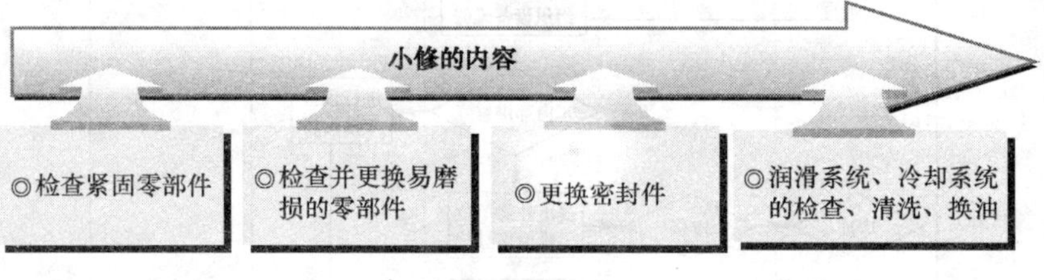

设备小修的内容

（二）中修

中修的主要内容除包括小修项目外，还需要对设备的主要零部件进行局部修理，并更换那些经过鉴定不能使用到下次中修时的主要零部件，其具体内容如下：

1. 小修全部内容。
2. 修理个别零部件或更换零部件。
3. 修理或更换轴承。
4. 检查修理缸套、更换活塞杆。
5. 更换泵的叶轮、轴、轴承。
6. 修理管道的衬里或防腐层。
7. 检查、测试安全附件。

（三）大修

大修的主要内容是对设备进行全部或部分的拆卸，更换已经磨损或腐蚀的零件，以求恢复设备的原始性能，其具体内容如下图所示。

续表

<table>
<tr><td rowspan="2">方案名称</td><td rowspan="2">设备维修计划编制方案</td><td>编　号</td><td></td></tr>
<tr><td>执行部门</td><td></td></tr>
</table>

设备大修的内容

（四）停车大检修

停车大检修的主要内容是检修几个系统或整个生产系统，以及不停车不能检修的设备。

三、设备维修执行人员

1. 设备维修计划的执行人员为设备维修班组长带领的维修人员。

2. 设备管理部经理、技术部相关人员及生产班组长组成设备的维修领导小组，负责设备维修计划的监督执行工作。

四、设备年度维修计划内容

设备年度维修计划内容主要包括维修设备的型号、名称、检修项目、检修级别、检修时间、检修要求和维修人员等。设备年度维修计划可用下表来表示。

设备年度检修计划表

<table>
<tr><th>设备型号</th><th>设备名称</th><th>检修项目</th><th>检修级别</th><th>检修时间</th><th>检修要求</th><th>执行人</th></tr>
<tr><td rowspan="2"></td><td rowspan="2"></td><td></td><td></td><td></td><td>1.
2.</td><td></td></tr>
<tr><td></td><td></td><td></td><td>1.
2.</td><td></td></tr>
</table>

续表

方案名称	设备维修计划编制方案	编　　号	
		执行部门	

设备型号	设备名称	检修项目	检修级别	检修时间	检修要求	执行人

五、设备维修计划预算

设备维修计划预算需确定年度内每个维修项目及每月的预算金额，从而形成设备年度维修计划。具体的设备年度维修计划预算表如下所示。

设备年度维修计划预算表

编号	设备名称	预算项目	预算金额												总金额
			1月	2月	3月	4月	5月	6月	7月	8月	9月	10月	11月	12月	
总金额															

六、设备检修的验收

1. 设备的维修验收实行“三级检查制”，即维修人员自检、设备维修班组长抽检与专业人员的终检。

2. 小修项目由设备维修经理负责验收，大修、中修项目由维修领导小组负责验收，停车大检修由主管副总带领相关人员进行验收。

编制人员		审核人员		批准人员	
编制日期		审核日期		批准日期	

第8章　设备备件管理

8.1　设备备件管理

8.1.1　备件管理的内容

在设备维修工作中，为了减少停机时间，必须事先采购、加工并储备好各种零（部）件，用于替换故障或劣化件以恢复设备原有性能，这些零（部）件统称为备件。

备件管理工作的内容按其性质可分为技术管理、计划管理、库存管理、使用管理及经济管理四项，具体说明如下：

1. 备件的技术管理

备件的技术管理是备件管理工作的基础，主要包括备件图样的收集、测绘和备件图册的编制；各类备件统计卡片和储备定额等基础资料的设计、编制工作。

2. 备件的计划管理

备件的计划管理是指从编制备件计划到备件入库这一阶段的工作，主要包括年月自制备件计划，外购件年度及分批计划，铸、锻毛坯件需要量申请、制造计划，备件零星采购和加工计划，备件修复计划的编制和组织实施工作。

3. 备件的库存管理

备件库存管理是指备件的验收入库、正确发放、科学保管、储备管理等工作。对于备件需求量特别大的生产班组，可以自建备件库，建立相应的备件管理机构和必要的设施，并科学合理地确定备件的储备品种、储备形式和储备定额，做好备件保管供应工作。

4. 备件的使用管理

备件管理和维修人员要不断收集备件使用中的质量、经济信息，并及时反馈给备件技术人员，以便改进和提高备件的使用性能。

5. 备件的经济管理

备件的经济管理是指备件的经济核算与统计分析工作，主要包括备件库存资金的核定、出入库账目的管理、备件成本的审定、备件各项经济指标的统计分析等，经济管理应贯穿于备件管理的全过程，同时，应根据各项经济指标的统计分析结果来衡量检查备件管理工作的质量和水平。

8.1.2 备件管理的目标

备件管理的目标是用最少的备件资金、合理的库存储备，保证设备维修的持续需要，不断提高设备的可靠性、维修性和经济性，并达到图 8—1 中所列的三项目标。

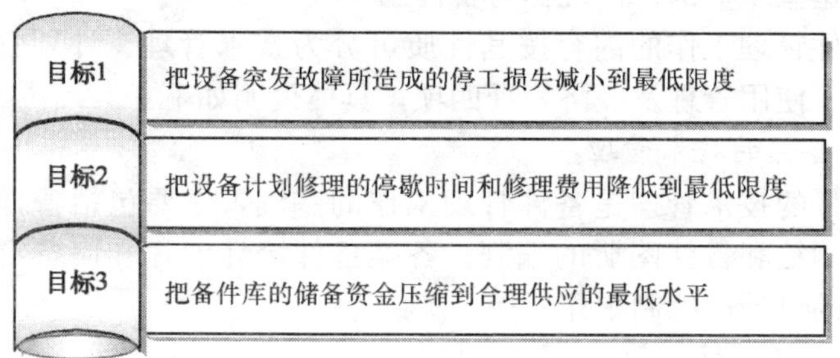

图 8—1 备件管理的目标

8.1.3 设备备件的分类

1. 备件分类的原则

备件种类很多，分类方法也各有不同。但在分类时，均应遵循一些基本的备件分类原则。

（1）与资产管理协调一致原则：备件的分类应便于管理，并与企业设备资产管理的方法协调一致。

（2）不乱补漏，储存唯一原则：通过分类提高工作和管理效率，并避免交叉和重复储存。

（3）方便检修原则：备件是为设备的检修维修服务的，分类更是为了确保快速检修维修。

（4）便于实行条码管理原则：目前多数企业实行备件的计算机管理，备件分类应便于计算机系统编码和条码管理。

2. 备件分类的方法

设备备件的种类有很多，为了便于班组长管理和备件保管供应工作，一般按表 8—1 所示的分类方式进行分类。

表 8—1　　设备备件的分类

分类依据	备件名称	备件的具体说明
按备件类别分	机械零件	指构成某一型号设备的专用机械构件，一般由企业自行制造
	配套零件	指标准化的，通用于各种设备的由专业厂家生产的零件
按备件技术特性分	标准件	按国家标准系列制造的备件
	专门件	按设备制造厂自定的标准系列制造的备件
	特制件	非标准的特制备件
按备件来源分	自制备件	指企业自己设计、测绘、制造的零件，属于机械零件的范畴
	外购备件	指企业对外订货采购的备件，一般配套零件均系外购备件
按备件使用特性分	常备件	指经常使用的、设备停工损失大和单价较低的、需经常保持一定储备量的零件
	非常备件	指使用频率低、停工损失小和单价昂贵的零件，按其筹备方式又可分为计划购入件和随时购入件两种
按备件精度和制造复杂程度分	关键件	指精度高、制造难度大、在设备中起关键作用的零件
	一般件	指除关键件以外的其他机械备件

8.1.4 备件管理的方法

在日常管理工作中，用于设备备件管理的常用方法是ABC管理法。ABC管理法，又称ABC分类法，通过对备件的品种、资金占用量、重要程度、消耗频率等因素的统计、分析，确定管理的重点对象和一般对象，分别采取不同的管理对策，以取得较高的工作效率和较好的经济效果。

一般地说，ABC管理法分为以减少储备资金为控制重点的ABC管理和以减少消耗成本为控制重点的ABC管理。具体说明见表8—2。

表8—2　　ABC管理法以控制重点划分

侧重控制点	具体说明
以减少储备资金为控制重点的ABC管理	A类备件的品种占全部备件品种的5%～10%，而资金占用额占全部备件资金总额的60%～70%
	B类备件的品种占全部备件品种的20%～30%，而资金占用额占全部备件资金总额的20%左右
	C类备件品种最多，占全部备件品种的60%～70%，而资金占用额却仅占全部备件资金总额的15%以下
以减少消耗成本为控制重点的ABC管理	A类备件消耗品种累计数占总消耗品种的5%～10%，累计消耗金额占总消耗的50%～70%
	B类备件消耗品种累计数占总消耗品种的20%～30%，累计消耗金额占总消耗的20%～30%
	C类备件消耗品种累计数占总消耗品种的60%～70%，累计消耗金额占总消耗的20%以下

注：A类是指金额大、数量少、对生产影响大的备件；比重次之的划为B类；低值易耗的备件划为C类。

8.1.5 设备备件的储备

1. 备件的储备类型

设备备件的储备类型可分为成品储备、半成品储备、成对（套）

储备、部件储备及毛坯（或材料）储备，具体类型说明如下：

（1）成品储备。在设备修理中，有些备件要保持原来的尺寸，如摩擦片、齿轮、花键轴等，可制成（或购置）成品储备，有时为了延长某一零件的使用寿命，可有计划有意识地预先把相关的配合零件分成若干配合等级，按配合等级把零件制成成品进行储备。

例如，活塞环与缸体及活塞的配合可按零件的强度分成两三种不同的配合等级，然后按不同配合等级将活塞环制成成品储备，修理时按缸选用活塞环即可。

（2）半成品储备。有些零件必须留有一定的修理余量，以便拆机修理时进行尺寸链的补偿。例如，轴瓦、轴套等可以留配刮量储存，也可以粗加工后储存。

半成品备件在储备时一定要考虑到最后制成成品时的加工工艺尺寸。储备半成品的目的是为了缩短因制造备件而延长的停机时间，同时也为了在选择修配尺寸前能预先发现材料或铸件中的砂眼、裂纹等缺陷。

（3）成对（套）储备。为保证备件的传动和配合，有些机床备件必须成对制造、保存和更换。例如，高精度的丝杠副、蜗轮副、镗杆副、螺旋伞齿轮等。

为了缩短设备修理的停机时间，常对一些普通的备件也进行成对储备。例如，车床的走刀丝杠和开合螺母等。

（4）部件储备。为了进行快速修理，可把生产线中的设备及关键设备上的主要部件，制造工艺复杂、技术条件要求高的部件或通用的标准部件等，根据本单位的具体情况适当储备。例如，减速器、液压操纵板、高速磨头、吊车抱闸、铣床电磁离合器等。

（5）毛坯（或材料）储备。某些机械加工工作量不大及难以预先决定加工尺寸的备件，可以毛坯形式储备。例如，对合螺母、铸铁拨叉、双金属轴瓦、铸铜套、皮带轮、曲轴及关键设备上的大型铸锻件，以及有些轴类粗加工后的调质材料等。采用毛坯储备形式，可以省去设备修理过程中等待准备毛坯的时间。

2. 设备备件的储备定额

备件储备定额是指备件库存管理卡上所列的各类备件的储备量标准，又叫备件库存周转定额。计算备件储备定额时，所需的参数一般来源于生产现场实际统计和使用规律的总结，包括单件备件的平均使用寿命、年消耗速度、年消耗量、备件通用系数、订货周期等。

（1）确定备件订货周期。备件的订货周期是指从备件图样资料提出到成品入库，包括财务转账完毕的全过程，称为订货周期，以 T 表示。

备件订货周期的长短，是随着材料解决难易程度、制造工艺复杂程度、交通运输方便与否，以及专业人员业务能力和主观能动作用而变化的，是一个多因素的变量。根据企业的实际情况，推荐下列数值作为订货周期参考。

1）大型铸、锻件，合金钢铸、锻件，$T=1$ 年。

2）较为复杂的机械加工件，包括铆焊件与铸造件，$T=0.8$ 年。

3）一般加工件、铸件，$T=0.5$ 年。

（2）依经济订货批量确定储备定额。在供应渠道顺畅、备件允许缺货的情况下（即提前期 $T=0$），可参考经济订货批量来确定储备定额。经济订货批量（Economic Order Quantity，简称为 EOQ），即通过平衡订货成本与保管成本以实现备件的总库存成本最低的最佳订货量。

在运用经济订货批量法确定备件储备定额时，可运用的库存模型如图 8—2 所示。在该模型中，不设安全库存，无论时间如何变化，备件年需求量（D）、价格（C）、每次订货成本（S）、单位备件年保管成本（H）都是常数，订货量（Q）设定为经济订货批量（EOQ），具体计算方法如下。

1）计算年库存总成本：年库存总成本＝年购置成本＋年订货成本＋年保管成本

即：

$$\mathrm{TC}=DC+\frac{DS}{Q}+\frac{QH}{2}$$

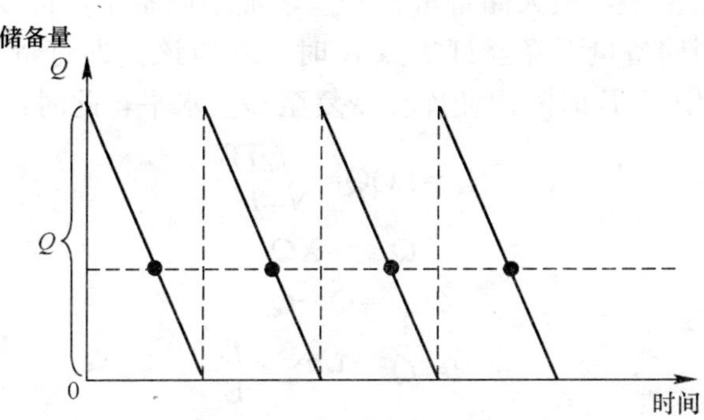

图 8—2　依经济订货批量确定储备定额的库存模型

2）计算经济订货批量（EOQ）：Q 的最小值 Q_{opt} 可称为经济订货批量（EOQ），是使订货成本与保管成本相等的值，运用微积分，可得计算公式：$Q_{opt}=\text{EOQ}=\sqrt{\dfrac{2DS}{H}}$

（3）依安全库存量确定储备定额。如果备件不允许缺货，且备件从订货到进货需要一段的时间（提前期为 T），此时应依据安全库存量来确定备件的储备定额。此时，库存模型如图 8—3 所示。

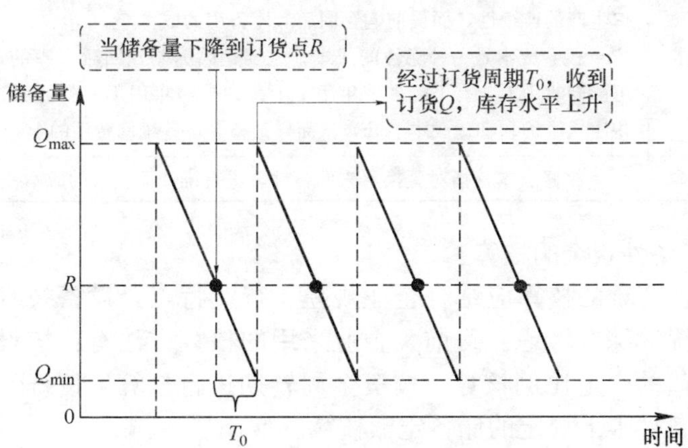

图 8—3　依安全库存量确定储备定额的库存模型

在该模型中，最大储备量为 Q_{max}，最小储备量（即安全库存量）为 Q_{min}，当储备量下降至订货点 R 时，就应该立即订货（订货量设为 Q），以便经 T_0 时间内使库存恢复至 Q_{max} 水平，此时：

$$Q=\mathrm{EOQ}=\sqrt{\frac{2DS}{H}}$$

$$Q_{min}=XQ$$

$$Q_{max}=Q+Q_{min}$$

$$R=Q_{min}+T_0\times\frac{D}{12}$$

式中，X 为系数，重点设备 $X=1.4$，一般设备 $X=1.2$。

8.1.6 设备备件的成本

设备备件的成本构成可分为三个部分：一是备件购置成本；二是备件的机会成本；三是维修成本，具体说明见表 8—3。

表 8—3　设备备件成本构成说明

成本构成	具体说明
购置成本	◆购置成本是一种显性的有形成本，可以通过商务谈判和技术谈判，来降低这部分成本
机会成本	◆机会成本是指企业为了应对设备突发故障和设备备件周期保养，保持生产的连续性，而提前购置回后入库备用的成本 ◆机会成本是一种隐性的成本，主要是因为购置回后入库的备件，有可能即时用上，有可能多少年用不上。如果多年用不上就势必造成资金积压，维护和管理成本上升，从而导致整个设备维修费用的上升
维修成本	◆维修成本是指对更换下来的备件，进行维修而投入的成本

8.1.7 备件资金的核算

备件资金的核算应结合企业规模、行业特点、设备技术状态和维修情况等综合考虑。目前，企业采用的核算方法有：按设备固定资金原值的一定比例核算、按资金周转期进行核算、按统计数据核算、按备件卡上规定的储备定额核算。

班组长在备件的使用及日常管理过程中，了解备件资金核算方法、规范，有利于指导设备备件的合理选择、备件费用的节约工作。

1. 按设备固定资金原值的一定比例核算

一般按设备原购置价值的5%～15%估算备件资金定额，设备拥有量较多的大中型企业或备件来源充足的企业可取下限，设备拥有量较少或设备品种复杂的企业可取上限。

2. 按资金周转期进行核算

以年度实际消耗的备件资金与资金周转期的乘积加以适当修正后核算备件资金定额，可表示为：

备件资金定额＝本年度备件消耗资金×备件资金计划周转期（年）×下年度计划修理工作量/本年度实际修理工作量

3. 按统计数据核算

根据历年备件资金消耗金额，特别是上一年度的消耗金额，结合本年度设备状态及修理计划确定本年度的备件资金。

4. 按备件库存管理卡上规定的储备定额核算

根据计划期动用设备的情况，先核定各种设备的备件资金定额，再综合起来计算总的备件资金定额。备件资金定额的公式如下：

备件资金定额＝∑(备件平均周转储备定额×备件的单价)

这种方法较为烦琐，且其计算的合理性取决于备件库存管理卡记录信息的准确性和科学性。

8.1.8 备件仓库的管理

1. 备件仓库管理原则

备件仓库管理的基本原则包括三点，具体说明见表8—4。

表8—4 备件仓库管理的基本原则

基本原则	具体说明
明确的备件储存位置	◇先将储存区域经过详细规划区分，并标示编号，让每一项预备储存的备件均有位置可以储放 ◇备件位置必须是很明确，而且经过库存编码的，不能是那些边界含混不清的位置，如“走道”“楼上”“角落”或“某某备件旁”等

续表

基本原则	具体说明
备件有效定置	◇依据不同备件保管区分方式的不同，寻求合适的储存单位、储存策略、指派原则与其他考虑因素，按事先规划好的库存位置将备件有效地配放
准确记录备件异动	◇当备件有效地被配置在规划好的库存位置后，剩下的工作就是日常的备件进出库管理，备件不管是被临时领出，或因备件淘汰换新，或是受其他维修作业的影响，使得备件位置或数量有了改变时，必须把备件的变动情形进行记录，使备件台账与实际数量能够完全吻合

2. 备件仓库管理要素

备件仓库管理需要考虑的基本要素包括库存空间、存储的备件、人员、存储方式、搬运设备与备件资金等关联环节，这些要素之间的关联关系如图 8—4 所示。

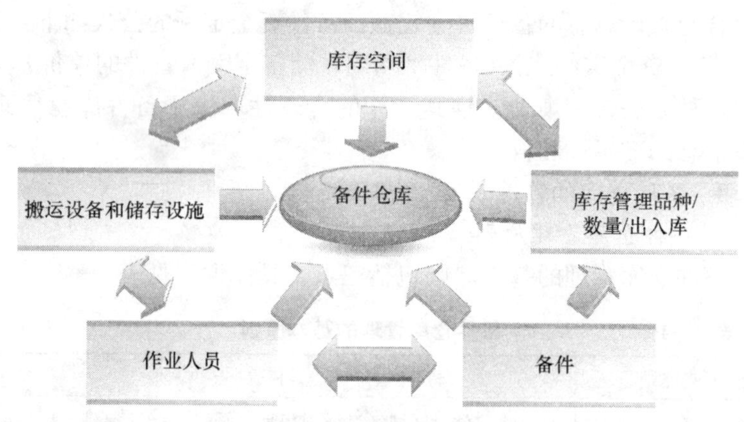

图 8—4　备件库存管理要素关联图

关联图的解析说明如下：

（1）库存空间。生产现场的备件仓库，所重视的功能主要是保管功能。因此，班组长在考虑备件的库存空间时，主要考虑仓库保管空间内备件的合理分配储位、方便备件入库与出库等问题。而在库存备件的入库时，要充分利用仓库空间大小、柱子排列、梁下高度、走道、搬运设备的回旋半径等基本因素，以最大限度地利用库存空间。

（2）备件。如何管理放置在库存空间中的备件，首先应考虑的是备件的特征。备件的特征因素包括四个方面的内容，具体说明见表8—5。

表8—5　备件的特征因素

特征因素	具体说明
供应商	即备件是由外部供应的还是自己制造加工的，有无特殊的储存要求
备件特性	备件的规格、体积、材质、轻重、单位、包装、周转率、季节性的分布、耐蚀性、对温湿度的要求等
备件数量	如年需求量、进货量、库存决策、安全库存量等
进货周期	采购前置时间，采购作业特殊要求等

摆放备件时，还须考虑备件库存单位、库存策略及备件间的关联性等因素。当备件摆放好后，就要做好有效的在库保管，随时掌握备件库存状况，了解备件项目、数量、位置、入库出库状况等所有资料。

（3）作业人员。作业人员包括仓管人员、出库人员、搬运人员等。仓管人员负责备件管理及盘点作业，出库人员负责备件出库作业，搬运人员负责备件入库、出库的搬运作业等。

作业人员在存取搬运备件时，在备件仓库管理作业中，讲求的是省时、有效率；在以人为本的企业文化下，讲求的是尽可能省力，减少员工无谓的劳作。因此，就要求备件作业流程合理，精简实用；备件库存配置及标识要简单、清楚，一目了然，备件好放、好拿、好找。所设立的备件台账表单要简单、统一且标准化。

(4) 辅助装置。除了上述的库存空间、备件、人员三项基本要素以外，其他主要的辅助装置有储放设备、搬运与输送设备。如果备件储放不是直接堆放在地板上，则必须考虑相关的托盘、料架等。如果人员不是靠手工抱、捧备件，则必须考虑使用输送机、叉车、堆高机等输送与搬运设备。

(5) 作业需求目标。备件库存管理作业需求目标是决策时的指导原则。备件作业需求目标有 8 点，如图 8—5 所示。

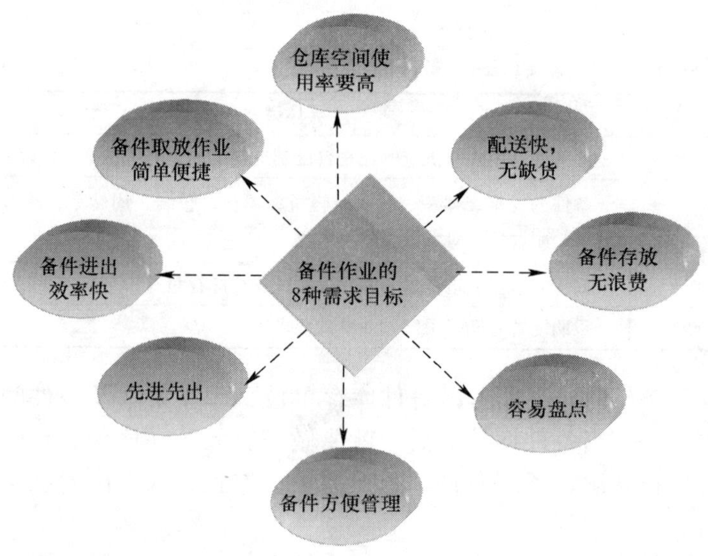

图 8—5　备件作业需求目标

3. 备件仓库管理目标

备件仓库管理目标，可以概括为以下几点：

(1) 空间的最大化使用。

(2) 人员及设备的有效使用。

(3) 全面掌握储存备件的特点。即全面掌握储存备件的材质、体积、质量、包装单位等规格及耐蚀性、温湿度条件等特点，以使送达的备件得到妥善保管。

（4）做到所有备件都能随时方便存取，及时地订货和出货，保证备件在有维修需求时不缺货，并方便快捷地获得。

（5）备件的有效搬运。在仓库区内进行的大部分活动是备件的搬运，需要一定的人力及设备来进行备件的搬进与搬出，因此，人力与机械设备操作应经济和安全。

（6）备件品质的确保。因为备件储存的目的是在需求时提供符合要求的备件，所以储存备件必须保持在良好条件下，以确保备件质量。

（7）良好的管理。整洁的通道、干净的地板，适当且有顺序的备件储存及安全的运行，都是良好备件管理所关心的问题，可提高备件管理工作的效率并提升员工的工作士气。

8.2 设备备件管理实务

8.2.1 设备备件管理制度

制度名称	设备备件管理制度	编　号	
		执行部门	

第1章　总　则

第1条　目的。

为规范设备备件管理，缩短设备维修时间，提高维修质量，保证维修周期，特制定本制度。

第2条　适用范围。

本制度适用于工厂设备备件的管理。

第3条　名词解释。

本制度中的备件是指在设备维修工作中使用的，按照设备的磨损规律和零配件的使用寿命进行事先加工、采购、储备的设备零部件。

第4条　各部门的备件管理职责。

各部门职责如下表所示。

续表

制度名称	设备备件管理制度	编　号	
		执行部门	

设备备件管理职责分工表

部门	职责
设备管理部	负责编制设备备件计划，执行备件计划并负责备件的协调及管理
采购部	负责设备部件的采购事宜
技术部	负责编制设备部件的工艺流程并设计生产用图样
生产部	负责在规定的时间内生产出符合要求的设备备件
仓储部	负责设备部件的入库、仓储及发放，并负责设备备件仓储报表的编制

第 2 章　设备备件计划管理

第 5 条　设备管理部门在编制备件计划时，应将设备备件分类，进行分别编制，具体分类如下图所示。

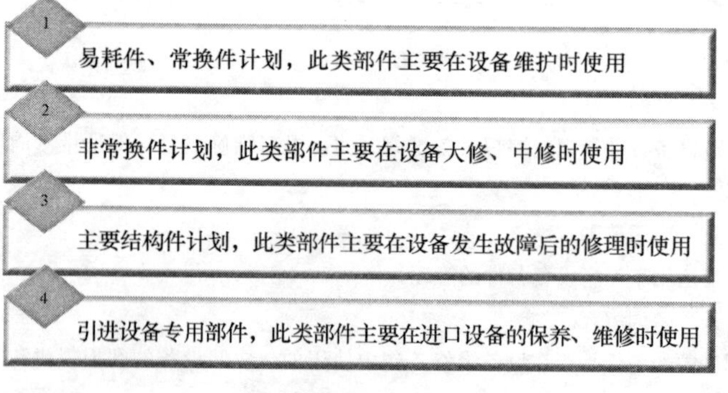

设备备件分类

第 6 条　设备备件计划的编制依据，如下图所示。

续表

制度名称	设备备件管理制度	编　号	
		执行部门	

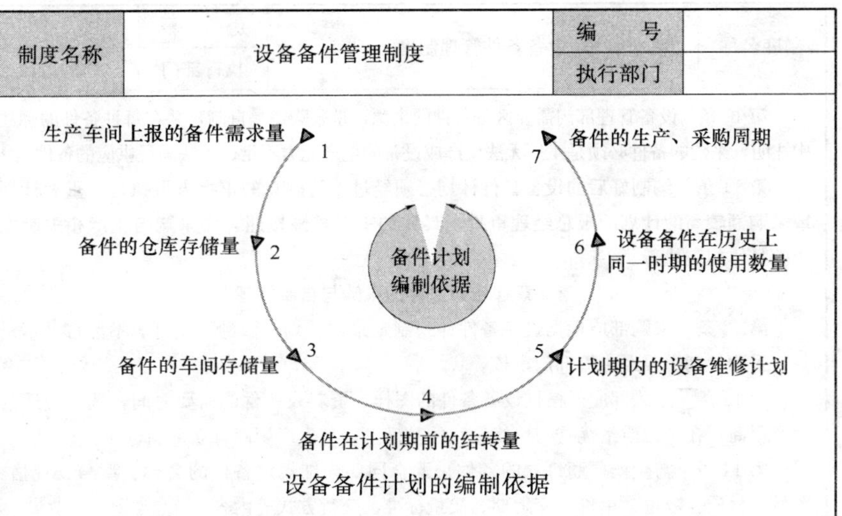

设备备件计划的编制依据

第 7 条　设备备件计划的编制时间。

1. 工厂年度的备件计划由设备管理部门在 7 月底下达，各生产车间在 8 月 15 日之前将各车间的备件需求量上报，设备管理部门在 9 月之前编制完成。

2. 工厂的季度备件计划应在季度前 30 天完成，月度计划根据分解后的季度计划提前 15 天完成。

第 8 条　设备管理部门应本着经济性与合理性原则控制、平衡计划期内的设备备件需求数量。

第 9 条　备件的分类管理。设备管理部门在制订备件计划时应参考物料管理的 ABC 方法，针对不同的备件种类制订不同的计划，具体的备件分类及说明如下表所示。

备件的分类

分类	说明
A 类备件	A 类备件周转时间长，重要程度高，品种数约占备件总品种数的 10%，价值约占库存总资金的 60%
B 类备件	B 类备件属于比较重要的备件，但可适当降低控制，品种数约占备件总品种数的 25%，价值约占库存总资金的 25%
C 类备件	C 类备件品种较多且价值较低，品种数约占备件品种总数的 65%，价值约占库存品种总值的 15%

续表

<table>
<tr><td rowspan="2">制度名称</td><td rowspan="2">设备备件管理制度</td><td>编　　号</td><td></td></tr>
<tr><td>执行部门</td><td></td></tr>
<tr><td colspan="4">
第 10 条　设备管理部门需要区分备件的来源，是采购还是自制，并在每种备件的标注中注明，采购的备件必须是工厂无法生产或设备的生产能力不足、无法满足供应的备件。
第 11 条　编制好后的设备备件计划必须经过主管副总的审批方可执行，重大计划或采购额较高的计划应报总经理审批，具体的审批权限按照工厂采购与生产相关制度中的具体规定执行。
第 3 章　设备备件的采购与自制管理
第 12 条　采购部应根据设备备件计划制定采购计划，做到不重订、不漏订、不错订，采购计划需要经主管部门审核。
第 13 条　采购部应严格按设备备件的图样、资料及备件的需要时间，选择合适的生产厂商，在考虑质量优秀与价格便宜的基础上，与生产厂商订立采购合同。
第 14 条　与生产厂商订立的备件采购合同要详细规定备件的名称、型号、规格、图号、材质、数量、单价、交货期、质量标准、交货方式等内容。
第 15 条　给生产厂商用于生产的备件图样在备件交货后必须收回，关键性的技术图样要与生产厂商签订技术保密协议，防止工厂的机密外泄。
第 16 条　自制的设备备件由生产部根据设备备件的生产工艺及图样要求安排生产并注意质量的监控。
第 17 条　生产部应保证设备备件在规定的时间内按规定的质量要求与数量要求生产完毕。
第 18 条　质量管理部把好质量验收关，负责检验采购回的与自制的生产备件，确保其符合设备要求。
第 4 章　设备备件的仓储管理
第 19 条　备件入库时，备件库管员要仔细审查备件数量、品种等方面内容，具体说明如下图所示。
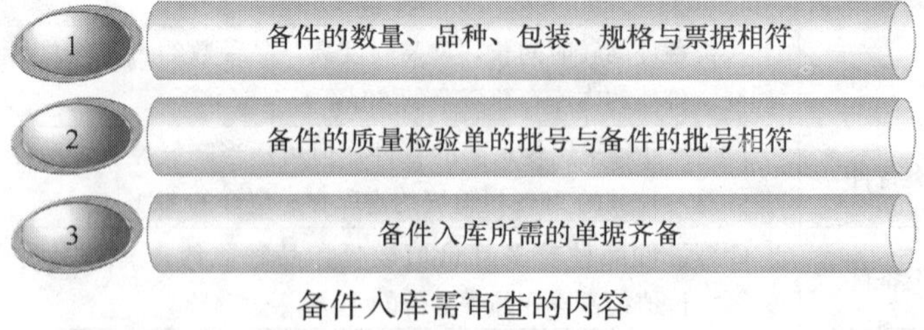

备件入库需审查的内容
</td></tr>
</table>

续表

<table>
<tr><td rowspan="2">制度名称</td><td rowspan="2">设备备件管理制度</td><td>编　　号</td><td></td></tr>
<tr><td>执行部门</td><td></td></tr>
<tr><td colspan="4">
第 20 条　备件库管理人员若发现备件的数量、规格、质量、名称等有不相符的现象时，必须拒绝备件入库，并通知相关人员，杜绝备件库中存有不合格的备件，否则备件库的管理人员负全部责任。
第 21 条　对于入库的备件，库管人员应及时登账，防止入库备件的漏记、错记。
第 22 条　备件库中的备件应分类整齐摆放，在每类备件的摆放位置应配备件卡，重要的备件要注意其保管环境，不得损坏备件的外包装。
第 23 条　备件管理库要做好防火、防盗、防潮、防霉、防锈等工作，库管人员应定期检查备件的保管情况，必要时应进行维护保养。
第 24 条　备件库的库管人员应定期清点库中的备件数量，并编制成备件库存报表，向有关人员反映备件的库存状况。
第 25 条　设备使用及维修人员领取备件时，库管人员应仔细核对领料凭证，对于重要的、精密的、价值高的备件，必须有部门经理的签字，必要时必须有主管副总的签字审批。
第 26 条　备件出库后，备件库管员应及时对出库的数量进行登记，防止漏记，保证库中的账物相符。
第 5 章　附　　则
第 27 条　本制度由企业管理办公室制定，其解释权、修改权归企业管理办公室所有。
第 28 条　本制度经总经理办公会议审议后，自下发之日起执行。
</td></tr>
</table>

编制人员		审核人员		批准人员	
编制日期		审核日期		批准日期	

8.2.2 设备备件管理流程

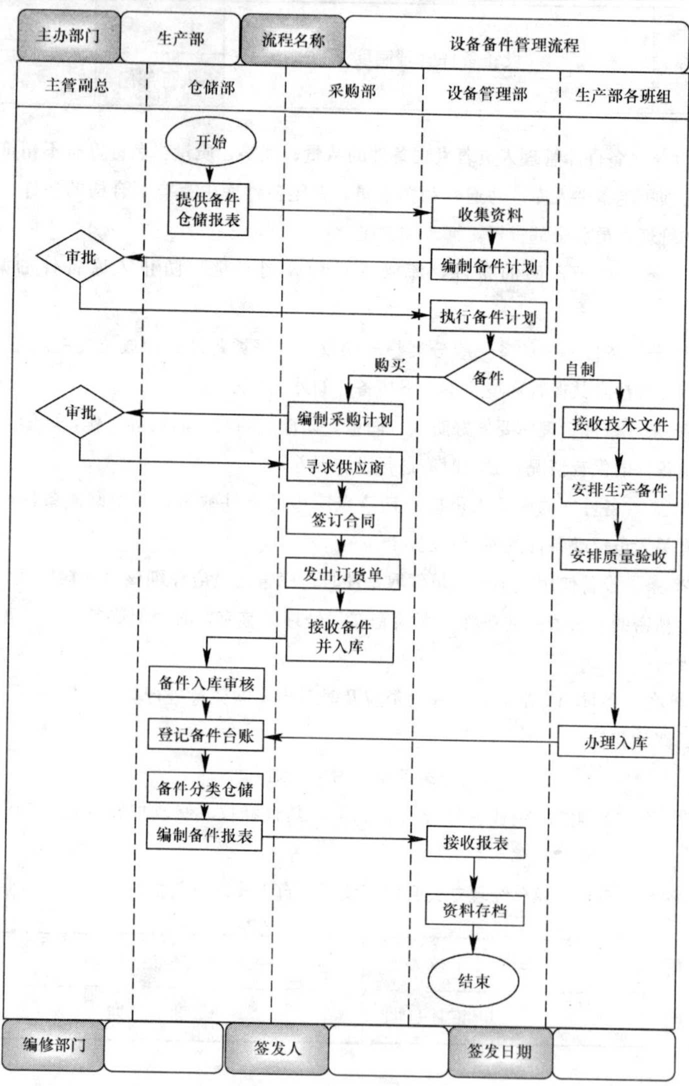

8.2.3　备件管理水平评价方案

方案名称	设备备件管理水平评价方案	编　　号	
		执行部门	

一、目的

制订本方案的具体目的如下：

1. 为了科学合理地评价设备备件的管理水平。
2. 为备件管理人员技能培训和绩效考核提供考核依据。
3. 促使设备备件管理人员不断提高管理能力。

二、适用范围

本方案适用于为企业设备备件管理人员。

三、人员职责

1. 设备部经理和人力资源部绩效考核人员具体负责设备备件管理水平的评价工作。
2. 备件主管、备件工程师和备件仓管员应如实提供各种账单、数据，积极配合评价人员的工作。

四、评价周期

设备备件管理水平评价为每年评价一次，具体评价时间为每年 12 月 20 日—12 月 30 日，如遇节假日，评价时间顺延。

五、评价指标

设备备件管理水平的评价指标包括备件经济指标、备件管理指标、备件仓库管理指标和备件循环利用管理指标四大类指标，其具体指标如下表所示。

设备备件管理水平评价指标一览表

评价指标		指标解释及计算公式
备件经济指标	备件储备资金金额	◆ 备件储备资金金额为考核期内全部备件平均储备资金总额 ◆ 其计算公式为：备件储备资金金额 $= \sum_{i=1}^{n} \frac{1}{2}(Q_{imax} + Q_{imin}) \cdot P_i$ 其中　Q_{imax}——备件 i 的最高储备量 Q_{imin}——备件 i 的最低储备量 P_i——备件 i 的单价 n——备件品种总数

续表

<table>
<tr><td>方案名称</td><td colspan="2">设备备件管理水平评价方案</td><td>编　号</td><td></td></tr>
<tr><td></td><td colspan="2"></td><td>执行部门</td><td></td></tr>
<tr><td colspan="2">评价指标</td><td colspan="3">指标解释及计算公式</td></tr>
<tr><td rowspan="3">备件经济指标</td><td>备件资金重置资产占用率</td><td colspan="3">◆备件资金重置资产占用率为考核期内备件平均储备资金占企业设备资产重置价值的比例
◆计算公式：$备件资金重置资产占用率=\frac{备件平均储备资金}{设备资产重置价值}\times 100\%$</td></tr>
<tr><td>备件消耗</td><td colspan="3">◆备件消耗率为考核期内备件消耗资金总额占本企业总生产成本的比例
◆计算公式：$备件消耗=\frac{备件消耗资金总额}{企业总生产成本}$</td></tr>
<tr><td>备件资金周转率</td><td colspan="3">◆备件资金周转率为年消耗备件费用与年均备件库存费用的比值，最大值为1
◆计算公式：$备件资金周转率=\frac{年消耗备件费用}{年均备件库存费用}\times 100\%$</td></tr>
<tr><td rowspan="2">备件管理指标</td><td>备件计划储备准确率</td><td colspan="3">◆备件计划储备准确率反映了备件储备计划的准确程度，同时还关注了计划外备件的利用数
◆计算公式：
$备件计划储备准确率=\frac{实际领用备件数-计划外领用备件数}{备件计划储备数}\times 100\%$</td></tr>
<tr><td>备件品种适用率</td><td colspan="3">◆备件品种适用率为考核期内需要的备件品种数占备件总储备品种数的比例
◆计算公式：
$备件品种适用率=\frac{年内需要的备件品种数}{年内储存的备件品种数}\times 100\%$</td></tr>
</table>

续表

方案名称	设备备件管理水平评价方案	编　　号	
		执行部门	

评价指标		指标解释及计算公式
备件仓库管理指标	可供储放面积率	◆可供储放面积率表明了可供储放面积和库区面积的关系，可判断库区内库位设置和通道规划是否合理 ◆计算公式：可供储放面积率$=\frac{\text{可供储放备件面积}}{\text{库区面积}}\times 100\%$
	库存周转率	◆库存周转率又称"仓储周转率"，反映了库存周转的速度 ◆计算公式：库存周转率$=\frac{\text{备件使用数量}}{\text{备件库存数量}}\times 100\%$
备件循环利用管理指标	备件修复率	◆备件修复率是考核期内经过修复的备件折算金额占本期消耗备件总金额的比例 ◆计算公式： 备件修复率$=\frac{\text{本期修复备件折算金额（元）}}{\text{本期消耗备件总金额（元）}}\times 100\%$
	备件修旧利废奖金提取额	◆备件修旧利废奖金提取额是为了鼓励企业加强备件的循环使用而设立的奖励资金提取方式 ◆计算公式： 备件修旧利废奖金提取额$=\frac{\text{（评估价}-\text{修复费）}\times\text{修复费}}{\text{备件原值}\times K}$，其中，$K$为修正系数，备件外委修复时，取$K=6$,；备件由企业内部修复时，$K=4$

六、评价标准

1. 评价人员应分别准确计算上述各指标结果，备件工程师和备件仓管员应如实提供各种数据，积极配合各指标的计算工作。

2. 为了使评价结果客观、公正、具体，本评价以量化评分形式进行。

3. 评分总分为100分，四个评价方面的10个指标分值均为10分，具体评分标准如下表所示。

续表

方案名称	设备备件管理水平评价方案	编　　号	
		执行部门	

设备备件管理水平评分标准

指标		评价标准	分值	得分
备件经济指标	备件储备资金金额	◆目标金额为____元，低于目标金额得满分 ◆每降低____元，加__分，最高可加__分 ◆每高出____元，减__分；高出__元，不得分	10	
	备件资金重置资产占用率	◆目标值为____%，低于目标值得满分 ◆每高出__个百分点，减__分 ◆高出__个百分点，不得分	10	
	备件消耗	◆目标值为____，低于目标值得满分 ◆每高出____，减__分 ◆高出____，不得分	10	
	备件资金周转率	◆目标值为____，高于目标值得满分 ◆每提高____，加__分，最高可加__分 ◆每降低____，减__分；低于____，不得分	10	
备件管理指标	备件计划储备准确率	◆目标值为____%，高于目标值得满分 ◆每降低__个百分点，减__分 ◆低于____%，不得分	10	

续表

<table>
<tr><td>方案名称</td><td>设备备件管理水平评价方案</td><td>编　　号</td><td></td></tr>
<tr><td></td><td></td><td>执行部门</td><td></td></tr>
</table>

设备备件管理水平评分标准

指标		评价标准	分值	得分
备件管理指标	备件品种适用率	◆目标值为____%，高于目标值得满分 ◆每降低__个百分点，减__分 ◆低于____%，不得分	10	
备件仓库管理指标	可供储放面积率	◆目标值为____%，高于目标值得满分 ◆每降低__个百分点，减__分 ◆低于____%，不得分	10	
	库存周转率	◆目标值为____%，高于目标值得满分 ◆每降低__个百分点，减__分 ◆低于____%，不得分	10	
备件循环利用管理指标	备件修复率	◆目标值为____%，高于目标值得满分 ◆每降低__个百分点，减__分 ◆低于____%，不得分	10	
	备件修旧利废奖金提取额	◆目标金额为______元，高于目标金额得满分 ◆每增加____ 元，加__分，最高可加__分 ◆每降低____ 元，减__分；低于______元，不得分	10	
合计			100	

续表

<table>
<tr><td rowspan="2">方案名称</td><td rowspan="2">设备备件管理水平评价方案</td><td>编　　号</td><td></td></tr>
<tr><td>执行部门</td><td></td></tr>
</table>

4. 依据各指标的计算结果及上述评分标准，评价人员应准确核算出备件管理人员的评分总和。

七、评分等级划分

1. 根据设备备件管理水平的评分结果，可分为优秀、良好、一般、不合格 4 个等级，具体划分标准如下表所示。

评价等级划分标准

评分分值	85 分以上	70～85 分	60～70 分	60 分以下
评价等级	优秀	良好	一般	不合格

2. 评价人员应根据评分结果和上述等级标准，确认考核对象的评价等级。

3. 评价人员应将评价结果上报有关领导，经领导审批后，正式确认设备备件管理水平的评价结果。

八、评价结果运用

1. 评价结束后____日内，设备部经理应向备件主管反馈评价结果，并就评价结果与其进行面谈。

2. 备件主管如对评价结果有异议，可在接到评价结果后 5 个工作日内，向人力资源部门书面提出申诉。人力资源部门人员应及时对考核情况进行调查和处理。

3. 人力资源部门应根据评价结果情况，对考核对象的奖金发放、人事调动等问题做出决定。

编制人员		审核人员		批准人员	
编制日期		审核日期		批准日期	

第9章　设备伤害及预防管理

9.1　设备安全管理

9.1.1　设备安全管理体系

设备安全是机械制造类企业设备管理工作中极其重要的内容。企业自总经理到生产班组长，乃至设备操作人员都应提高对设备安全的意识，积极建立设备安全管理体系。

生产班组长应详细了解设备安全管理体系在企业各生产环节的内容，并积极配合相关部门人员将设备的各个方面有机结合起来，建立事故预防体系，为企业安全生产奠定良好的基础，提高企业工作效率和经济效益。

设备安全管理体系主要通过确定设备安全管理的总原则，建立设备安全管理相关制度规范，进行设备安全管理工作的责任分工，以及涉及安全应急方案等工作环节建立起来的。

1. 确定设备安全管理原则

生产班组长应明确生产现场设备安全管理的总原则是“安全第一，预防为主”，该原则同时也是生产现场设备安全的管理策略。

2. 制定设备安全管理制度

生产班组长应组织设备维护人员根据生产、设备老化等因素的变化，以及设备事故历史资料等，制定设备安检、维修和保养等制度规范，并根据实际情况及时进行修改，上报批准后执行。

3. 制定岗位安全工作标准

生产班组长应制定的生产现场各岗位和操作的设备的安全管理职责，明确各岗位安全管理职责以及安全作业规范。尤其对设备操作人员，应提出严格的安全操作标准。

4. 设备伤害和事故的安全应急方案

对于生产现场可能会发生设备伤害或事故等情况，生产班组长应提前制定设备伤害和事故的预防和应急措施，并编制书面应急处理方案，经生产经理审批通过后，组织相关人员进行学习。

5. 设备安全管理记录管理

建立设备技术安全管理档案，记载设备安装、调试、运行、维修、更新改造、报废等一系列使用环节中的安全管理情况。各环节的安全责任人应详细、如实地填写规定的安全管理表格或图表，负责人和主管领导签名确认，建档保存。

9.1.2 设备安全操作管理

生产班组长应严格要求相关人员的设备安全操作标准，保证设备操作人员的人身安全和企业的正常生产活动。

设备安全操作不仅可以保持设备良好的技术状态，防止发生非正常磨损和突发性故障，同时还可延长设备使用寿命，提高设备使用率，从而保障设备的安全运行，提高企业的经济效益。

1. 设备安全操作要求

因设备类型和运行机制不同，设备操作方法因机制宜，但设备操作的基本内容大同小异，因此对生产现场设备的基本操作做出以下安全要求：

（1）作业场地的地面和周围环境应能保证机械安全工作，进入作业地点的道路应能保证机械安全通过，必要时应加以修整或采取必要的安全措施。

（2）新设备投产前，需要对其进行安全检查，先空车运转，确认正常后再投入运行。

（3）启动设备时，操作人员必须先发出启动设备的警告信号，然后按照设备规定的动作程序进行操作。

（4）设备在开启和运行过程中要严格监视周围环境，注意前后工序的衔接与配合，注意设备仪表指示的变化。

（5）在关键设备的要害岗位实行两人操作确认制度，即一人操作、一人在旁监护，避免出现操作失误，导致重大人身和设备事故的发生。

（6）生产班组长应科学分配设备生产任务，不得超载、超重、超压、超速使用设备，设备操作人员不得擅离工作岗位。对于多人操作的设备，设备操作人员应严格按照作业指挥的指令进行操作。

（7）设备区域内人员应严格按照现场安全标志，佩戴安全防护用具。

（8）生产现场人员应严格遵守设备“四定”原则，非设备定员人员不得擅自进入设备运行区域和接触设备，设备定员操作人员离开岗位时应切断设备电源，发现设备异常和故障时，应由设备定员维修人员或专业维修人员处理。

2. 设备安全操作的注意事项

（1）注意对设备异常的观察。在设备运转过程中，设备操作和相关管理人员要注意用眼看、耳听、鼻闻等方法对设备进行观察，并随时注意设备的仪表指示、起吊信号和标志等是否出现。

在设备启动或运行过程中，发现异常情况时，为保证人身和设备安全，操作人员必须立即切断电源，并通知维修人员进行维修。

（2）设备操作中的禁止事项。设备在转动运行时，为保证人员和设备安全，严禁操作人员进行以下操作：

1）用手拿布清扫轴或轴头转动的部分，向转动轮结合处浇抹润滑油。

2）取下或停用安全装置及设施，进行安装、拆卸以及修理等工作。

9.1.3　设备安全检查维护

1. 设备检查维护的安全管理内容

设备安全检查维护的目的是消除设备故障和安全隐患，确保设备安全运行、安全装置灵敏可靠。企业进行设备安全检查维护一般采用三级保养制、点检制以及全面生产维修制结合的安全管理方式，保证设备的安全生产。

生产班组长在进行设备安全检查维护时，可在全面生产维修制的基础上，采用三级保养与大修组合、三级保养与小修和大修组合，以及三级保养与小修、中修和大修组合等多种组合方式，保证设备安全检查维护的科学性和有效性。

2. 设备检查维护的安全管理要求

（1）设备日常维护检修安全要求：

1）设备操作人员应在设备运行前后，按规定的部位和规定的范围内容，认真做好日常维护工作，发现异常时，应立即停车通知检修人员。

2）对环境有特殊要求（恒温、恒湿、防振、防尘）的设备，设备维护人员应保证同时对设备和相应环境设施装置进行日常或定期维护，避免设备因环境原因出现故障和危险。

3）精、大、稀、关键设备在日常维护中一般不允许拆卸，必须时应由专职修理或技术人员进行操作，避免因零件异常原因发生设备事故。

（2）设备定期维护检修安全要求：

1）班组长制定科学的定期检查维护计划和方案，制定设备检查维护工作各岗位的安全作业标准，降低因相关作业人员因作业不规范出现设备事故的风险。

2）相关作业人员应按照全面生产维修制度的要求全面、彻底地对设备进行检查、维修和保养，保证定期维修检查工作的效果，保证设备的安全运行。

3）对于长期停用的设备，作业人员应定期进行擦拭、润滑、空运转，避免因设备停放造成关键零部件老化损坏，再次启用时出现设备事故。

（3）设备检查维护材料的安全要求：

1）设备备件和专用工具应有专用柜架搁置，保持清洁，妥善保管，不得损坏，不得外借和丢失。

2）设备润滑油料、擦拭材料以及清洗剂必须严格按说明书的规定使用，不得随意代用，尤其是润滑油和液压油，必须经化验合格才能使用，在加入油箱前必须进行过滤。

9.1.4　设备安全教育宣传

设备安全教育宣传工作的主要途径包括安全意识教育、安全技术培训，以及设备事故说明会（总结会）等，以达到设备安全意识的宣传、普及、深化的目的。

1. 安全意识教育

安全意识教育主要通过培训，使设备相关操作和维护人员了解设备危险伤害的破坏力，懂得危险设备和区域以及安全技术防护的基本知识和注意事项，并对操作人员及维修人员提出工作时必须思想集中、严守岗位、遵守劳动纪律等工作态度要求。

2. 安全技术培训

生产班组长应积极组织加强对设备操作、维护及管理人员的安全技能的培训，使上述人员满足企业安全生产和设备安全管理的相关要求。具体要求内容如下：

（1）具备安全生产技能。设备操作人员及维修人员通过安全技术培训必须熟知所负责设备的机械原理、构造及有关安全生产知识，并具备能够在生产现场进行安全作业实践的能力。

（2）满足设备作业岗位上岗资质。作业人员必须经过安全技术培训考核，并取得操作合格证后方能单独操作。

（3）具有良好的安全操作意识。设备作业人员应明确认识到作业中的安全操作注意事项，自发地按照设备安全操作标准、设备操作规程进行作业。如设备未停止运转，不得对设备进行保养和维修；在设备运转前必须检查各部位状态，尤其是设备安全防护装置以及安全指示装置是否正常，确认良好后才能启动设备等。

3. 安全事故说明会

当生产现场发生设备安全事故后，生产班组长应注意及时召开班组安全事故说明会，向所有员工通报安全事故原因、安全事故伤亡及损失情况以及责任人处罚措施，深化相关人员事故危害意识，总结设备安全管理经验，强化设备安全管理要点。

9.1.5 设备安全事故管理

设备安全事故的管理工作主要包括事故应急处理、事故原因调查、责任追究等内容，生产班组长应积极配合企业相关部门建立设备事故处理机制和相关管理制度，以及设备事故应急预案，提高设备事故处理效率，减少企业损失。

1. 建立设备事故处理机制

（1）明确事故处理主体。企业应首先对设备事故按照事故危害和损失大小进行分级，并根据不同等级事故对企业的影响大小，确定由生产班组、设备部或专门事故处理小组等不同的设备事故处理主体。

（2）明确事故安全管理原则。事故处理人员应本着“事故原因分析不清不放过”“事故责任者和相关员工没有受到教育不放过”“没有采取切实可行的防范措施不放过”这“三不放过”原则进行事故调查、分析和处理，找出事故原因，查明责任并确定改进措施。

（3）制定设备事故处理流程。企业应根据国家颁布的生产安全事故相关管理制度和规范，制定先救人、再救物的设备事故处理流程，设备事故处理主体应严格按照此制度，指挥事故现场应急、救护以及事后处理事宜，保证企业所受损失在可控范围内。

2. 建立设备事故安全责任制度

明确设备操作、维修人员以及相关管理人员的安全管理职责，当进行事故调查处理时，相关人员确定事故原因即可判断出直接责任人及连带责任人，避免出现徇私舞弊的现象。

3. 制定设备事故应急预案

根据不同设备事故的发生原因、危险形式、危害大小以及设备事故救护方法等均不相同，企业应充分收集和分析相关设备事故及设备安全记录和资料，总结设备事故处理经验，明确设备事故基本应急救护工作流程，并根据设备事故伤害类型制定设备事故应急预案。

9.2　设备伤害管理

9.2.1　设备伤害的种类

设备类型也是多种多样，由许多零部件构成的，其中有的零部件是固定不动的，有的零部件是高速运转的，设备情况各有不同，但是相同的是，即使是设计极简单的设备在运转过程中也具有一定危险性。根据对设备事故资料的总结、归纳，可将设备伤害种类分为电流伤害和机械伤害两种。

1. 设备电流伤害

(1) 设备电流伤害的具体表现。设备电流伤害的主要表现为电击和电伤两种。因人体所能承受的最高电压仅为 36 V，故当设备操作人员受到设备电流伤害时，造成的后果往往非常严重，设备电流伤害的具体情况和表现如图 9—1 所示。

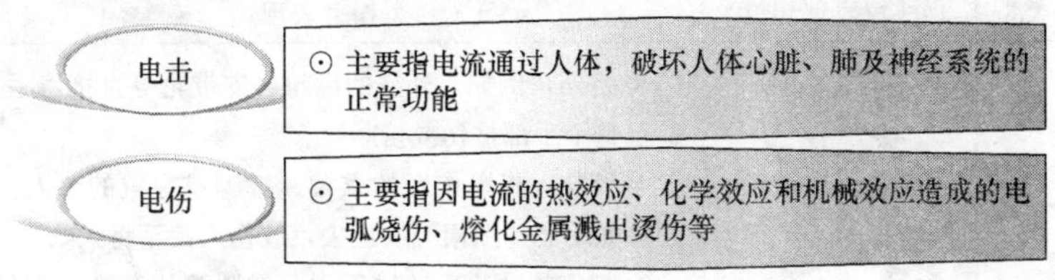

图 9—1　设备电流伤害的两种类型

(2) 设备电流伤害的原因。设备电流伤害主要以电击为主，其发生的主要原因见图 9—2。

2. 设备机械伤害

设备机械伤害是指相关人员由于设备相关零部件因能量的不同表现形式，造成割伤、绞伤等外伤，甚至身亡的情况。设备机械伤害是设备伤害的最普遍形式。

原因1	◎ 触电伤员违规操作或忽视安全提示，在未装备安全护件的情况下，私自乱摸、乱动设备带电部件而触电
原因2	◎ 设备电气系统部件由于绝缘措施未做到位，使不应带电的设备外壳带电，从而使设备操作者触电
原因3	◎ 设备开关、电线等缺乏漏电防护装置或遭到破坏，使设备某些元件带电，造成设备操作人员进行操作时触电
原因4	◎ 设备维护、检修工作疏忽，造成设备遗留安全隐患，造成相关人员触电或电伤

图 9—2　设备电流伤害的原因

（1）设备机械伤害的具体表现。设备机械伤害，根据设备类型不同，伤害表现也不同的特点，其伤害的具体表现见表 9—1。

表 9—1　　设备机械伤害的具体表现

设备类型	危险/表现部位	伤害表现
传动设备	齿轮、皮带轮、圆锯片等	◎挤伤，例如，外露的齿轮、皮带轮等直接将手指，甚至整个手部挤伤或挤断 ◎绞伤，将操作者的衣袖、裤脚或穿戴的个人防护用品如手套、围裙等绞进去，绞伤人甚至将人绞死 ◎割伤，设备运转过程中，如圆锯片等锋利部位高速运转情况下割伤人，极易造成大量失血或截肢危险
起重设备	轴承、重物	◎压伤，钢筋切断机可能造成手部冲压伤 ◎砸伤，如有零部件掉下来，就可能造成死伤事故 ◎挤伤，零部件在做直线运动时，将人员身体挤住，造成伤害
压力设备	管道或主体承压部位	◎爆炸，设备压力过大时，可能造成设备主体或主要管道爆炸，造成后果的严重程度视爆炸威力大小

(2) 设备机械伤害的原因。设备机械伤害分为因人员违规操作的直接原因以及因设备设计和现场安全管理缺陷等的间接原因。

1) 设备机械伤害的主要直接原因如图 9—3 所示。

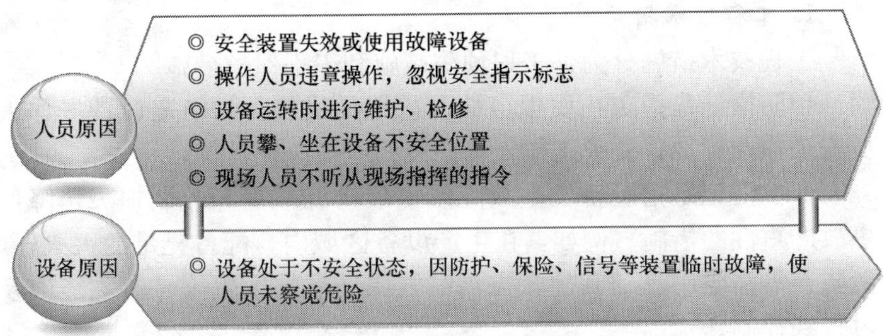

图 9—3 设备机械伤害直接原因

2) 设备机械伤害的主要间接原因如图 9—4 所示。

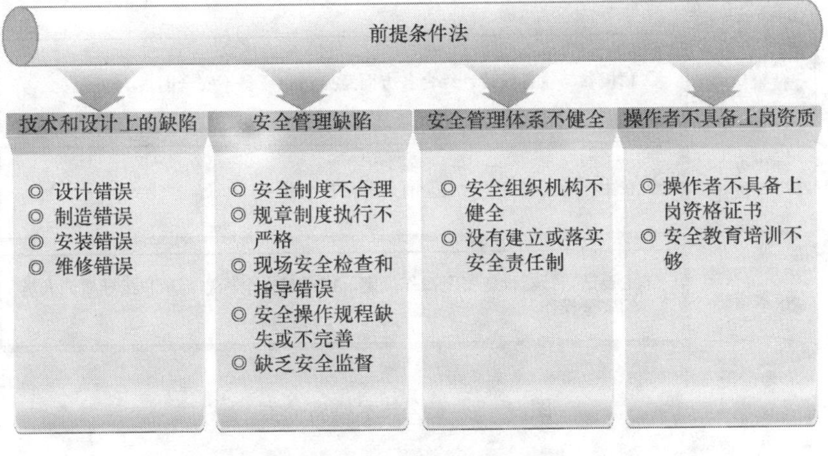

图 9—4 设备机械伤害间接原因

9.2.2 设备伤害的预防

生产班组长开展设备伤害预防工作前，应首先了解设备伤害产生的原因，然后根据各类设备伤害事故的原因制定恰当的预防措施。设备伤害预防措施主要包括工程技术措施和安全技术措施以及事故后整改措施 3 种手段。

1. 工程技术措施

工程技术措施分为：工程预防措施和工程保护措施。

预防措施是指防止发生事故所采取的措施，如指定设备操作人员安全作业标准，要求工作人员佩戴相应安全护具等。

保护措施是指设备发生故障或事故时能减少和控制损失，降低事故严重性的措施。例如，在生产设备区域内，配备充足的灭火器、消防斧等消防用具和其他救灾用品，保证事故发生第一时刻能够及时得到控制。

2. 安全技术措施

安全技术措施分为直接、间接和指示性安全技术措施三类，其具体内容如图 9—5 所示。

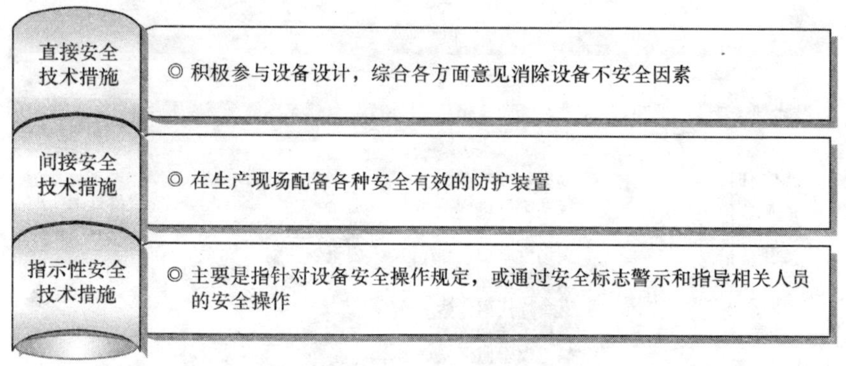

图 9—5　安全技术措施分类

其中，指示性安全技术措施所指安全标志分为安全标志颜色和安全标志两项内容。安全标识颜色主要包括红、黄、蓝、绿、白、黑六种颜色，不同颜色和组合有不同的安全管理含义，具体颜色和含义如图 9—6 所示。

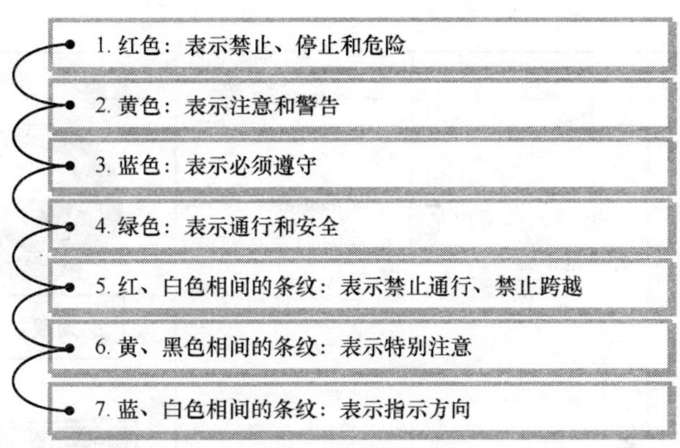

图 9—6　安全标志颜色含义

安全标志中，安全标志又分为禁止标志、警告标志、指令标志以及提示标志 4 种，其具体内容见表 9—2。

表 9—2　　安全标志类型及含义

安全标志类型	安全标志含义	安全标志形象	图形示例
禁止标志	禁止不安全行为的图形标志	圆环和斜杠为红色，图形符号为黑色，衬底为白色	禁止吸烟 No smoking
警告标志	提醒人员对周围环境的注意	三角形边框，图形为黑色，衬底为黄色	有电高压危险

续表

安全标志类型	安全标志含义	安全标志形象	图形示例
指令标志	强制人员采用某种防范措施	圆形边框，图形符号为白色，衬底为蓝色	必须戴安全帽
提示标志	向人员提供某种信息	正方形边框，图形符号为白色，衬底为绿色	紧急出口

3. 事故后整改措施

生产班组长在发生设备事故后应综合分析设备伤害事故的发生原因，首先从直接原因入手，逐步深入间接原因，并在掌握全部原因的基础上分清主次，逐项进行安全措施整改，并严格监督整改措施的落实情况，防止事故再次发生。

生产班组长通过对设备伤害事故进行总结，准备生产班组成员的教育培训教材，在事故发生后尽快安排事故说明会以及安全教育课程，防止事故再次发生。

9.2.3 设备伤害的预案

生产班组长应针对设备伤害制定预案，以保证生产现场发生设备伤害情况时，能够快速、有序地进行事故处理。生产班组长应仔细分析设备伤害事故历史资料，对历史设备伤害事故处理工作进行总结，明确设备伤害管理重点。

设备伤害的应急预案可根据设备伤害的人员伤亡情况进行分类制定，具体内容如下。

1. 轻伤事故的应急预案

生产班组长应注意，不能因设备事故人员伤情不严重，而忽视对其伤口的处理，这样极易造成伤员因伤口感染或对伤情判断错误，伤员医治延误甚至死亡情况的出现。因此，轻伤事故的处理流程应严格按照以下3个步骤进行：

（1）发现事故时，现场管理。生产班组长在生产设备伤害事故发生时，应及时将事故情况及时上报，并立即指挥现场人员关闭运转设备，视情况关闭现场电源。对于危险设备应设置安全隔离区，留下专人保护现场，防止设备造成其他人员受伤。

（2）现场急救。生产班组长应及时组织人员将伤者搬运至安全地点，并要求现场具有急救经验或技术的人员或企业配备的专业医护人员对其进行消毒、止血、包扎、止痛等临时措施。

（3）送至医院。在对伤者完成现场急救后，应尽快将其送至医院，进行防感染和防破伤风处理，并进行深度检查和医治，防止伤员具有隐性伤害未被发现。

2. 重伤事故的应急预案

重伤事故因可能涉及人员伤亡，生产班组长需听从上级领导指挥进行伤员救治，重伤事故的应急预案内容如下：

（1）事故上报和现场管理。生产班组长在生产设备伤害事故发生时，及时向现场应急指挥小组及有关部门汇报，并通知伤员家属。立即关闭运转设备，并保护现场，由相关部门接手事故抢救管理工作。

（2）伤员急救管理。生产班组在应急指挥部门赶赴现场时，立即组织具有急救经验或技术的人员或企业配备的专业医护人员对伤者进行包扎、止血、止痛、消毒、固定等临时措施，防止伤情恶化。

（3）等待过程中的伤员护理。生产班组长应组织人员迅速拨打120急救电话或送至附近医院，如有断肢情况发生，应将断肢进行妥善处理后一同送至医院。

断肢应及时用干净毛巾、手绢、布片包好，放在无裂纹的塑料袋或胶皮袋内，袋口扎紧，保持密封，并对断肢进行降温处理。

（4）等待过程中相关事务处理。因重伤员医疗费用较高，生产班组长应及时向相关部门领导请示，由企业先行垫付相关医疗费用，并由生产班组长出面到财务部领取资金。

（5）后续管理。生产班组长在将伤员送至医院进行救治后，应随时向上级领导反映伤员情况，当伤员情况稳定后，应安排专人继续看护伤员。生产班组长返回企业后，及时汇报事故情况，并配合相关部门进行事故调查和处理。

9.2.4 设备伤害的救护

生产班组长应根据设备伤害的不同种类，详细了解设备伤害的基本救护方法和步骤，以提高伤员救治效率和生存率。

不同设备伤害造成的设备伤害表现不同，造成伤员可能出现昏迷休克、出血、骨折等不同情况，各情况救护方法如下：

1. 出血救护方法

设备伤害造成出血，主要是全身软组织损伤出血，其现场止血救护主要包括图 9—7 所示的 6 种方法。

2. 骨折救护方法

生产现场出现伤员骨折的情况，生产班组长应及时通知企业医护人员对其进行伤骨固定，现场进行救治时，应注意图 9—8 所示的三项内容。

骨折救治时，应现场取材选用木板、木条、木棒、毛巾、皮带等现场常用生产材料和工具，在骨突部位或变形部位用衣物衬垫后，进行捆绑固定。

对于脊椎骨折伤者的搬运处理，应将伤者放于木板或其他平整物体上牵引搬运，并且在搬运过程中应保持中立位，头颈两侧用衣服或其他物体垫护，避免头部歪向一侧以致出现二次损伤。

3. 昏迷、休克救护方法

设备电流伤害和设备机械伤害均有可能造成伤者出现休克、昏迷状况，以设备电流伤害出现此情况为主。

加压包扎法

◎ 用于小静脉和毛细血管出血，如井下可用毛巾直接捆住出血部位，以减少出血

缚带止血法

◎ 可用橡皮管、毛巾等缚住伤口上方，切忌用绳索、铁丝、雷管线、以免缚住过久造成远端缺血坏死或损伤

加垫止血法

◎ 主要用于前臂、手和小腿。足的出血方法是将棉垫或布块垫放在肘窝或腘窝部，使肘关节或膝关节尽量屈曲，并做8字形包扎

填充止血法

◎ 如软组织损伤局部缺损，尽量找干净的棉垫或纱布，毛巾填充缺损处，然后包扎即可

直接指压法

◎ 如现场没有毛巾、纱布，救护人员可对手部消毒后，直接用手按压出血部位

间接指压法

◎ 用手指按压伤口近端或伤口近端血管搏动处

图 9—7　现场止血救护方法

现场骨折救护注意事项

1. 固定断骨的材料可就地取材，如棍、树枝、木板、拐杖、硬纸板等都可作为固定材料，长短要以能固定住骨折处上下两个关节或不使断骨错动为准

2. 脊柱骨折或颈部骨折时，除非是特殊情况如室内失火，否则不宜挪动伤者，应让伤者留在原地，等待携有医疗器材的医护人员来搬动

3. 抬运伤者，从地上抬起时，要多人同时缓缓用力平托

4. 运送时，必须用木板或硬材料，不能用布担架或绳床；木板上可垫棉被，但不能用枕头，颈椎骨骨折伤者的头须放正，两旁用沙袋将头夹住，不能让头随便晃动

图 9—8　现场骨折救护注意事项

（1）设备电流致昏迷、休克的救治。设备电流伤害事故的伤者主要会表现为呼吸中断、心脏停止跳动等征象，外表上呈现昏迷不醒的状态。现场救护时主要采用人工呼吸法和胸外心脏按压法，具体情况如图 9—9 所示。

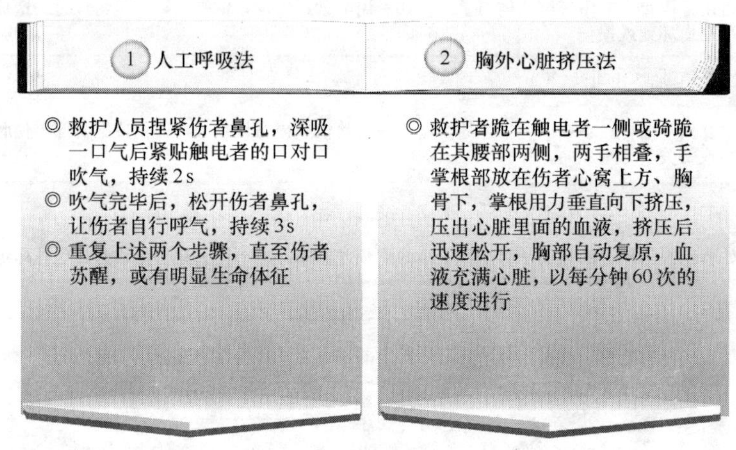

图 9—9 设备电流致昏迷、休克救治方法

当伤者出现呼吸和心脏跳动均停止的情况，应同时进行人工呼吸和胸外挤压，如现场仅一人抢救，可以两种方法交替使用，每吹气 2～3 次，再挤压 10～15 次。

（2）设备机械伤害致昏迷、休克的救治。生产现场设备机械伤害致昏迷、休克的原因主要为外伤、剧痛、脑脊髓损伤等。生产班组长组织现场就只是应避免对伤者脊柱和脑部的二次伤害，让休克者平卧，使其腿部抬高 30°左右，保持脚高头低的姿势，并通过鼻导管或面罩给氧，保持呼吸道畅通和脑部供血。

若伤者属于心源性休克同时伴有心力衰竭、气急，不能平卧时，可采用半卧，注意保暖和安静，尽量不要搬动，如必须搬动时，动作要轻。

9.3　设备伤害及预防实务

9.3.1　设备安全操作规程

<table>
<tr><td rowspan="2">制度名称</td><td rowspan="2">设备安全操作规程</td><td>编　　号</td><td></td></tr>
<tr><td>执行部门</td><td></td></tr>
<tr><td colspan="4">
第1章　总　　则
第1条　目的。
为保证生产现场设备操作人员的生命安全，保证生产活动的顺利进行，防范操作事故的发生，特制定本规程。
第2条　适用范围。
本规程适用于生产现场设备操作及管理工作。
第2章　设备安全操作程序
第3条　操作前准备工作。
1. 设备操作人员凭证上岗，新上岗的操作人员或者未取得操作证的人员必须经生产班组长同意，在持证者的指导下作业。
2. 设备运行前必须按照规程进行安全检查。
3. 生产线设备和集体操作设备应熟练掌握开启前的联络方法和联络内容。
4. 设备操作人员进行试操作时，必须观察上下工序和设备区域内是否有多余人员和物件。
第4条　设备操作顺序。
1. 开机前先发出设备开启警告信号。
2. 按照规程规定的顺序进行操作。
3. 在设备启动和运行过程中，观察其是否存在不正常的现象。
4. 操作完成后要按规定进行擦拭、注油，保持设备处于良好状态。
第3章　设备安全操作要求
第5条　生产班组长应对所有设备制定安全操作标准、安全技术标准以及维修保养计划等，并制定生产现场安全管理制度，要求现场工作人员贯彻执行。
第6条　各种设备的安装、调试、运行和维修都必须符合国家颁布的相关安全管理要求。
第7条　各种起重压力设备的施压部分以及其他类型设备对人体可能造成伤害的部位都应设有相应的安全防护装置，具体要求如下：
</td></tr>
</table>

续表

<table>
<tr><td rowspan="2">制度名称</td><td rowspan="2">设备安全操作规程</td><td>编　　号</td><td></td></tr>
<tr><td>执行部门</td><td></td></tr>
<tr><td colspan="4">

1. 传动带、明齿轮、砂轮、圆锯片，接近地面的联轴节、转轴、皮带和飞轮等危险部分应该安装安全装置。

2. 生产班组长应落实各安全装置设备运行时是否起到相应作用。

第 8 条　高于地面 2 m 以上的开关装置、闸板和附属设备应设宽度为 0.6 m 以上的走台，走台上应有高 1 m 以上的坚固可靠的栏杆。

第 9 条　使用的活门及其他所有计量仪器均应设置在照明充足的适宜地点，以便操作、观察和检修。

第 10 条　使用的活门及其他调整装置要便于操作和管理，反扣活门或经常关闭的活门和闸板应挂上明显的标志。

第 11 条　非本设备、本岗位操作人员未经允许或没有相关操作人员的指导不得操作本机。

第 12 条　任何人不得随意拆卸或者放宽设备安全保护装置。

第 13 条　任何人不得改变设备的内、外部结构。

第 14 条　设备操作的关键岗位实行双人操作确认制，即一人负责，一人在旁边监护，避免因操作失误造成重大伤害。

第 15 条　严格遵守交接班制度，设备操作人员应详细填制交接班记录，并向接班人员交代本班的设备运行状况和尚未处理的设备故障内容。

第 16 条　在设备运行中发生的设备故障，本班可以处理的，必须由生产班组长及时组织维修人员进行处理，处理不完的交代下一生产班组继续维修。

第 17 条　设备的运行部位或运载区域内的检修必须在停机后，设备处于完全静止状态时进行。

第 18 条　设备在开启和运行过程中，设备操作和管理人员要严格监视环境，注意前后工序的衔接与配合，注意设备仪表指示的变化。

第 19 条　新安装的设备投产前必须进行空转，合格后方能带负荷试运行。

第 4 章　附　　则

第 20 条　本规程由设备部制定，其解释权、修改权归设备部所有。

第 21 条　本规程经总经理审批通过后，自下发之日起执行。

</td></tr>
</table>

编制人员		审核人员		批准人员	
编制日期		审核日期		批准日期	

9.3.2 设备事故应急制度

<table>
<tr><td rowspan="2">制度名称</td><td rowspan="2">设备事故应急制度</td><td>编　号</td><td></td></tr>
<tr><td>执行部门</td><td></td></tr>
</table>

第1章　总　　则

第1条　目的

为了建立设备事故应急救援机制，充分发挥设备事故应急救援组织的积极作用，提高其救援水平和能力，确保设备发生事故时能够迅速、准确、有效地组织抢修、救援和事故处理，防止事故进一步蔓延扩大，最大限度地减少经济损失，特制定本制度。

第2条　适用范围

本制度适用于企业二级及以上各类设备事故。

第3条　设备事故界定及分类

设备事故是指由于使用、维修、管理不当等原因造成设备非正常损坏的事件。设备事故按照其直接经济损失和对企业生产造成的影响，分为一级、二级、三级设备事故，具体分类情况如下：

1. 一级设备事故：设备直接经济损失为3 000～10 000元，或因损坏造成停工1～10天。

2. 二级设备事故：设备直接经济损失为10 001～30 000元，或因损坏造成停工11～20天。

3. 三级设备事故：设备直接经济损失为30 000元以上，或因损坏造成停工21～30天。

第2章　设备事故应急管理责任分工

第4条　成立应急救援指挥组

生产现场发生设备事故后，相关人员应及时上报事故情况，达到二级及以上事故的，企业应立即成立应急救援指挥组，由设备部经理担任总指挥，生产部经理担任副总指挥。

第5条　设备部职责

1. 负责对发生事故的设备数量、规格、型号进行确认及抢修物资材料的准备。

2. 负责设备事故现场应急预案的编写工作。

3. 负责事故备品清册的编制。

4. 负责设备事故抢修人员的组织、事故应急预案规定的演练培训。

第6条　生产班组职责

1. 负责设备事故抢修过程中的技术支持，并协助采购部加强与各设备制造厂家及试验单位的联系和沟通，协调解决抢修过程中遇到的技术难题。

续表

<table>
<tr><td rowspan="2">制度名称</td><td rowspan="2">设备事故应急制度</td><td>编　　号</td><td></td></tr>
<tr><td>执行部门</td><td></td></tr>
<tr><td colspan="4">2. 负责对现场应急预案的审核。
3. 负责设备事故的应急指挥。
4. 编制抢修计划，协调各方关系，保证抢修工作的顺利进行。
第 7 条　安全部职责
1. 负责设备事故应急救援现场的安全工作，确保抢险过程中的相关人员的人身安全。
2. 负责督促各部门做好设备事故现场应急预案的编写，以及事故抢修过程中安全措施的监督检查。
3. 对现场应急预案编写工作进行检查和指导，并监督各车间应急预案的培训和演练。
第 8 条　行政部职责
1. 负责受伤人员的现场救护，加强与有关医疗机构的联系，做好受伤人员的治疗和抢救，保证受伤人员及时得到救治。
2. 在抢险救援过程中，负责向抢险救援人员提供医疗服务，确保抢险救援人员的身体健康。
3. 在抢修过程中，负责抢险救援人员的食宿安排和生活保障工作，确保抢险救援人员后勤保障。
第 3 章　设备事故应急救援程序
第 9 条　事故预警和报告
当设备操作人员发现重大设备缺陷时，应立即报告部门负责人，部门负责人立即向应急指挥部门报警。
第 10 条　事故受理
应急指挥部门接到突发设备事故预警时，应做好突发事件的详细情况和联系方式等方面的记录。
第 11 条　确定设备事故级别
应急指挥部门接到突发设备事故报警后，应立即根据设备事故报警的详细信息，对警情做出判断，依据本厂设备事故分级标准确定相应的级别。
第 12 条　应急程序启动
确定设备事故级别后，应急指挥部门按所确定的设备事故级别启动应急程序，如通知应急指挥部门有关人员到位、启用信息与通信网络、调配救援所需的应急资源（包括各应急救援小组和物资、装备等）、派出现场指挥协调人员等。</td></tr>
</table>

续表

<table>
<tr><td>制度名称</td><td colspan="3" rowspan="2">设备事故应急制度</td><td>编　号</td><td></td></tr>
<tr><td></td><td>执行部门</td><td></td></tr>
<tr><td colspan="6">第 13 条　应急救援
应急救援小组进入设备事故现场，积极开展人员救助、抢险等有关应急救援工作。当事态仍无法得到有效控制时，应立即向上级请求援助。
第 14 条　应急程序结束
救援行动结束后，进入应急恢复阶段，包括现场清理、人员清点撤离和受影响区域的连续监测等。确定无危险源后，由应急救援指挥组总指挥按照程序宣布应急结束。
第 4 章　附　　则
第 15 条　本制度由总经理办公室负责制定、解释和修改。
第 16 条　本制度自颁布之日起实施。</td></tr>
<tr><td>编制人员</td><td></td><td>审核人员</td><td></td><td>批准人员</td><td></td></tr>
<tr><td>编制日期</td><td></td><td>审核日期</td><td></td><td>批准日期</td><td></td></tr>
</table>

9.3.3　设备事故处理办法

<table>
<tr><td rowspan="2">制度名称</td><td rowspan="2">设备事故处理办法</td><td>编　号</td><td></td></tr>
<tr><td>执行部门</td><td></td></tr>
<tr><td colspan="4">第 1 章　总　　则
第 1 条　目的
为规范企业设备安全事故处理行为，加大对设备安全管理的力度，提高设备事故处理能力，特制定本办法。
第 2 条　适用范围
本办法适用于生产现场设备事故的管理工作。
第 3 条　处理原则
事故调查人员要按照“三不放过”原则进行事故调查和分析，找出事故原因，查明责任并确定改进措施，“三不放过”原则的具体内容如下：
1. 事故原因分析不清不放过。
2. 事故责任者和相关员工没有受到教育不放过。
3. 没有采取切实可行的防范措施不放过。</td></tr>
</table>

续表

<table>
<tr><td rowspan="2">制度名称</td><td rowspan="2">设备事故处理办法</td><td>编　号</td><td></td></tr>
<tr><td>执行部门</td><td></td></tr>
</table>

第 4 条　处理依据

一般性设备事故按照企业相关设备管理条例进行，恶性事故和伤亡事故的调查处理按国家颁布的《企业职工伤亡事故调查》《工伤保险条例》以及《生产安全事故报告和调查处理条例》等相关法律条文的规定执行。

第 2 章　设备事故紧急处理流程

第 5 条　事故发现和报告

事故最先发现者除应立即采取紧急措施外，还应同时向领导和相关部门报告，而后逐级上报，对重大事故应立即向上级有关部门报告。发生重大火灾、化学爆炸及多人死亡的事故应立即报告消防部门。

第 6 条　事故抢救流程

设备事故现场抢救工作的基本步骤主要包括以下 6 大步。

1. 切断事故动力来源，如气源、电源、火源、水源等，并及时拨打报警电话。

2. 救出事故现场伤员，对伤员进行紧急救护，并及时送往医院救护。

3. 疏散事故现场人员，并对事故现场实施隔离措施。对有毒有害物料大量外泄的事故场所和火场必须设立警戒线，抢救人员应佩戴好防毒面具，对中毒、灼伤、烫伤人员应及时进行抢救。

4. 及时转移事故现场易燃、易爆和剧毒等物品，防止事故范围扩大，减少损失。

5. 组织现场进行灭火、防盗、导流、降温等紧急措施。

6. 事故解决后，应保护好现场。

第 7 条　事故现场保护

发生人员受伤或重大伤亡事故的部门应保护好现场，迅速采取措施抢救人员和财产，防止事故进一步扩大。

第 8 条　编制事故报告

发生事故的生产班组应编制事故报告，经主管领导审查后报送上级领导，一般事故不超过 1 天，重大事故不应超过 1 h。重大事故应填写调查报告，并于 20 天内报送政府管理部门。

续表

制度名称	设备事故处理办法	编　号	
		执行部门	

第3章　事故调查和处理

第9条　确定事故调查主体

事故调查根据事故的严重程度和人员伤亡情况决定实施主体，具体内容如下：

1. 一般事故或重大未遂事故应在事故当天由设备部经理、生产部经理和生产班组长进行调查分析。

2. 重大事故由企业安全委员会及时组织设备部和生产部相关安全管理人员进行调查和分析。

3. 轻伤、重伤事故由生产班组、设备部、安全部的相关人员参与事故调查分析。

4. 死亡事故由企业安全委员会会同当地劳动、公安、人民检察院及其他有关部门人员和专家组成事故调查组进行调查。

第10条　事故调查

设备事故调查人员应严格按照企业规定的设备事故调查流程进行，并编制“设备事故调查报告”，提交相关领导审核并批示处理意见。

第11条　事故处理意见审批

对一般事故责任人的处理意见由生产班组长提出，经生产经理和相关部门主管审批后实施。对重大事故由调查组提出处理意见，经总经理签署意见，根据审批权限报上级机关批准，对重大责任事故、破坏性事故需追究刑事责任的，应移交司法机关依法处理。

第12条　事故责任追究

设备事故调查人员在事故调查中要实事求是地分清事故的性质和责任，并提出公正的处理意见，对事故责任人的处分可根据事故大小、损失多少、情节轻重以及影响程度等情况，责令其赔偿经济损失或给予行政警告、记过、降职、停薪、撤职等处分，情节极其严重的应追究其刑事责任。

对发生事故隐瞒不报、说谎、故意拖延不报或破坏现场以及无正当理由拒绝调查的单位和个人要追究其责任，从严处理。对防止事故和抢救事故有功的单位和个人应予以表扬和奖励。

续表

<table>
<tr><td rowspan="2">制度名称</td><td rowspan="2">设备事故处理办法</td><td>编　　号</td><td></td></tr>
<tr><td>执行部门</td><td></td></tr>
<tr><td colspan="4">
第 13 条　设备事故原因分析
生产班组长应在设备事故处理完成后，积极分析设备事故原因，以便后期进行相关安全管理措施改进，一般设备事故发生的原因包括以下 5 种情况：
1. 设备布置问题，如厂址选择不好，平面布置不合理，安全距离不符合要求。
2. 设备设计缺陷，如设备设计考虑不周，材质选择不当，制造安装质量低劣等。
3. 操作上的错误，如违反操作规程，操作错误，不遵守安全规章制度等。
4. 管理上的漏洞，如安全规章制度不健全，上岗要求不明确，员工缺乏必要的安全培训教育，现场指挥不当等。
5. 员工对工作不负责任，缺乏主人翁责任感等。
第 14 条　提出改进措施
生产班组长应举办设备安全改进会议，针对该设备事故情况，征集安全整改意见，如增加安全装置，规范相关人员的设备操作规范等，并及时编制成书面文件，提交生产经理进行审批，审批通过后生产班组长要及时组织人员执行相关整改。
第 4 章　附　　则
第 15 条　本办法由总经理办公室负责制定、解释和修改。
第 16 条　本办法自颁布之日起实施。
</td></tr>
</table>

编制人员		审核人员		批准人员	
编制日期		审核日期		批准日期	

9.3.4　设备事故救护办法

<table>
<tr><td rowspan="2">制度名称</td><td rowspan="2">设备事故救护办法</td><td>编　　号</td><td></td></tr>
<tr><td>执行部门</td><td></td></tr>
<tr><td colspan="4">
第 1 条　目的
为提高设备事故发生时，伤者的救护效率，特制定本办法。
</td></tr>
</table>

续表

制度名称	设备事故救护办法	编　号	
		执行部门	

第2条　适用范围

本办法适用于生产现场设备事故发生后伤员的救护工作。

第3条　职责分工

1. 生产班组长应及时组织生产现场人员进行伤者救护、现场隔离、事故上报以及送医救治等工作。

2. 企业医护人员对伤者进行专业急救护理，保证伤者安全送医。

3. 生产现场工作人员听从生产班组长指挥进行救护工作。

第4条　设备造成外伤的急救原则

设备造成伤害主要以外伤为主，外伤的急救原则有以下三项：

1. 发生断手、断指等有致残风险的情况时，对伤者伤口要进行包扎止血、止痛等基础处理外，还要进行半握拳状的功能固定。

2. 伤者断肢不得与酒精等消毒液体接触，防止断肢细胞变质。

3. 将断肢放在无泄漏的塑料袋内扎好，并放置冰块，随伤者送医院抢救，降低伤者残疾的可能性。

第5条　触电急救

设备操作人员因设备带电而遭受电击并造成休克的，生产班组长应首先及时切断现场电源，或采用其他方法将伤者移至安全区域，并要求有专业急救知识的人采用心肺复苏术进行急救。

第6条　现场急救

生产班组长在发现人员伤情后及时派人取用现场急救工具，并组织人员通知企业医护人员到达现场进行救护。在医护人员未达到之前，生产班组长可要求有急救经验的人员先运用止血带和现场材料及工具，进行止血和骨折固定等基础急救措施以稳定伤情，待医护人员到达后再进行妥善处理。

第7条　皮肤撕裂的急救方法

对于设备事故伤者出现皮肤撕裂外伤时，应首先用生理盐水冲洗伤口，涂抹药水后，用消毒大纱布、医用棉紧紧包扎，压迫止血。有条件的医护人员，应使用抗生素，注射抗破伤风血清，预防撕裂伤口感染。

第8条　止血带的使用

生产班组长在要求现场人员进行基础救治时，要注意对止血带使用的要求，具体事项如下：

续表

<table>
<tr><td rowspan="2">制度名称</td><td rowspan="2" colspan="3">设备事故救护办法</td><td>编　号</td><td></td></tr>
<tr><td>执行部门</td><td></td></tr>
<tr><td colspan="6">1. 止血带不能直接和皮肤接触，必须先用纱布、棉花或衣服垫好。
2. 扎好止血带后，未进行正式医治前，要每隔 1 h 松解 1～2 min，以保证受伤部位的血液循环，然后在另一稍高的部位扎紧。
3. 扎止血带的部位不要离出血点太远，以避免使更多的肌肉组织缺血、缺氧。一般止血带的位置是上臂或大腿上三分之一处。
第 9 条　送医管理
在进行伤员现场急救的同时，生产班组长应立即派人拨打 120 急救电话，向医疗单位求救，并准备好车辆随时运送伤员到就近医院救治。
第 10 条　急救电话说明事项
相关人员在拨打 120 急救电话时必须说明的事项如下：
1. 明确说明伤者年龄、性别、受伤部位、伤口及出血情况等具体情况，以及已采取的急救措施。
2. 明确伤者所处的具体地址和具体位置，附近的明显标志。
3. 说明报救者单位、姓名，以及紧急联系人员及其联系方式。
第 11 条　接应救护车
通完电话后，应派人在企业出入口处等候接应救护车，同时把救护车进工地的路上障碍及时清除，以保证救护车到达后能及时到达伤者处进行急救。
第 12 条　伤者搬运
在将伤者搬运至安全地点和送医等不可避免的搬运中，搬运人员应注意保护好伤者受伤部位、脑部以及脊柱，避免在搬运过程中出现二次伤害，造成伤者伤情加重。
第 13 条　颁布与实施
本办法由生产部和设备部共同制定，经总经理办公室审批后颁布实施。</td></tr>
<tr><td>编制人员</td><td></td><td>审核人员</td><td></td><td>批准人员</td><td></td></tr>
<tr><td>编制日期</td><td></td><td>审核日期</td><td></td><td>批准日期</td><td></td></tr>
</table>

9.3.5　设备安全管理流程

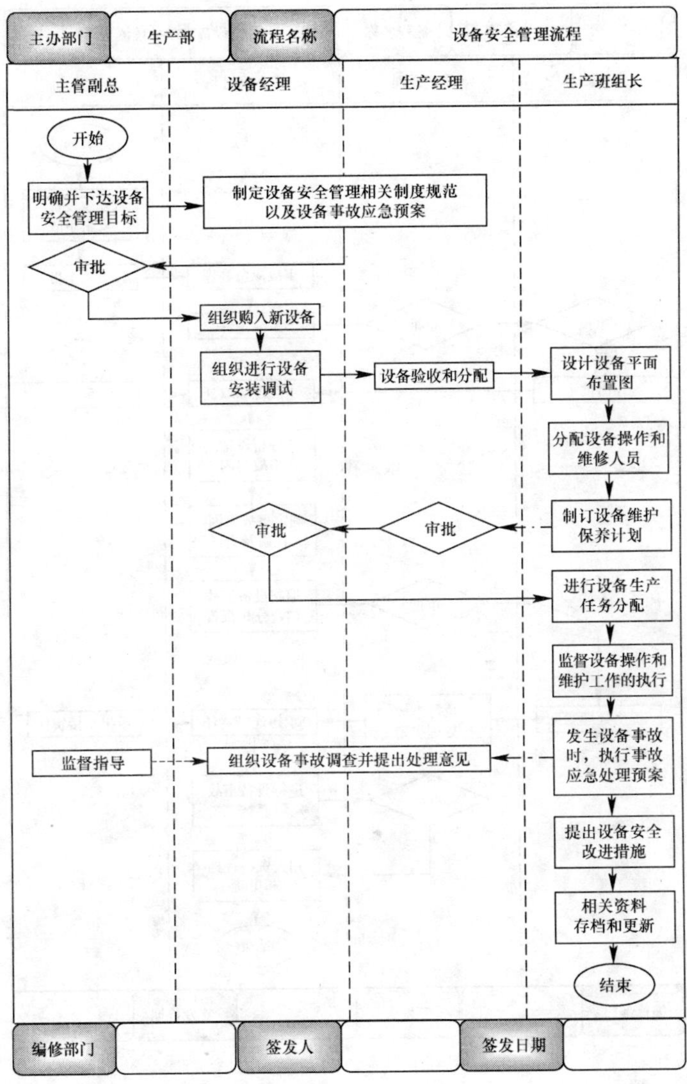

9.3.6 设备事故处理流程

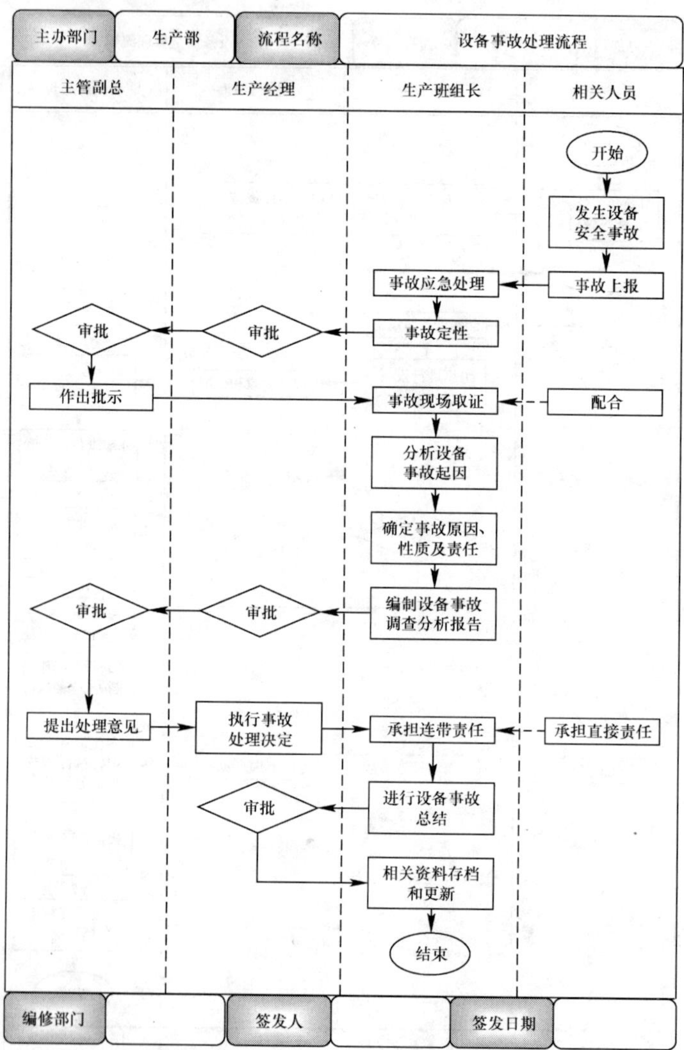

第10章　设备改造与更新管理

10.1　设备改造管理

10.1.1　设备改造的内容

设备改造通常表现为设备技术改造，是指为了提高企业的经济效益，通过采用国内外先进的技术成果，改变现有设备的性能、结构、工作原理，以提高设备的技术性能或改善其安全性和环保性，使之达到或局部达到先进水平而采取的技术改造措施。

班组长应掌握设备技术方面的知识，熟悉设备改造的内容，为设备部设备改造提出建议。设备改造的内容主要有以下9个方面，具体如图10—1所示。

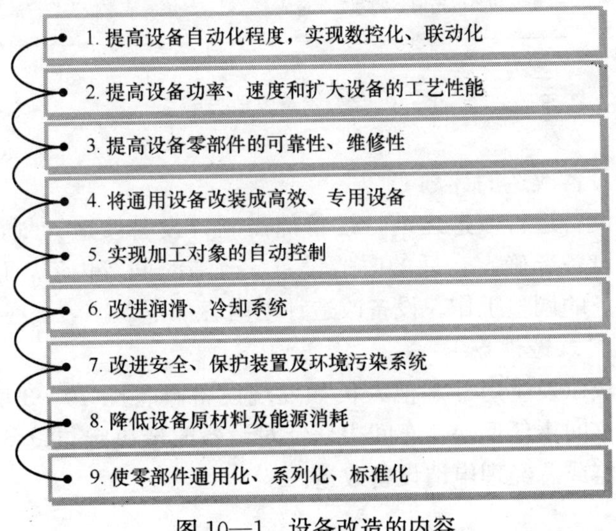

图10—1　设备改造的内容

10.1.2 设备改造的目的

班组长等现场生产人员在提出设备改造建议时，以及设备改造人员在设备改造之前，应明确设备改造的目的，兼顾改造成本和改造质量。设备改造一般有以下 5 个目的，具体如图 10—2 所示。

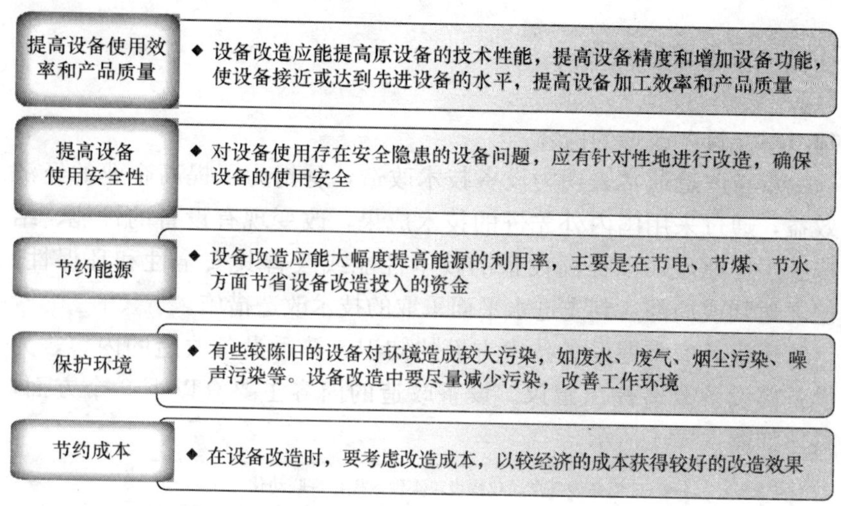

图 10—2 设备改造目的

10.1.3 设备改造的计划

在对设备进行改造之前，设备部需制订设备改造计划，班组长也需配合设备部确定合适的改造设备、改造时间等内容，以便做好生产线任务的调整工作。设备改造计划内容如下：

1. 选定改造设备

班组长以及生产部其他人员如发现设备具备图 10—3 所示情况的，可向车间主任反映，车间主任针对设备改造决定与设备部沟通，向生产总监或总经理申请设备改造。

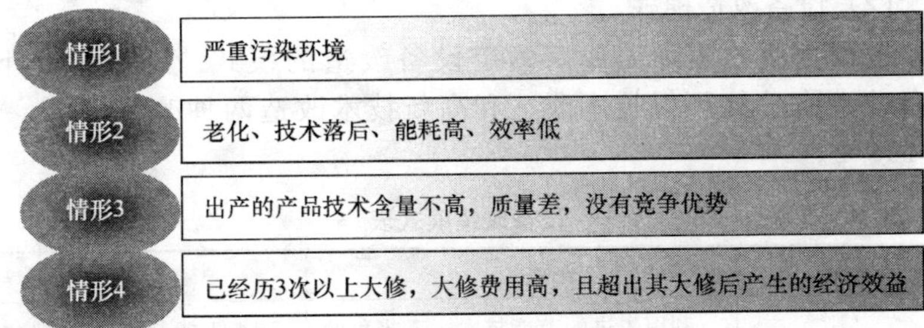

图10—3　设备改造的情形列举

2. 明确设备改造的时间

设备部根据改造部件和改造的难度系数等具体情况，确定设备改造的起始日期和截止日期，生产部根据确定的设备改造时间安排生产工作，各班组长及时将工作安排传达给班组成员，做好设备改造准备。

3. 确定设备改造类型和模式

（1）设备改造类型

班组长和车间主任应根据设备的陈旧程度、磨损和损坏等实际情况，向设备部对设备改造类型的选择提出建议，设备改造可分为两种类型，具体见表10—1。

表10—1　　设备改造类型表

改造类型	特点	细分
局部改造	对设备的局部进行技术改造，提高设备的加工效率	小型工艺改造
		小型设备改造
		专项改造
系统改造	对某个生产工艺系统进行改造，使用新技术、新工艺、新材料、新设备，对生产工艺流程进行新的布局	投产改造
		扩产改造

（2）设备改造模式

根据企业的实际需要，确定设备改造的模式。一般情况下，设备改造有节能环保技术改造和高新技术改造两种改造模式，见表 10—2。

表 10—2　　设备改造模式表

改造模式	特点	目的
节能环保技术改造	利用先进的节能技术、工艺和设备对生产系统进行改造	降低能耗、减少排放，实现资源的综合利用
高新技术改造	主要通过自主创新或引进技术实现产品升级、产业转型	提高产品科技含量

4. 设备改造的投资计划

设备部在改造前，应制订设备改造的投资计划，并向生产总监和总经理汇报，设备改造的投资计划包括 6 个方面的内容，见表 10—3。

表 10—3　　设备改造投资计划一览表

改造投资计划包含项目	内容
项目名称及内容	项目名称、采用的技术和设备、改造对象、改造完成后可取得的目标和效果
总投资	固定资产投资与流动资金之和
资金来源	包括自筹、贷款和其他三个方面
第一年投资计划	指技改第一年的投资计划，包括资金流向和具体数额等
预计新增经济效益	指预测的实施技改项目后新增的效益，包括新增销售收入、利润、税金等
项目起止时间	指技改项目自开工日起到竣工的时间

10.1.4　设备改造的立项

在设备改造实施之前，设备部需根据企业设备的实际状况，对需要进行改造的设备进行立项，以便后续实施。

1. 设备改造立项的程序

设备改造立项主要包括立项的申请、可行性研究、可行性评审、立项批准等程序，具体程序如下：

（1）提出立项申请。企业设备改造小组或承包商根据市场需求、技术需求向企业总经理或生产总监提交设备改造立项申请报告，经总经理和生产总监研究决定后，由行政部下达《设备改造可行性研究任务书》。

（2）项目可行性研究。设备改造小组或承包商根据《设备改造可行性研究任务书》要求，进行调研和可行性研究，编制《设备改造可行性研究报告》。

（3）项目可行性评审。设备改造小组或承包商组织成立设备改造项目评审小组，成员由班组长、车间主任、生产总监或总经理、技术专家和其他相关人员组成。对《设备改造可行性研究报告》内容组织评审，若评审通过，则由评审小组编制《设备改造立项评审报告》。

（4）立项的批准。行政部将《设备改造可行性研究任务书》《设备改造可行性研究报告》《设备改造立项评审报告》送交生产总监审查，最后经企业总经理批准。

（5）立项结束。行政部需收集设备立项相关资料，并将其与设备改造立项相关的文档进行归档备案。

2. 项目的提出与审批权限

设备的改造类型不同，提出申请和审批的人员也不同。有的设备改造项目由车间班组长、一线操作人员或技术人员提出，有的则需要生产部和设备部一起提出，具体见表10—4。

表10—4　　设备改造项目的提出与审批权限一览表

技改类型	提出人员	改造内容	审核审批人员
小型工艺技改	由车间班组长、生产一线操作人员或技术人员提出	◇工艺线路的改动 ◇部分设备的变动	车间主任 生产部经理

续表

技改类型	提出人员	改造内容	审核审批人员
小型设备技改	由车间班组长、生产一线的操作人员、技术人员或设备部提出	◇设备的局部改动 ◇操作方式、方法、加工方式的变动	车间主任 设备部经理 生产部经理
专项技改	由生产部、设备部共同提出	◇生产过程中某个环节	设备部经理 生产部经理
扩产技改	由生产部、设备部和技术部共同提出	◇涉及多台设备和多条生产线	技术部经理 设备部经理 生产部经理 生产总监
投产技改	由生产部、销售部、设备部和技术部共同提出	◇涉及多台设备和多条生产线	生产部经理 生产总监 总经理

10.1.5 设备改造的方案

设备改造方案应由本企业设备部和技术部的人员共同完成，也可以委托其他企业、科研院所或专业设计机构完成，设备改造方案应包括表10—5所示的几点内容。

表10—5　　设备改造方案内容一览表

技改设计方案包含项目	内容
设备技术要求	包括设备各类参数、压力指数、产品质量参数等
工艺试验与试制样机	包括工艺试验过程与结果，是否进行样机试制等
应交回的技术文件	即设计部门在完成设计方案后应交回的文件
完成日期	____年____月____日
设计费用	____元
设计后的服务	包括制造加工技术、信息服务、设备技术鉴定、设计修改完善工作
设计版权问题	即设计方案的版权归属及授权使用年限等

10.1.6　设备改造实施验收

1. 设备改造实施管理要点

设备在改造过程中，生产总监和设备部经理应加强管理，班组长、车间主任等现场管理人员、技术人员应对设备改造工作进行质量把控和进度监督，保证设备改造保质保量按期完成。具体的管理要点如图 10—4 所示。

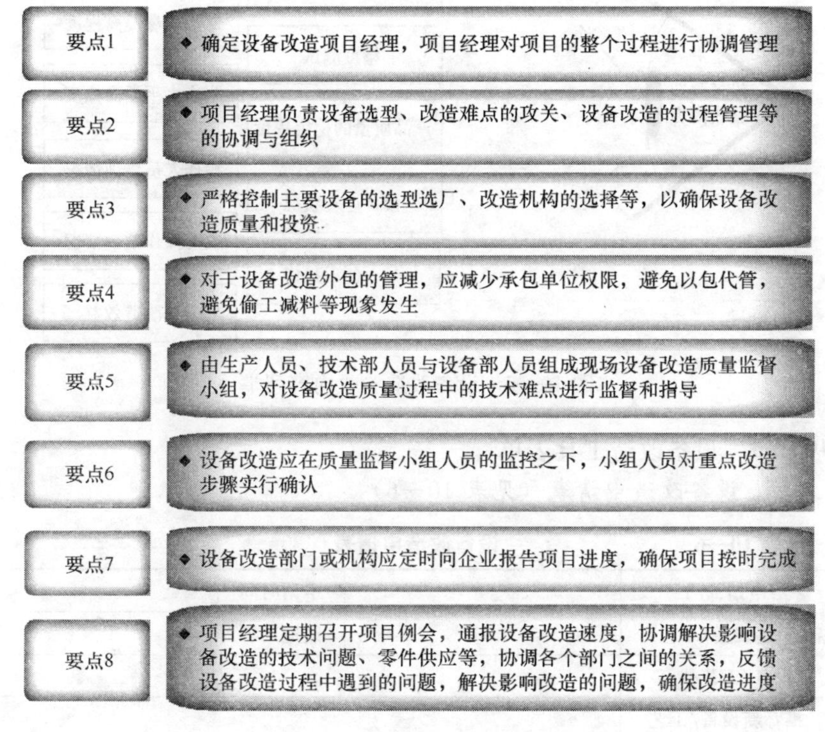

图 10—4　设备改造管理要点

2. 设备改造验收评估

设备改造完成后，由设备部、生产部和技术员组成验收小组，根据任务设计书和设计图样规定的标准进行验收。验收小组应严格验收，验收完毕应出具设备改造鉴定报告。班组长和车间主任应参与并协助设备改造验收工作。

设备改造验收的具体内容如图 10—5 所示。

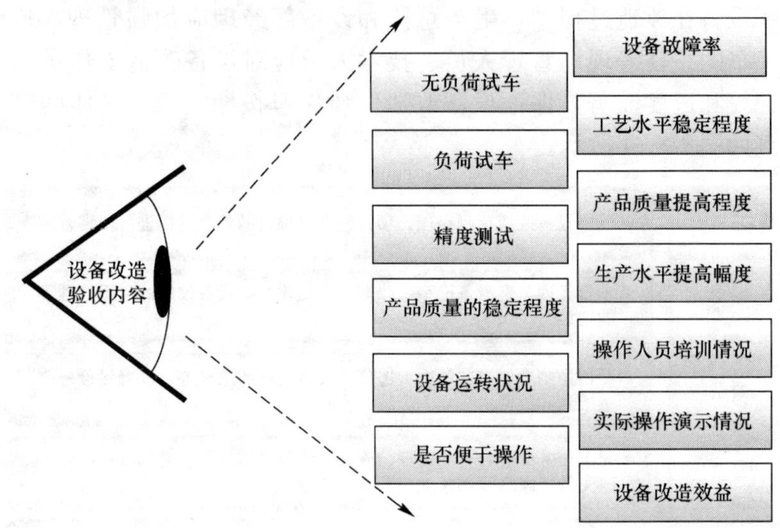

图 10—5 设备改造验收内容列举

10.1.7 设备改造工具表单

1. 设备改造申请表（见表 10—6）

表 10—6 **设备改造申请表**

申请部门			申请时间	
改造设备/工艺			改造内容	
设备/工艺缺点				
推荐新设备/工艺				
改造内容				
费用估算				
改造前后对比	改造前产量		预计改造后产量	
	改造前性能		预计改造后性能	
	改造前效益		预计改造后效益	

续表

设备部经理意见	签字： 日期： 年 月 日
生产部经理意见	签字： 日期： 年 月 日
生产总监意见	签字： 日期： 年 月 日

2. 设备改造项目任务书（见表10—7）

表10—7 设备改造项目任务书

<table>
<tr><td>设备/工艺名称</td><td colspan="2"></td><td>生产产品</td><td></td></tr>
<tr><td>总费用预算</td><td colspan="2"></td><td>要求完成时间</td><td></td></tr>
<tr><td>目前存在的问题</td><td colspan="4"></td></tr>
<tr><td>技改内容</td><td colspan="4"></td></tr>
<tr><td>关键环节</td><td colspan="4"></td></tr>
<tr><td>对技改后产品质量的要求</td><td colspan="4"></td></tr>
<tr><td>对技改后生产工艺的要求</td><td colspan="4"></td></tr>
<tr><td rowspan="3">技改后设备结构特点</td><td>自动化程度</td><td colspan="3"></td></tr>
<tr><td>维修难易程度</td><td colspan="3"></td></tr>
<tr><td>设备可靠性</td><td colspan="3"></td></tr>
<tr><td>验收标准</td><td colspan="4"></td></tr>
<tr><td>设备部经理意见</td><td colspan="4">签字： 日期： 年 月 日</td></tr>
<tr><td>生产部经理意见</td><td colspan="4">签字： 日期： 年 月 日</td></tr>
<tr><td>生产总监意见</td><td colspan="4">签字： 日期： 年 月 日</td></tr>
</table>

10.2 设备更新管理

10.2.1 设备更新的内容

设备更新是指以结构更合理、技术更先进、功能更完善、生产效率更高、原材料和能源耗费更少的新型设备，去替换物理上不能继续使用或经济上不宜继续使用的陈旧设备。设备更新从方式上来说包括两项内容，如图 10—6 所示。

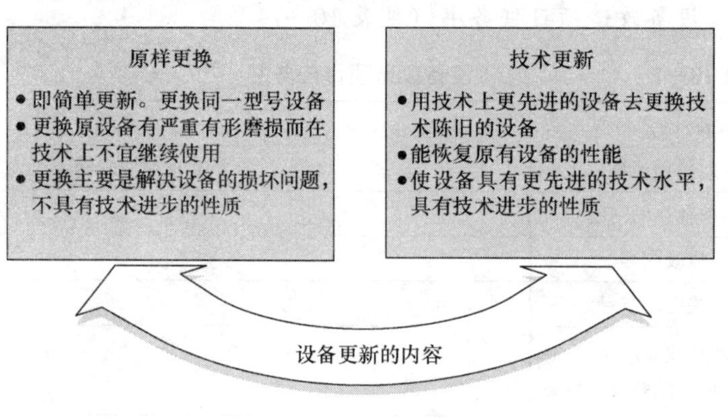

图 10—6 设备更新的内容

10.2.2 设备更新的分析

班组长或生产车间主任在协助设备部进行设备更新时，应站在咨询者的立场、而不是使用设备的立场分析问题，并为设备更新提供合理的建议。

1. 设备更新分析的内容

设备更新的分析主要包括设备的寿命分析和成本费用分析，具体的内容如下：

（1）设备寿命分析。设备更新是消除设备有形磨损和无形磨损的一种重要手段，更新时需考虑设备的物质寿命，同时还要考虑设备的经济寿命和技术寿命。设备寿命分析的内容见表 10—8。

表 10—8 设备更新寿命分析表

设备寿命类型	定义	具体说明
设备物质寿命	指从设备开始投入使用，因物质磨损使设备老化、损坏，直至报废为止所经历的时间	◇设备物质寿命主要是由设备的有形磨损所决定 ◇搞好设备的维修和保养，可延长设备的物质寿命，但不能从根本上避免设备的磨损 ◇任何一台设备磨损到一定程度时，都必须进行更新
设备技术寿命	指设备从开始使用，直至因技术进步而出现了更先进的新型设备，从而使现有设备在物质寿命尚未结束就被淘汰所经历的时间	◇技术寿命主要是由设备的无形磨损所决定的，它一般比自然寿命要短 ◇科学技术进步越快，技术寿命越短
设备经济寿命	指设备从投入使用到因继续使用不经济而提前更新所经历的时间	◇由维护费用的提高和使用价值的降低决定 ◇设备使用年限越长，需要更多的维修费维持原有功能，机器设备的操作成本及原材料、能源耗费也会增加，年运行时间、生产效率、质量将会下降 ◇年资本费的降低，会被年度运行费的增加或收益的下降所抵消 ◇在整个变化过程中，年均总成本或年均净收益是时间的函数

（2）设备更新成本费用分析。设备更新进行成本费用分析时需考虑的因素如下：

1）由于不同设备方案的服务寿命不同，设备更新分析以费用年值法为主。

2）只考虑未来发生的现金流量，不考虑以前发生的现金流量和沉没成本。

3）假如设备产生的收益相同，则只比较设备的费用。

2. 设备更新分析步骤

（1）原型设备更新分析。原型设备更新分析主要有 3 个步骤，具体如图 10—7 所示。

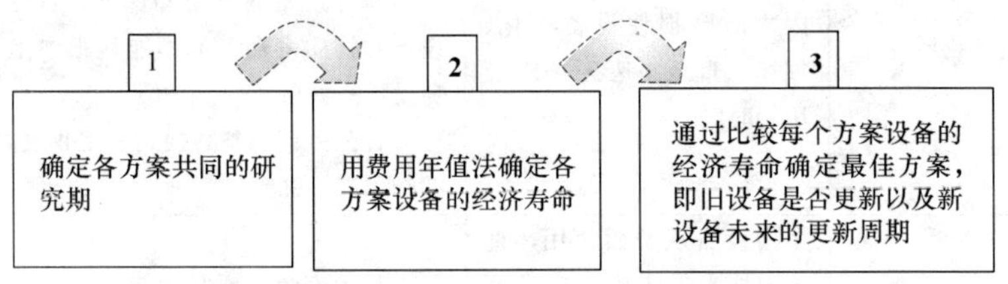

图 10—7　原型设备更新分析步骤

（2）新型设备更新分析。由于技术不断进步，产生设备的无形磨损，出现了重置价格很低的同型设备或工作效率更高、经济效益更好的新型同类设备，而设备尚未使用到其经济寿命，这时就要对继续使用原设备和购置新设备这两种方案，进行选择，确定设备是否更新。

10.2.3　设备更新的决策

设备更新决策是企业生产发展和技术进步的客观需要，对企业的经济效益有着重要的影响。生产总监或总经理在设备更新决策时，应遵循有关的技术政策，进行技术论证和经济分析，做出最佳的选择。

1. 设备更新决策时机的确定

设备更新包括原型更新和新型更新两种方法，这两种更新决策时机的确定见表 10—9。

表 10—9　　设备更新时机确定方法

设备更新方法		具体说明
原型更新	经济寿命确定更新时机	◇计算机械的经济寿命，看是否到达经济年限 ◇经济寿命的确定方法有：最大总收益法、最低成本法、劣化数值法

续表

设备更新方法		具体说明
原型更新	费用比较确定更新时机	◇在无新机型出现时，原型更新由于机械维修费用增加，所以需确定机械是否继续使用和更新的问题
新型更新	—	◇一般用年值费用比较法，分析是否更新以及何时更新

2. 决策确定时间的影响

设备更新决策的做出不宜过早以致造成资金的流失与浪费，也不宜过迟而错过时机。

（1）过早的设备更新，会造成资本的流失与浪费，从而失去其他的收益机会。例如，因设备暂时故障而草率做出报废的决定，片面追求现代化，或一味购买最新式设备等。

（2）过迟或延缓设备更新，将会失去设备更新的最佳时机，造成生产成本的迅速上升，同时与竞争对手积极利用现代化设备降低产品成本和提高产品质量相比，企业必定会丧失竞争力。

因此，设备更新时要综合考虑技术发展和经济效益方面的因素，决定设备是否更新、何时更新、选用何种设备更新等。

10.2.4　设备更新的规划

企业设备更新规划的制定工作是在企业主管副总或总工程师的直接领导下，以设备管理部门或设备动力部门为主，企业规划、技术、生产、计划、财务部门参与和配合而进行的。

虽然设备更新规划的制定与生产现场班组没有直接的关系，但设备更新规划与生产工作密切相关，生产现场各班组的建议对设备更新规划的制定起着重要作用，设备更新规划的制定对生产工作有重大的影响。

1. 制定设备更新规划的依据

设备更新规划制定的依据包括企业前景规划、国内外设备的水平、企业设备现状与要求等内容，具体如图 10—8 所示。

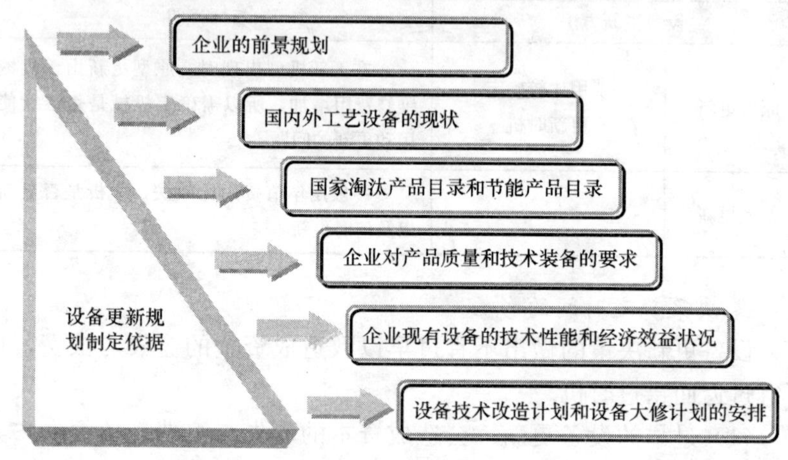

图 10—8 设备更新规划制定依据

2. 设备更新规划的内容

设备更新规划主要包括 6 个方面的内容，具体如图 10—9 所示。

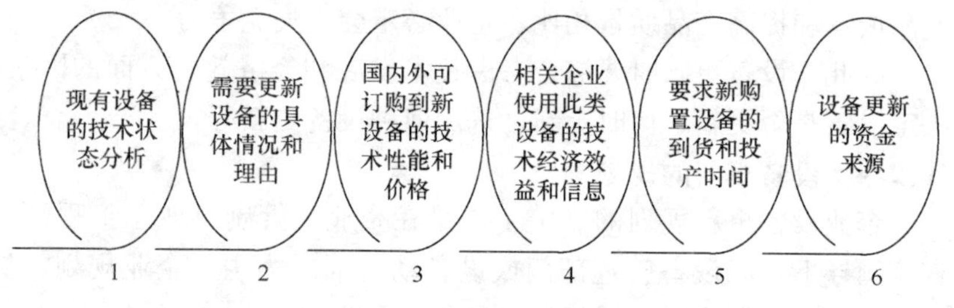

图 10—9 设备更新规划的内容

3. 设备更新规划的实施

企业设备部根据设备更新规划及生产现场各班组设备使用人员的意见汇总编制“设备更新申请单”，经上级主管部门和总经理审批后实施。

设备更新申请单的主要内容包括 4 个方面，如图 10—10 所示。

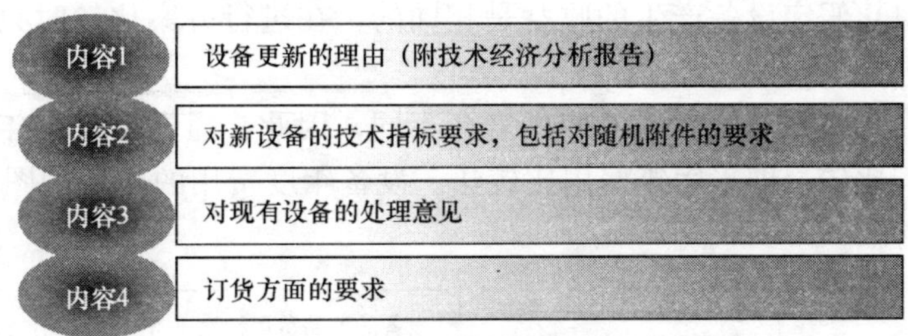

图 10—10　设备更新申请单的主要内容

在组织设备规划的过程中，需组织专业人员进行技术鉴定确定残值，区别不同情况进行处理，同时需及时筹措足够的设备更新资金。

10.2.5　更新方案的比选

设备更新方案的比选是通过新设备和旧设备相比较，决定马上购置新设备、淘汰旧设备，还是保留使用旧设备一段时间，再用新设备替换。设备更新方案比选的特点和原则如下。

1. *更新方案比选的原则*

设备更新方案比较时，应遵循不考虑沉没成本、逐年滚动比较这两条原则，具体如图 10—11 所示。

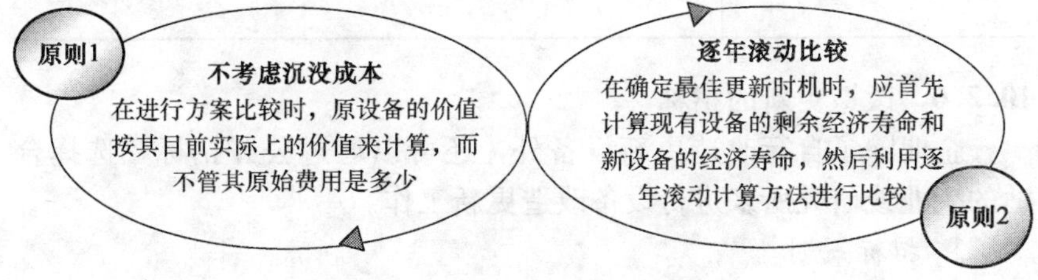

图 10—11　设备更新方案比选原则

2. *更新方案比选的方法*

对设备进行更新方案的比较选择时，可采用年费用比较法来进行，具体的方法如下所示：

(1) 假定设备产生的收益是相同的，在进行方案比较时只对其费用进行比较。

(2) 由于不同设备的使用寿命不同，因此，通常都采用年度费用进行比较，即采用年费用比较法。设备年度费用的构成如图 10—12 所示。

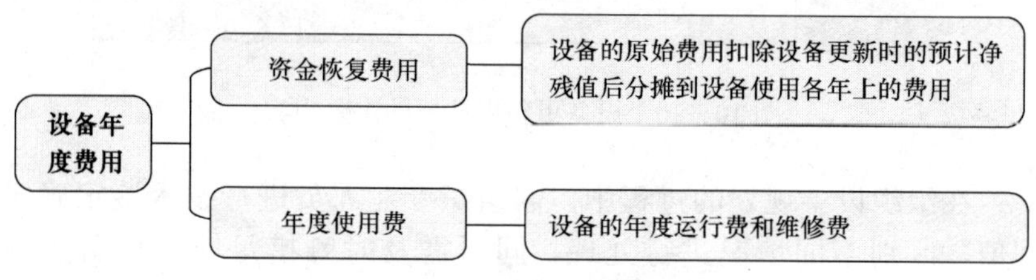

图 10—12　设备年度费用构成图

资金恢复费用的计算方法和公式见表 10—10。

表 10—10　　资金恢复费用计算公式表

方法	公式	说明
不考虑资金的时间价值	资金恢复费用＝$(P-F)/n$	P——原始费用 F——预计净残值 n——使用年限 i——利率(折现率)
考虑资金的时间价值	资金恢复使用费用＝P（A/P，i，n）$-F$（A/F，i，n）	

10.2.6　改造更新的招标

企业除了自行改造更新设备外，还可以通过公开招标，选择合适的企业或研究所来进行设备改造更新工作。

1. 招标策划

在项目招标准备阶段和招标过程中，设备改造更新负责小组需分析项目情况，确定招标方式、评标标准和招标方案，选定项目合同条件等。

2. 招标文件编制

(1) 招标文件内容。生产现场的设备使用人员在设备改造更新招标专员编制招标文件时，应对设备更新改造技术部分提出相关建议。招标文件的内容如图 10—13 所示。

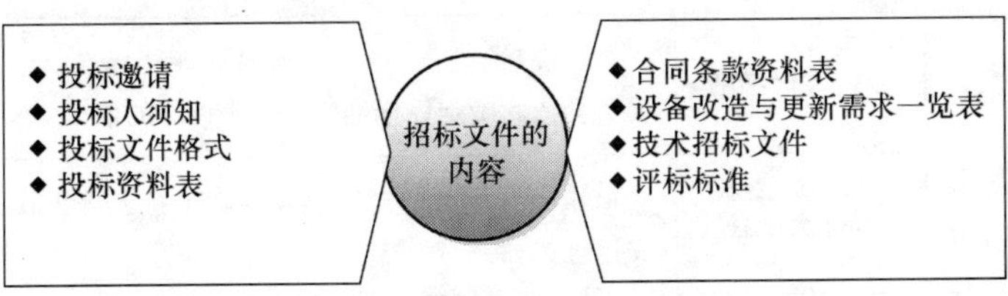

图 10—13　设备更新招标文件内容

（2）评标标准构成。评标标准是选择出进行设备更新改造的合适投标人的标准。其一般由 5 个部分构成，具体如图 10—14 所示。

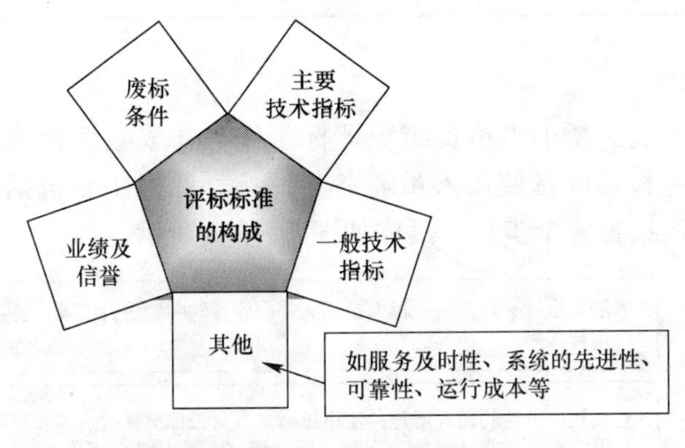

图 10—14　评标标准构成

3. 开标

开标即按规定的时间、地点、程序，公开宣读投标人名称、价格的活动。开标的步骤见表 10—11。

表 10—11　　开标步骤说明表

步骤序号	步骤名称	具体说明
1	组织评标委员会	◎ 在开标前 2 天确定评委会。评委会由 5 人以上的单数构成，其中技术、经济等方面专家不得少于总人数的 2/3

续表

步骤序号	步骤名称	具体说明
2	制定评标细则	◎设备改造更新招标小组根据评标标准，组织评标委员会依此确定评标细则，作为评标的依据
3	开标会准备	◎准备开标会的时间、场地、主持人等工作人员的安排等
4	开标	◎企业按招标公告规定的时间、地点接收投标文件和组织开标 ◎企业负责按开标程序主持开标会，设备改造小组及相关人员参加，投标人代表应签到

4. 评标

设备改造更新小组负责组织评标工作，并成立评标委员会，生产现场班组长及设备使用人员需参与评标。评标主要包括初评、澄清、评审、报告 4 个步骤，具体如图 10—15 所示。

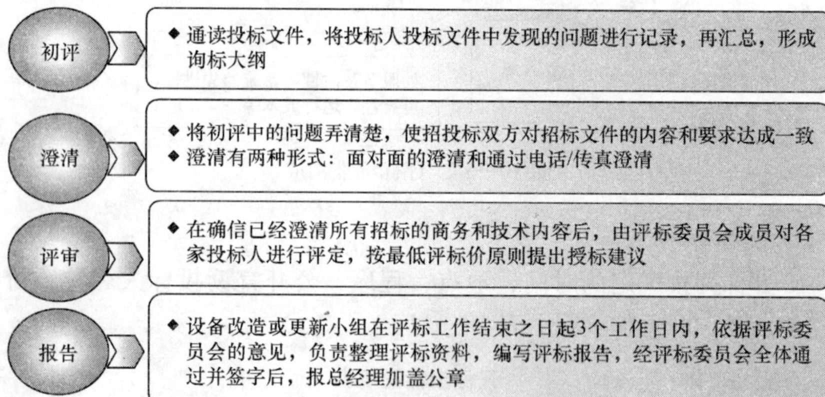

图 10—15　评标步骤

10.3 设备改造更新管理实务

10.3.1 设备改造管理制度

<table>
<tr><td rowspan="2">制度名称</td><td rowspan="2">设备改造管理制度</td><td>编　号</td><td></td></tr>
<tr><td>执行部门</td><td></td></tr>
<tr><td colspan="4">

第1章　总　　则

第1条　目的

为了规范设备改造管理，提高改造效益，实现技术进步，增强企业核心竞争力，特制定本制度。

第2条　适用范围

本制度适用于企业设备改造管理工作。

第2章　改造岗位职责

第3条　总经理职责

总经理负责审批投资总额在100万元以上的设备改造申请、可行性报告、改造设计方案、改造资金使用计划。

第4条　生产总监职责

生产总监负责审批投资总额在5万～100万元的设备改造申请、可行性报告、改造设计方案、改造资金使用计划。

第5条　设备部职责

1. 设备部是设备改造的归口管理部门。

2. 设备部经理职责如下：

（1）审批投资总额在5万元以下的设备改造申请。

（2）审查和汇总上报的改造计划，审查改造的可行性报告、设计方案或文件，编制设备改造年度计划。

（3）监督设备改造的实施、验收和评估工作，并对实施效果进行考核和调整。

（4）签订重大改造项目的承包责任书。

（5）改造资金使用计划的审核，配合财务、审计部门对资金使用情况进行监督检查。

（6）参与审核设备改造的年终决算工作。

3. 设备部改造主管职责如下：

（1）组织改造项目及计划的申报，组织编制项目可行性研究报告、概（预）算和效益分析表等。

</td></tr>
</table>

续表

<table>
<tr><td rowspan="2">制度名称</td><td rowspan="2">设备改造管理制度</td><td>编　号</td><td></td></tr>
<tr><td>执行部门</td><td></td></tr>
</table>

(2) 组织改造资金使用计划的申报。

(3) 下达改造计划，并对设备改造进行全过程管理，监督、检查计划的实施。

(4) 参与设备改造的招投（议）标。

第 6 条　生产部职责

1. 生产部经理职责如下：

(1) 整理、汇总并上报设备运行、大修状况和设备改造意见建议。

(2) 审核年度设备改造计划。

(3) 审核设备改造的项目建议书和可行性研究报告。

2. 车间主任负责生产设备改造实施后的操作培训和安全培训。

3. 各班组长、设备操作员负责记录设备运行和修理状况并提出设备改造意见和建议。

第 3 章　设备改造前期工作

第 7 条　设备改造前期工作

设备改造前期工作是指从设备改造的提出到开工前的工作。其主要的工作程序分为 4 个步骤，具体如图所示。

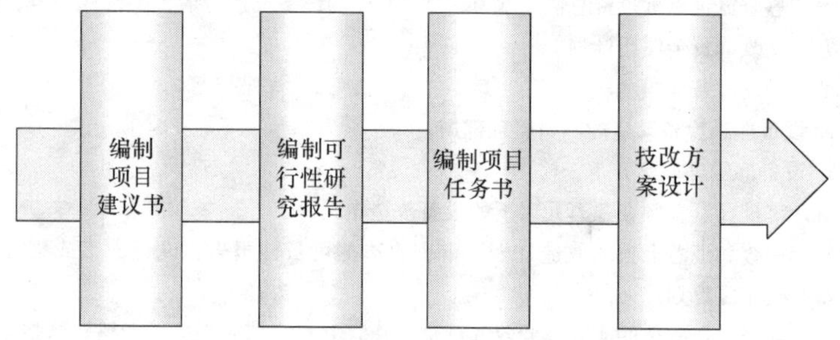

改造前期工作主要步骤

第 8 条　选定改造设备

设备部改造主管整理汇总设备运行和大修状况以及生产部提交的改造意见与建议，综合考虑实际生产需要和行业发展前景初步选定改造设备，并上报设备部经理审批。

第 9 条　申请改造项目

1. 设备部经理审批后授权设备部改造主管编制改造项目申请表。

续表

制度名称	设备改造管理制度	编　　号	
		执行部门	

2. 设备改造申请应依次经过设备部经理、生产部经理、生产总监和总经理的审核审批。

第 10 条　编制设备改造建议书和可行性研究报告

1. 设备改造申请经过审核审批后由设备部组织人员编制设备改造建议书和可行性研究报告。

2. 设备部改造主管组织生产部、技术部相关人员进行调研，编制设备改造建议书和可行性研究报告。

3. 设备改造建议书和可行性研究报告应经过设备部经理、生产部经理、生产总监和总经理的审核审批。

第 11 条　编制改造项目任务书

设备改造建议书和可行性研究报告经过审批后，由设备部改造主管组织编制改造项目任务书。

第 12 条　设计技改方案

1. 设备改造任务书经过审核审批后由设备部组织进行技改方案和图样设计。

2. 改造方案和图样应根据审批后的改造项目任务书编制，具体应包括以下内容。

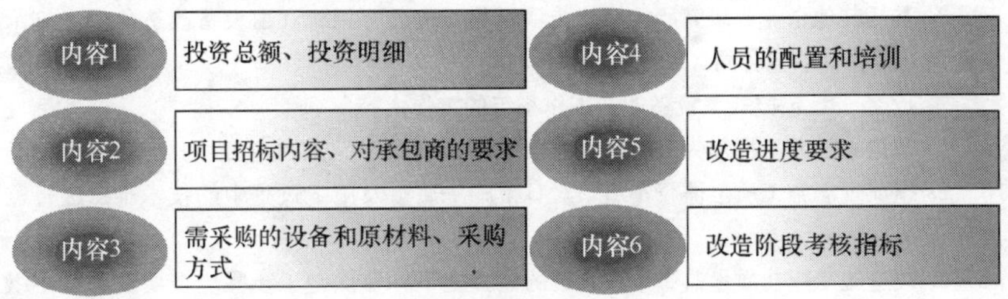

改造方案和图样包括内容

3. 企业自行设计的，应由设备部组织相关人员成立改造方案设计小组，进行调研及改造方案和图样设计。

4. 委托其他企业、研究所或专业机构设计的，应由设备部经理与其签订委托设计合同。

第 13 条　技改方案的审批

改造设计方案和图样设计应依次经过设备部经理、生产部经理、生产总监的审核审批。

续表

<table>
<tr><td rowspan="2">制度名称</td><td rowspan="2">设备改造管理制度</td><td>编　　号</td><td></td></tr>
<tr><td>执行部门</td><td></td></tr>
<tr><td colspan="4">

第 14 条　设计方案的变更

经审批的设计方案和图样是设备改造实施的主要依据，不得随意变更。确因实际情况变化，需对设计内容进行变更和协调的，须报原审批部门批准。

第 15 条　编制改造需采购的物资明细

改造设计方案和图样设计通过审核审批后由设备部组织人员编制改造需采购的设备、材料、零部件等物资明细并上报审批，经过生产总监审批后进行对外招标、谈判、签约成交。

第 4 章　设备改造实施

第 16 条　实行专人负责制

改造项目实行专人负责制，企业应在改造项目申请批准之后确定设备改造负责人，负责整个过程进行协调管理，具体的工作内容如下：

1. 项目负责人组织设备部、生产部、技术部相关人员成立设备改造工作小组负责设备改造的提出、可行性研究报告、技术引进、项目实施、投产、后期维护等工作。

2. 设备改造负责人应明确项目工作小组每位成员的工作职责、工作目标、工作程序、各阶段工作要求、考核指标等，便于改造项目管理。

3. 委托其他企业或研究所实施改造项目的，应公开招标，由设备改造负责人与承包商谈判并签订承包合同。

第 17 条　承包方式下设备改造工作小组的工作内容

1. 聘请第三方机构作为改造项目的监理方。

2. 组成现场施工质量监督小组，对日常施工质量及施工过程中的技术难点进行监督和指导。

3. 改造施工应在质量监督小组人员的监控之下，重点施工步骤应在质量监督小组确认后实施。

4. 改造施工部门应按时向设备改造负责人报告项目进度，确保项目按时完成。

5. 设备改造负责人定期召开项目例会，通报改造施工速度，协调解决影响施工的技术问题、材料供应等，协调各个部门之间的关系，反馈改造施工过程中遇到的问题，解决影响施工的问题，确保设备改造进度。

第 18 条　问题的解决

设备改造工作小组应提供必要的资料、器材、工具或设备协助施工方解决改造难题，协调各部门、各单位之间的关系。

</td></tr>
</table>

续表

制度名称	设备改造管理制度	编　　号	
		执行部门	

第 19 条　试制与验收

改造后期，进行样车试制和试验验证工作，施工方应详细记录试验过程和结果，其参数和结论应上报项目工作小组。

第 20 条　设备改造绩效考核

设备改造负责人应定期进行项目考核，从项目进度执行情况、人员职责、资金使用状况等几个方面对各类人员进行考核，考核合格和优秀人员应给予奖励，不合格人员应批评、通报或罚款。

第 5 章　改造设备验收与评估

第 21 条　竣工验收的条件

1. 主要工艺设备及配套设施联动负荷试车合格，能够生产出符合设计要求的产品。
2. 生产准备工作完成，能够满足投产的需要。
3. 环境保护、劳动安全卫生、消防等设施已按照设计要求建成使用并验收合格。
4. 设备技术资料按照要求归档，能够满足生产使用和维修的需要。

第 22 条　竣工验收的依据

1. 设备改造建议书、可行性研究报告。
2. 设备改造任务书、技改方案、图样。
3. 招标书、中标书、技术合同、承包合同、委托设计合同。
4. 竣工审计报告。

第 23 条　验收程序

1. 设备改造完成后，监理进行验收，验收通过后，施工单位提交竣工验收报告，由生产总监组织人员成立验收小组进行验收。验收小组的成员构成如下图所示。

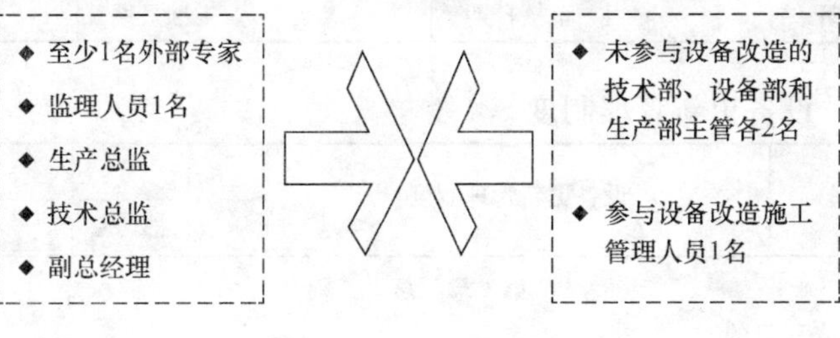

验收小组成员图

续表

<table>
<tr><td rowspan="2">制度名称</td><td rowspan="2" colspan="3">设备改造管理制度</td><td>编　号</td><td></td></tr>
<tr><td>执行部门</td><td></td></tr>
<tr><td colspan="6">2. 验收小组应在验收前委托外部审计机构对设备改造实施、资金去向、工程造价等情况进行全面审计，并出具审计报告。
3. 验收小组验收完毕应出具设备改造验收报告，并对投资、工程设计施工、设备质量和投资效益等方面做出全面评价。
4. 对验收不合格的改造设备限期整改，整改后进行复验。对复验后仍不合格的，属于设计失误、论证不足、设备制造及供应或者实施中出现的问题，应当追究相关责任人的责任。
5. 验收小组编制的验收报告应经过生产部经理、设备部经理和生产总监的审核审批。
第 24 条　改造设备的使用
改造设备验收后投入使用，生产部操作人员应详细记录设备运转和保养情况。
第 25 条　技改设备的评估
1. 改造设备投入使用后 3 个月内，由设备部组织相关人员对技改进行评估，编制改造评估报告，具体的评估内容如下：
(1) 改造综合效益。
(2) 改造对企业的影响。
(3) 改造未来 5 年的收益。
2. 改造评估报告应经过生产部经理、设备部经理和生产总监的审核审批。
第 6 章　附　　则
第 26 条　本制度由设备部编制，解释权归设备部所有。
第 27 条　本制度自颁布之日起执行。</td></tr>
<tr><td>编制人员</td><td></td><td>审核人员</td><td></td><td>批准人员</td><td></td></tr>
<tr><td>编制日期</td><td></td><td>审核日期</td><td></td><td>批准日期</td><td></td></tr>
</table>

10.3.2　设备更新管理制度

<table>
<tr><td rowspan="2">制度名称</td><td rowspan="2">设备更新管理制度</td><td>编　号</td><td></td></tr>
<tr><td>执行部门</td><td></td></tr>
<tr><td colspan="4">第 1 章　总　　则
第 1 条　目的
为了加强和规范企业设备更新管理工作，使设备更新具有科学性、合理性、计划</td></tr>
</table>

续表

<table>
<tr><td rowspan="2">制度名称</td><td rowspan="2">设备更新管理制度</td><td>编　号</td><td></td></tr>
<tr><td>执行部门</td><td></td></tr>
<tr><td colspan="4">性、经济性，特制定本制度。
第2条　适用范围
本制度适用于与设备原型更新、技术更新相关的所有工作，不包括为提高设备生产能力而进行的技术改造。
第2章　管理职责
第3条　企业设备部
1. 企业设备部是企业设备更新的管理部门。
2. 企业设备部负责组织生产部各车间班组编制并向企业提出年度设备更新计划建议。
3. 企业设备部负责将年度设备更新计划建议送企业主管副总或设备部经理审核后，上报总经理审批。
4. 检查、监督落实各单位设备更新费用的使用情况，提出对设备更新管理的考核意见。
第4条　企业财务部
1. 依据企业批准的年度设备更新投资计划，负责筹措资金，确保及时到位。
2. 配合设备管理部门按年度设备更新投资计划做好资金使用控制工作。
第5条　生产部
生产部设备使用班组负责根据生产的实践经验和对设备技术的了解程度，对设备更新工作提出意见，编制本班组或车间的设备更新计划，汇报给主管副总。
第3章　设备更新管理
第6条　设备更新的条件
企业进行设备更新需具备以下的条件之一。
1. 设备的大修费用加上设备的现值大于新设备的购置费用。
2. 严重影响产品质量的设备。
3. 生产效率低的设备。
4. 国家强制性淘汰的设备。
5. 维修费用高及维修后频繁损坏的设备。
第7条　建立设备更新项目储备
除国家明令淘汰的设备更新外，企业行政部要以设备运行、缺陷、故障、检修记录和设备档案为依据，建立设备更新项目储备库，及时根据设备运行状况进行调整。
第8条　设备更新计划管理
1. 按照企业设备管理有关规定和程序，设备部要在每年7月底前组织编制完成下一年度设备更新计划。</td></tr>
</table>

续表

<table>
<tr><td rowspan="2">制度名称</td><td rowspan="2">设备更新管理制度</td><td>编　号</td><td></td></tr>
<tr><td>执行部门</td><td></td></tr>
<tr><td colspan="4">
2. 对于技术复杂、前期准备时间长的更新项目，设备部可在更新项目计划批准前组织完成技术谈判、项目设计工作，一并上报给总经理。
3. 对于准备在企业首次应用的新技术、新设备，各部门应充分组织调研和论证，保证安全可靠。
第 9 条　设备更新计划的实施
1. 设备采购部门按照企业下达的设备更新计划和相关采购管理程序的要求，组织设备采购。
2. 设备部要协助采购部做好设备初步选型和询价工作，并按照轻重缓急排序。
3. 设备更新选型方案必须征得设备部经理同意，并严格按照计划投资安排，超计划投资采购项目必须经企业总经理或生产总监同意。
4. 财务部门按照企业设备更新计划，做好更新资产的入账和资产交付工作，并做好统计，在入账前应由设备管理部门确认。
第 10 条　淘汰旧设备的程序
设备淘汰由设备部书面提出申请，经技术部、生产部相关人员共同审核，总经理批准后执行。
第 11 条　设备更新的监督
1. 设备更新计划项目下达后，各班组设备管理员应对每个项目实施过程中的质量、进度和资金使用情况进行监督。
2. 设备部经理要及时掌握项目的执行进度、材料设备的采购情况、项目费用的使用和结算情况。
第 12 条　设备更新的汇报
1. 生产现场各班组和采购部每月定时向设备部经理上报设备更新的进度情况。
2. 设备部经理对设备更新项目的执行情况以及项目费用的使用和结算情况定期向生产总监或总经理汇报。
第 13 条　设备更新考核评价
企业设备部将各班组年度设备更新项目完成情况纳入设备管理考核的内容。
第 4 章　附　　则
第 14 条　本制度由设备部负责制定、修订和解释。
第 15 条　本制度自发布之日起执行。
</td></tr>
</table>

编制人员		审核人员		批准人员	
编制日期		审核日期		批准日期	

10.3.3　改造更新决策流程

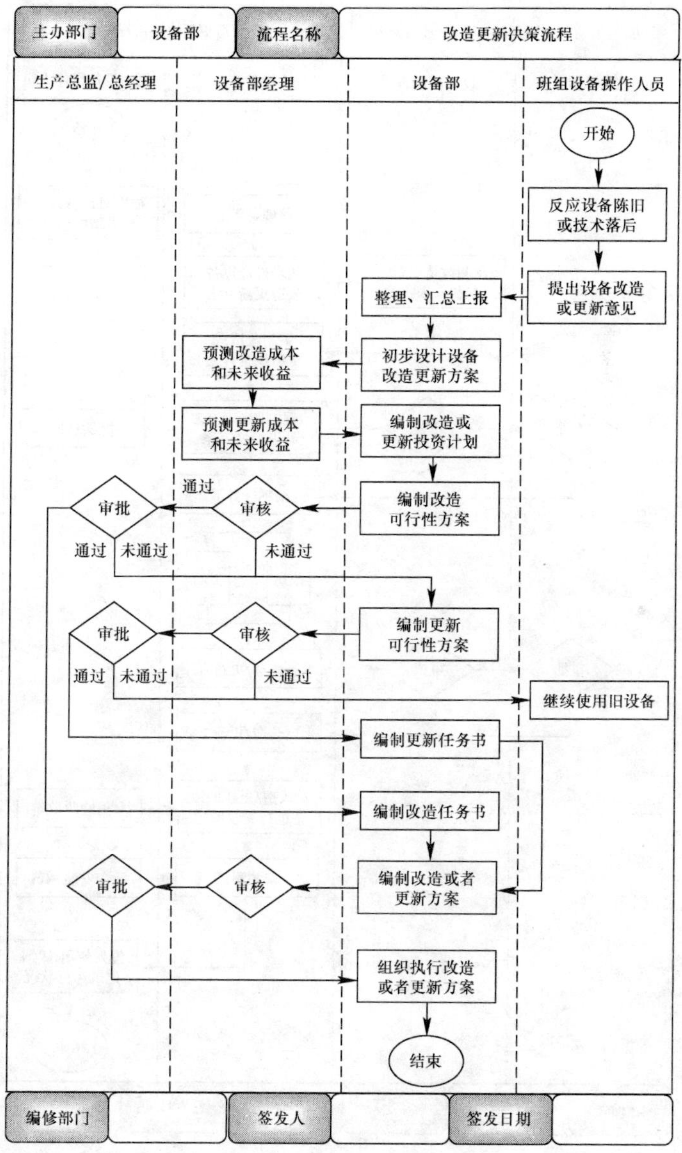

10.3.4 改造更新管理流程

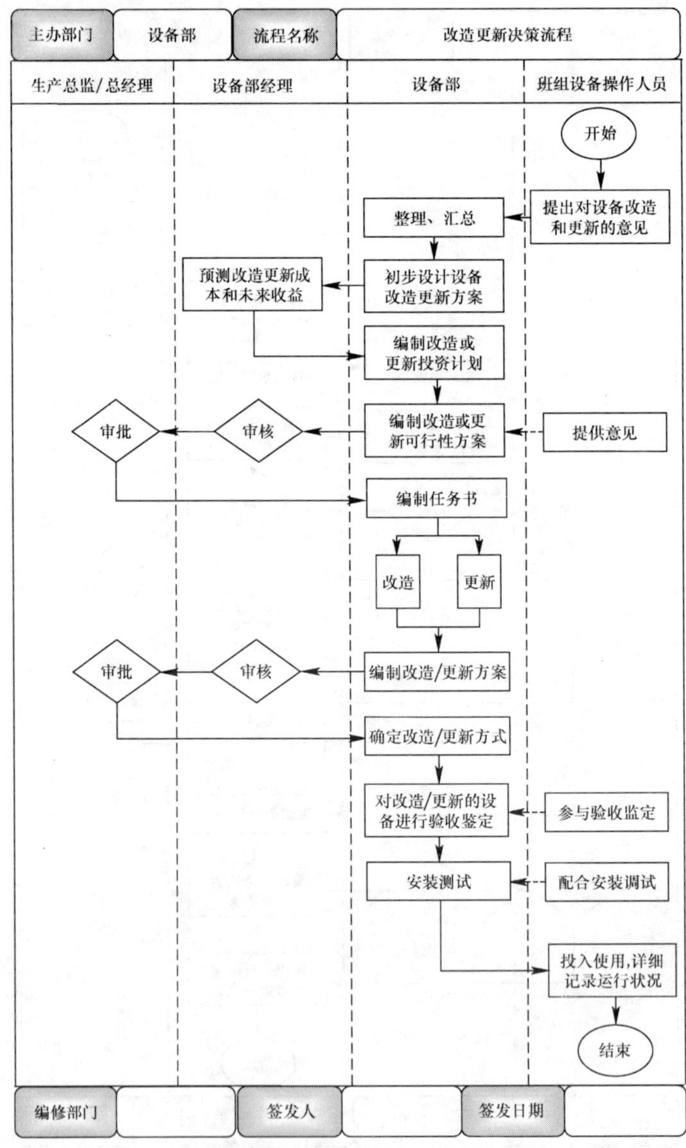

第 11 章　设备资产档案管理

11.1　设备资产管理

11.1.1　资产管理的内容

设备资产是企业固定资产的重要组成部分，它是在企业长期使用中基本保持原有实物形态，并能继续使用或反复使用的劳动手段的总称。

班组长需了解资产管理的相关内容，以便配合设备管理人员进行设备资产评估、封存、调拨、报废处理等工作。设备资产管理的具体工作内容主要包括设备资产的计价与评估、设备资产的基础管理、设备资产的动态管理。

1. 设备资产的计价与评估

设备资产的计价是指对设备资产的价格的核算。设备资产的评估是指对设备资产价格的评定和估计，是通过评估设备资产某一时点的价值进行的。

2. 设备资产的基础管理

设备资产基础管理工作主要包括进行设备资产编号、设置设备资产卡片、建立设备台账和设备档案、进行设备技术信息统计及上报定期报表等内容。

建立和完善设备资产的基础资料，进行设备资产基础管理，是确保企业设备资产管理工作正常开展的基础。

设备资产基础管理的内容具体如图 11—1 所示。

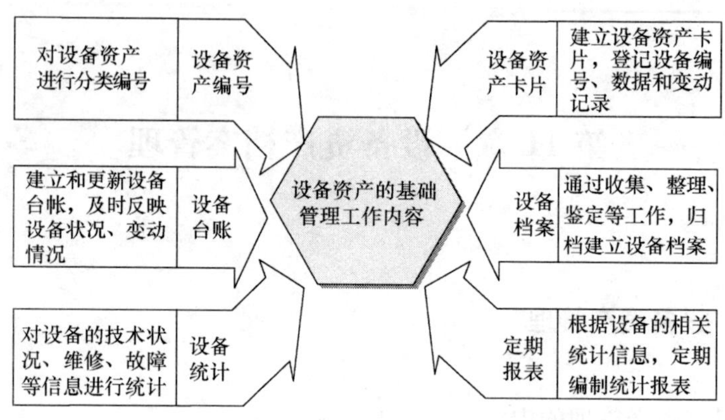

图 11—1　设备资产基础管理的工作内容

3. 设备资产的动态管理

设备资产的动态管理是指设备由于闲置封存、移装、调拨、报废等处理措施所引起的资产变动，而需要进行处理和掌握相关信息的行为。具体的工作内容见表 11—1。

表 11—1　　设备资产动态管理的工作内容

工作内容	具体说明
设备移装	◆因工艺、生产任务变动等需要，对企业内设备进行的调动或移动，班组长需配合进行设备的移装工作
设备调拨	◆对设备进行的调拨管理，常见的调拨分为有偿调拨、无偿挑拨、外部调拨等 ◆对进行调拨的设备进行资产的评估和验证 ◆班组长需配合进行设备的调拨，并参与设备的评估和验证
设备封存	◆对停用 3 个月的设备，进行封存 ◆设备停用 3 个月时，班组长需提出设备封存申请，经设备部、财务部等审批后，进行相应的处理 ◆对封存的设备进行维护和管理，对于需继续使用的，班组长可办理启封申请

续表

工作内容	具体说明
设备处理	◆对于不能继续使用的设备，可进行报废处理 ◆设备部需组织生产部、技术部、财务部等相关技术人员对报废处理意见进行评审，审核通过后，可进行报废处理 ◆对于报废设备的部分零部件能够使用的，可在设备解体后回收使用

11.1.2　设备资产的编码

设备资产编码管理是直接关系到设备账、卡、物相统一的关键。企业需确定资产编码的唯一性，以便实行资产分类归口管理。

班组长需了解设备资产编码规则，便于在设备的点检、保养等管理工作中，正确地运用设备资产编码。

1. 设备资产编码原则

企业制定设备分类编码的规则时，需遵循系统性、通用性、实用性、扩展性、效率性、成套性6大原则，具体说明如图11—2所示。

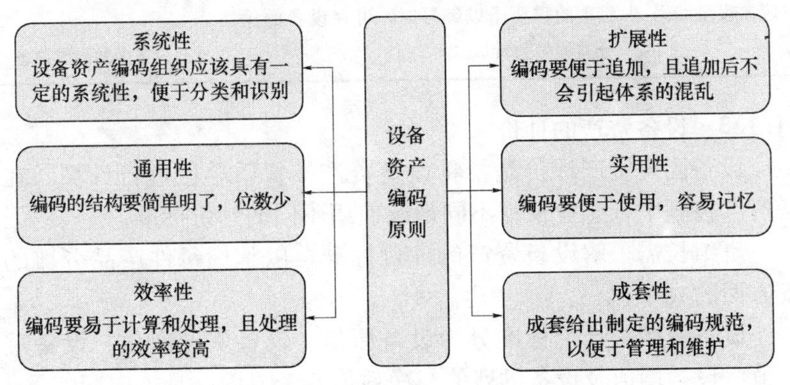

图11—2　设备资产编码原则

2. 设备资产编码规则

属于固定资产的设备，其编号由两段数字组成，两段之间为一横线，其中前面一组数据为设备的分类编码，后面一组为设备编码序号。

班组长需掌握设备资产的编码规则，以便设备资产的分辨和管理工作。设备资产编码具体的表示方法见表 11—2。

表 11—2　　设备资产编码规则

编码的类型	编码说明	表示方法
设备基本编码	设备分类编码组，编码第一位为大类别代号，编码第二位为分类别代号，编码第三位为组别代号，设备编码序号为设备建账顺序号	XXX — XXX 第一位：大类别代号；第二位：分类别代号；第三位：组别代号；后三位：建账顺序号
简易设备编码	列入低值易耗品的简易设备，需在编号前加“J”	JXXX — XXX J：低值易耗品的简易设备
附属设备编码	对于成套设备中的附属设备，由于管理的需要予以编号时，可在设备的分类编号前标以“F”	FXXX — XXX F：成套设备中的附属设备

11.1.3　设备资产的计价

设备固定资产计价是指将设备资产按货币单位进行计算。在设备资产核算中，企业根据不同情况使用不同的计价标准。

班组长需了解设备资产的计价标准，以掌握每件产品分摊的设备方面的成本。

设备资产的计价标准分为设备原值、设备资产净值、设备重置价值、设备增值及设备的残值与净残值 5 个方面，具体内容如下：

1. 设备原值

设备原值又称设备原始价值，是指企业在建造、购置某项设备时实际发生的全部支出，包括建造费、购置费、运输费和安装调试费等。

设备原值反映了设备资产的原始投资，是计算折旧的基础，也是计算产品单位设备损耗造成的成本费用的基础。设备资产原值的计算方法如图 11—3 所示。

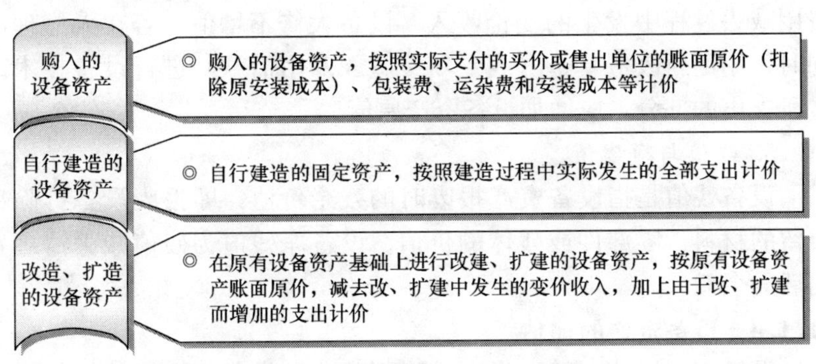

图 11—3　设备资产原值的计算方法

2. 设备资产净值

设备资产净值又称折余价值，是设备资产原值减去其累计折旧的差额。它反映继续使用中的设备资产尚未折旧部分的价值。通过净值与原值的对比，可以大体了解设备资产的新旧程度。

3. 设备重置价值

设备重置价值又分为重置全价和重置净价。其具体的说明如图 11—4 所示。

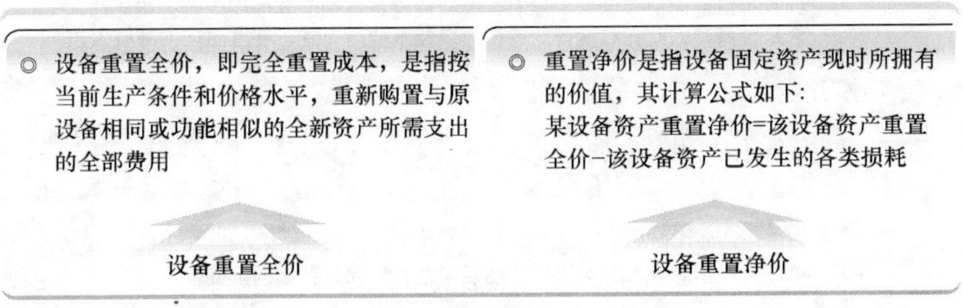

◎ 设备重置全价，即完全重置成本，是指按当前生产条件和价格水平，重新购置与原设备相同或功能相似的全新资产所需支出的全部费用

设备重置全价

◎ 重置净价是指设备固定资产现时所拥有的价值，其计算公式如下：
某设备资产重置净价=该设备资产重置全价-该设备资产已发生的各类损耗

设备重置净价

图 11—4　设备重置价值的说明

4. 设备增值

设备增值是指在原有设备资产的基础上进行改建、扩建或技术改造后增加的设备资产价值。设备增值额为进行技术改造而支付的费用减去过程中发生的变价收入。设备大修不增值，若在大修理的同时，用更新改造基金（或专项拨款、专用借款）进行设备技术改造所支出的部分，应增加设备资产原值。

5. 残值与净残值

设备残值是指设备资产报废时的残余价值，即报废设备拆除后余留的材料、零部件或残体的价值。设备净残值为残值减去清理费用后的余额。

11.1.4 设备资产的评估

设备资产评估一般发生在进行更新改造设备、报废处理等情况下，班组长需了解设备资产评估的特点、方法和程序，以便配合设备部、财务部进行设备资产的评估工作。

1. 设备资产评估的特点

设备资产具有占有资金比例大、技术含量高、存在消耗等特点，这些特点使设备资产评估具有特殊性，其特殊性的表现如图 11—5 所示。

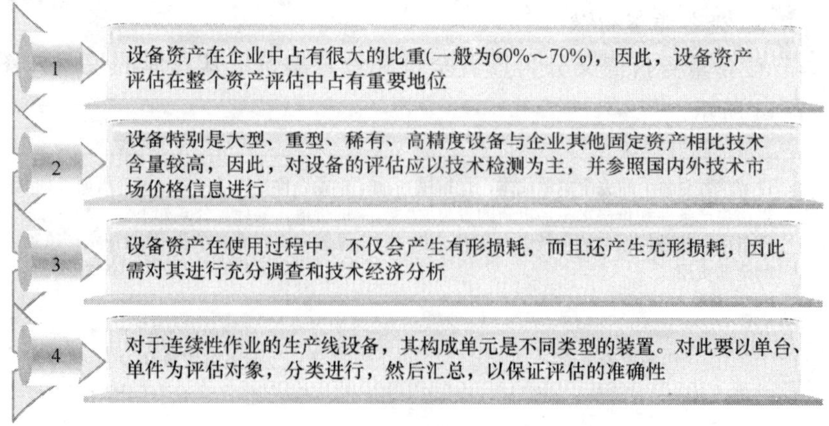

图 11—5 设备资产评估的特点

2. 设备资产评估的方法

设备资产评估方法有重置成本法、收益现值法、现行市价法3种。评估时以评估对象、特定目的、计价标准三者所具有的匹配性的特点而选定。具体的评估方法如下：

（1）重置成本法。重置成本是指用设备的现时重置价值，扣减在使用过程中因自然损耗、技术进步或外部经济环境导致的各种贬值后的剩余成本。所以，重置成本法是通过估算被评估资产的重置成本和资产实体性贬值、功能性贬值和经济性贬值，将重置成本扣减各种贬值作为资产评估价值的一种方法。

其基本的计算公式为：设备的重估价值＝设备重置成本－应计折扣－功能性贬值

（2）收益现值法。设备收益现值法又称收益还原法、收益资本金法，是指通过估算被评估资产的未来预期收益并折算成现值，借以确定被评估资产价值的一种资产评估方法。其具体说明如图11—6所示。

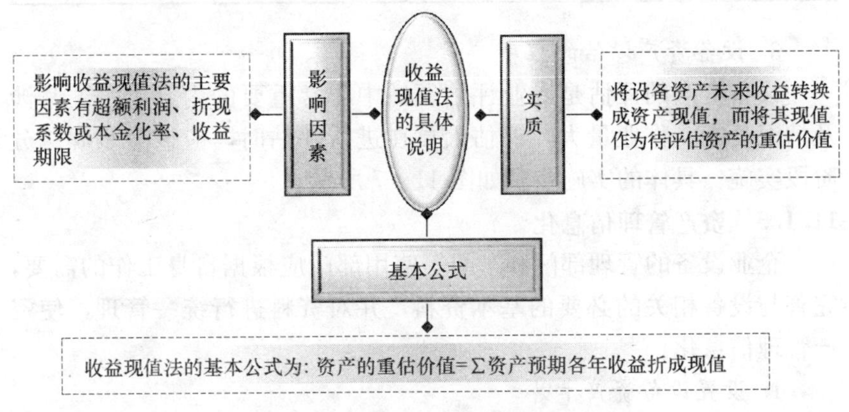

图11—6　收益现值法的具体说明

（3）现行市价法。现行市价法也称市场比较法，是根据目前公开市场上与被评估资产相似的或可比的参照物的价格来确定被评估设备价格的方法。

设备在变卖、出售时，一般采用现行市价法进行评估。设备按现行市价评估主要有两种具体的方法，见表 11—3。

表 11—3　　现行市价评估的具体方法

方法	具体说明
市价折余法	◆与被评估设备完全相同的参照物的全新现行市场价格为评估全值，减去按现行市价计算的累积折价额，以其折余价值为评估价值的方法 ◆其计算公式为：设备评估净值＝市场参照现行市价－按现行市价计算的累积折价
市价类比法	◆这种方法的原理同市价折余法基本相同，只是评估对象的参照物是类似设备而不是相同设备，因而需对二者的差别做具体分析比较，并调整其差异 ◆其计算公式为： 设备评估净值＝(市场参照物现行市价－按现行市价计算的累积折价)×调整系数

3. 设备资产评估的程序

设备资产的评估是专业评估领域中非常重要的内容之一，其涉及情况复杂、作业量大，评估人员在进行评估时，应该分步骤、分阶段实施。具体的实施步骤如图 11—7 所示。

11.1.5　资产管理信息化

企业设备的管理部门和车间等使用部门应根据自身工作的需要，完善与设备相关的必要的基本资料，并对资料进行统一管理，使资产管理信息化。

1. 设置设备资产卡片

设备资产卡片是企业进行设备资产管理的主要凭证之一。企业在设备验收无误后，由设备管理部和财务部建立相应的设备资产卡片，登记设备编号和基本数据，按使用保管单位的顺序建立设备卡片册，并及时根据设备变动情况进行记录。

1. 收集资料，划分设备类别

◎ 收集设备资产的所有权、使用权及设备价值、价格、使用状况等相关的资料
◎ 根据评估的目的、评估报告的要求，以及评估的工程技术特点，对设备进行适当的评估分类

2. 设计评估方案

◎ 评估方案设计是对评估项目的实施进行周密计划、有序安排的过程
◎ 设计方案的主要内容应包括确定设备的分组、评估的进度安排、确定评估方法和计价标准及相关的文件资料等

3.技术鉴定

◎ 技术人员对机器设备的技术性能、结构状况、运行维护、负荷状况和完好程度进行鉴定，结合功能性损耗、经济性损耗等因素，做出技术鉴定
◎ 班组长需提供设备运行维护状况的相关资料，以供技术人员进行设备技术鉴定

4. 选择评估价格标准和方法

◎ 根据评估的目的确定评估的价格标准，然后根据评估价格标准和评估对象的具体情况，科学地选用评估计算方法
◎ 一般情况下，设备的评估通常采用重置成本标准与方法

5. 填制评估报表，计算评估值

◎ 根据确定的评估方法和经过验证的资料数据，按评估对象逐一完成评估分析表计算评估值
◎ 将评估结果填入设备评估明细表内，再编制设备评估汇总表

图 11—7　设备资产评估的程序

设备在车间等使用部门内调动、调拨或设备新增和报废时，设备资产卡片位置也随着在卡片册内调整、补充或抽出注销。

2. 建立设备台账

设备台账可以充分反映企业设备资产状况，同时也是反映企业各种类型设备的拥有量、设备分布及其变动情况的主要依据。

每年年末，财务部、车间班组及各职能部门等相关单位和设备部要根据设备台账，对设备进行清点，检查设备账、卡、物三者相符情况，确保设备安全。设备台账一般有两种编制形式，具体见表 11—4。

表 11—4　设备台账编制形式

编制形式	具体说明
按设备分类编制	它是以设备统一分类及编号目录为依据，按类组代号分页，按资产编号顺序排列，便于新增设备的资产编号和分类分型号统计
按使用部门顺序排列编制	按照车间、班组顺序使用单位的设备台账编制，便于生产维修计划管理及年终设备资产清点

3. 设备档案的建立

企业设备管理部应为每台主要生产设备建立设备档案，其中精密、大型、重型、稀有、关键和进口设备，如起重设备、压力容器等设备的档案，应作为重点档案进行管理。

设备档案应包含从采购、安装、调试、验收、使用、维修、改造直至报废等设备管理全过程中形成的文字、图样、原始凭证以及工作记录和事故资料等内容文件。

车间班组及设备部等各职能部门都需收集、整理、汇总所涉及的所有的文件资料，其设备档案的内容如图 11—8 所示。

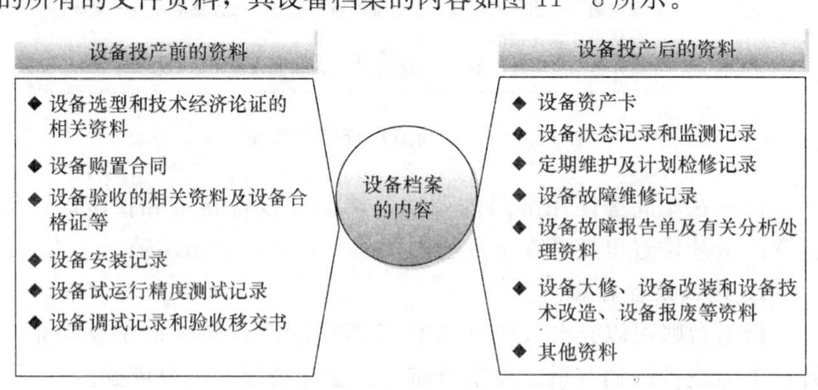

图 11—8　设备档案的内容

11.2 设备档案管理

11.2.1 档案管理的内容

设备档案管理的工作主要包括资料收集、整理、保管、统计、检索、提供利用 6 个环节，具体的内容如下：

1. 资料的收集

每一种设备从申购到报废都经过购置、安装、调拨、报废四个阶段，设备档案管理人员需搜集与设备活动直接关联的文件资料。

设备档案管理人员需了解设备管理工作中各部门、各环节中设备文件的形成规律，根据设备档案的归档范围，有目的地收集相关资料。

车间班组使用单位及各职能部门等需配合设备档案管理人员进行资料的收集工作。

2. 档案的整理

设备档案管理人员将收集来的资料逐一进行分类整理，尽量将资料收齐，便于日后根据设备运行、维修等记录进行效益分析等。

3. 设备档案的保管

设备档案的保管就是在集中统一管理原则的指导下，采取有效方法和措施，避免或减少各种不利因素损毁设备档案，维护设备档案的完整、准确和安全。

4. 设备档案的统计

设备档案的统计是根据统计学的原理和方法，对设备档案中资料的基本数量进行统计、分析、对比，能够有效揭示设备档案和设备档案管理工作的状况。

5. 设备档案的检索

设备档案的检索是按照一定规则对设备档案信息进行著录和标引，组成各种检索工具，同时根据需求，依据检索工具索取所需要的档案信息。

6. 设备档案的利用

设备档案的利用，主要指相关人员因学习或业务需要，遵守企业档案相关管理制度规范，通过设备档案管理人员获得设备资料，并通过各种方式、方法，使设备资料为现行设备管理工作提供帮助的过程。

11.2.2 设备档案的保存

设备档案的保存是指对档案进行归档和保存。班组长需了解档案归档的要求和保管期限，保证及时提交设备相关文件资料，确保生产班组所有在用设备档案文件的完整和准确。

1. 设备档案的归档

设备档案管理人员对整理的资料进行组卷归档，并将档案存放在设备档案袋内，设备档案编号应与设备编号一致。

（1）组卷。设备档案组卷要遵循设备文件材料的形成规律，保证案卷内文件材料的有机联系，以便于档案的保管和利用。具体的组卷原则、要求和方法如图 11—9 所示。

组卷原则	◆ 同一案卷内的设备文件材料的密级应尽量保持一致，以便于提供利用 ◆ 若同一案卷内的设备文件材料的密级不一致的话，则提供利用时，低密级的服从高密级的 ◆ 既有非密的设备档案，又有秘密的档案，只能直接提供给具有利用秘密权限的用户使用
组卷要求	◆ 案卷内设备文件材料内容必须准确反映设备及其管理活动的真实情况 ◆ 案卷内设备文件材料要齐全、完整 ◆ 案卷内设备文件材料的载体和书写材料应符合耐久性要求，不能有热敏纸，不能有铅笔、圆珠笔、红墨水、纯蓝墨水、复写纸等书写的字迹
组卷方法	◆ 对具体设备的文件材料放入所针对的设备类别里组卷 ◆ 设备仪器方面的文件材料按其种类、结构或阶段等分别组卷 ◆ 底图以张为单位单独保存和管理 ◆ 设备更换零部件时，保留新形成的文件材料并单独组卷排列在原设备案卷之后 ◆ 设备维修中形成的文件材料单独组卷

图 11—9　设备档案组卷的原则、要求和方法

(2) 案卷装订。案卷可采用装订和装盒的两种形式。装订的目的是固定与保护案卷，避免散失与损失。具体的装订办法如下：

1) 不便装订的图样、簿、本、册等，放在卷夹或卷盒内。

2) 案卷内不同幅面的设备文件材料要折叠为统一幅面，破损的要先修复。

3) 案卷内不允许有金属物，需装订的设备文件材料，可用不锈钢夹、线绳装订。

4) 不装订的案卷，应在每份文件材料的右上角加盖档案编号章。

5) 档案编号填写同案卷封面、序号填写同卷内目录中每份文件材料的序号一致。

2. 设备档案的保管

设备档案由专人进行管理，存放在专用的设备档案柜内，按编号顺序进行排列，定期进行设备档案检查。对于不同的档案其保管期限也不相同，具体的保管期限见表 11—5。

表 11—5　　设备档案的保管期限

序号	名称	修改周期（年）	保管年限（年）
1	设备台账	1	2
2	设备原始技术资料	—	长期
3	设备验收单	—	长期
4	设备购置申请单与设备采购合同	—	长期
5	设备标准操作规程、维修保养规程	3	3.5
6	设备改造合同	—	长期
7	设备改造竣工报告	—	长期
8	设备档案借阅管理资料	1	2

11.2.3 设备档案的借阅

车间班组长及各部门人员需了解设备档案的借阅权限、借阅方式和档案的密级，并按照相关的规定进行档案查阅，避免档案信息泄露造成企业的损失。

1. 设备档案借阅权限

设备档案需按照相应的权限进行借阅管理，班组长需了解相应的设备档案借阅权限，以便合理地利用档案资料，设备档案具体的借阅权限如下：

（1）高层管理者及各部门经理、高级技术工程师、自制设备研发人员及重要设备维修人员可借阅所有密级的设备档案。

（2）普通技术工程师、设备维修人员及车间班组长可借阅机密级设备档案、秘密级设备档案和普通级设备档案。

（3）普通员工、外部组织及个人只可借阅普通级设备档案，外部组织及个人借阅档案时，还需有关部门开具的证明。

2. 设备档案密级

设备档案可根据设备档案的重要程度进行分级，班组长需了解相关档案的密级，以免泄露企业的信息造成损失，具体的分级标准如图 11—10 所示。

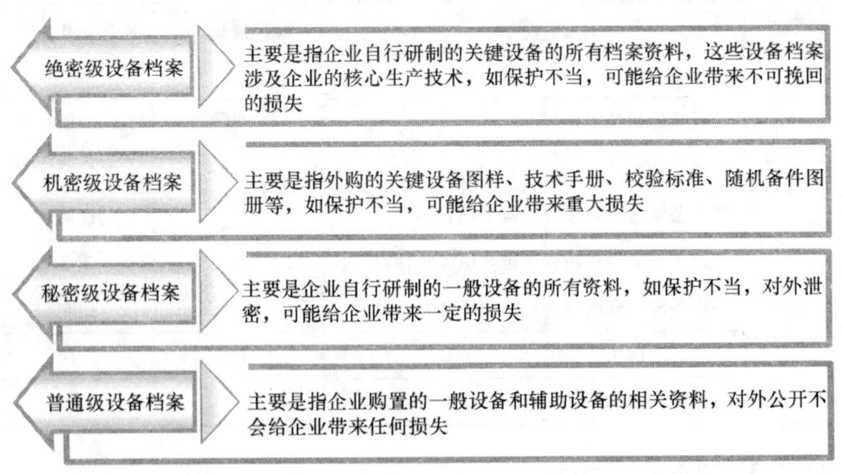

图 11—10　设备档案分级标准

3. 设备档案借阅方式

设备档案借阅应遵循企业档案查阅、借阅的相关规定和流程进行，根据密级不同，其借阅申请的审批流程也不相同，具体的借阅方式见表11—6。

表11—6　　设备档案的借阅方式

借阅方式	具体说明
密级设备档案	◆密级设备档案只能在档案室查阅，不可私自带出档案室 ◆借阅机密、绝密设备档案，需部门经理批准，但不得摘抄、拍照及复制所查设备档案 ◆摘抄、拍照及复制秘密级文件，需将经部门经理批准，档案管理员同意，借阅人需对涉密内容承担保密义务 ◆借阅人离开借阅室需在设备档案借阅登记表上签字，并对所查借的内容负有保密责任
一般档案设备	◆普通级设备档案借阅人可借出设备档案 ◆借阅人借出普通级设备档案需要对照借阅清单，清点资料实物，清点清楚后，方可借出档案 ◆借阅人对所借的档案应妥善保管，不得私自拆毁、涂改、抽换及对外传播

11.2.4　档案管理信息化

随着生产规模的扩大，企业内设备信息将大幅增加，原来的设备档案管理模式，已不能满足企业生产发展需要，企业需推行信息化管理模式来进行设备档案的管理工作。

1. 设备档案信息化应遵循的原则

设备档案信息化应遵循规范化、安全性、效益型等原则，具体的说明如图11—11所示。

2. 推进档案信息化的策略

企业推行档案信息化管理需遵循以下的策略来进行，班组长需了解相关的策略，以便配合设备档案信息化工作。推行档案的信息化可采取的具体策略见表11—7。

规范化原则

◆ 企业需制定和实施设备档案管理的工作标准和规范，车间班组及相关部门员需遵循规范化原则，这样才能使电子文件的归档，数字化档案的保管、传递、利用等工作实现有序化、标准化和规范化

安全性原则

◆ 随着数字化、信息化建设的不断深入，网络的脆弱性和潜在威胁性也日益显现，设备档案信息化需加强网络安全技术的应用，采取有力的安全策略，充分保证设备档案信息的安全

效益型原则

◆ 把利用率高的重要设备相关档案进行数字化，方便相关部门的使用，提高工作效率，对于一些不重要的设备档案则无须数字化，否则浪费人力、财力和物力

图 11—11　设备档案信息化应遵循的原则

表 11—7　　推行档案信息化的策略

策略	具体的说明
建立规范体系	◆档案信息化工作尚无统一标准，为了全面推行信息化管理，企业需全面实施、推广统一标准，使其与档案信息化管理工作相适应
完善安全制度	◆对人员进行安全培训，提高档案管理人员的警惕性，防止黑客对信息系统的威胁 ◆对档案存放加施身份认证、防火墙、数据备份等安全防护措施
提高技术支持	◆配备质量可靠、性能优良的硬件设备并添置相应的现代化电子配套设备 ◆设计开发出通用性的设备档案管理系统，使档案信息化建设与办公自动化系统融会贯通 ◆要采取有效措施保证软件、硬件安全运行
加强人才建设	◆对档案管理人员进行相关知识的培训，使档案管理人员不断更新观念，学习新知识，掌握新技能，树立为社会和公众服务的意识

3. 设备管理信息系统

推行设备档案信息化，企业可安装设备管理信息系统，对设备档案进行管理。针对企业设备信息管理的特点，设备管理信息系统一般拥有 4 个主要的功能模块。

班组长需了解这些功能模块，以便及时记录和上传设备的状况。

设备管理信息系统的具体说明如图 11—12 所示。

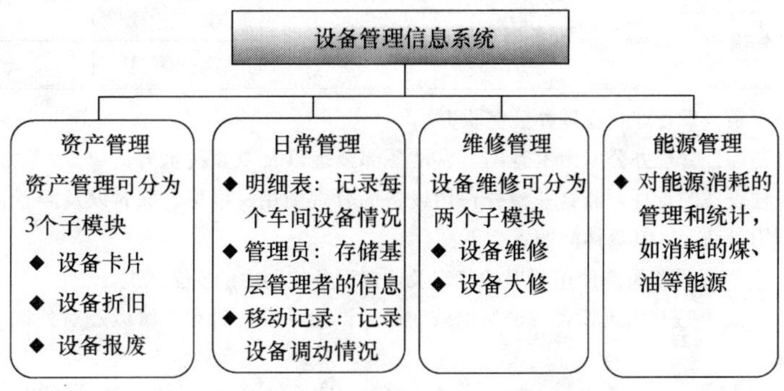

图 11—12　设备管理信息系统功能模块构成

11.3　设备资产档案管理实务

11.3.1　设备资产管理制度

<table>
<tr><td rowspan="2">制度名称</td><td rowspan="2">设备资产管理制度</td><td>编　　号</td><td></td></tr>
<tr><td>执行部门</td><td></td></tr>
<tr><td colspan="4">

第 1 章　总　　则

第 1 条　目的

为了完善企业设备资产的管理，充分发挥设备运行效能，提高生产技术设备水平和经济效益，特制定本制度。

第 2 条　适用范围

本制度涉及设备资产管理中的基础管理与动态管理部分。

第 3 条　术语解释

设备的动态管理是指设备由于验收移交、闲置封存、移装调拨、报废处理等情况所引起的资产变动，需要处理和掌握而进行的管理。

第 2 章　设备资产管理组织

第 4 条　组织构成

企业设备资产的管理由设备综合管理办公室、企业财务部与设备使用班组按照不同的分工共同负责。

</td></tr>
</table>

续表

<table>
<tr><td rowspan="2">制度名称</td><td rowspan="2">设备资产管理制度</td><td>编　号</td><td></td></tr>
<tr><td>执行部门</td><td></td></tr>
<tr><td colspan="4">
第 5 条　设备综合管理办公室职责
设备综合管理办公室由主管副总、设备部经理以及专业技术人员组成，主要负责企业各种设备的管理，监督并检查在用设备的合理使用、维护、保养以及闲置设备的组织利用等情况。其具体的职责如下：
1. 负责对设备资产使用状况的鉴定及监督设备使用中的安全状况。
2. 负责办理和审批设备资产的增减变动、调拨手续、封存手续以及对外调剂处理等事宜。
3. 负责及时建立账卡，定期组织清查设备资产，并对报废的设备资产组织鉴定。
4. 负责对设备资产的技术能力、使用年限、残值及大修理次数的核查审定，并参与审查生产性的基建、扩建、更新改造等项目的竣工验收工作。
第 6 条　财务部管理职责
企业财务部在设备资产管理中的具体职责如下：
1. 负责企业设备资产的总分类账核算和明细分类账核算。
2. 负责监督设备资产的合理使用，审核调入、调出、变卖的价值依据和工程竣工验收的财务决算。
3. 参加设备资产的定期清查盘点和报废的审查、鉴定工作。
4. 负责办理设备资产按制度规定的及时计提和上交折旧，同时做好固定资产增减变动的核算工作。
第 7 条　设备使用班组职责
设备使用部门在设备资产管理中的具体分工职责如下：
1. 负责对设备资产进行实物管理，对班组范围内的机器设备与管线负有管理责任。
2. 负责确保机器设备运行正常，充分挖掘设备潜力，提高设备利用率。
第 3 章　设备资产的基础管理
第 8 条　企业的设备资产分类
企业的设备资产分为固定资产与低值资产两类。凡属于固定资产类必须建账立卡和设置设备档案，低值资产类另行建账，不建档案。
第 9 条　设备编号
1. 为方便对企业设备的资产管理，设备综合管理办公室应给每台设备确定独立的编号，设备编号时应参考机械行业规定的“设备统一分类及编号目录”中的相关内容。
2. 企业的设备资产编号由两段数字组成，前一段数字为设备的代号，后一段数字为
</td></tr>
</table>

续表

制度名称	设备资产管理制度	编　号	
		执行部门	

该代号设备的顺序号，中间用一横线连接。其中，设备的顺序号应按照设备进入企业的时间先后进行排列。

第10条　设备资产卡片

企业设备安装调试完成后移交给设备使用单位时，设备综合管理办公室与财务部应建立统一的单台设备的资产卡片。设备资产卡片的要求如下：

1. 设备资产卡片中应登记设备编号、基本数据及设备的变动记录，并按使用单位的顺序建立设备卡片册。

2. 随着设备的调动、调拨、新增和报废，设备资产卡片位置可以在卡片册内调整、补充或注销。

第11条　编制设备台账

1. 为准确掌握设备资产的拥有量及变动情况，设备综合管理办公室需要按照设备使用部门的顺序编制设备台账，凡是高精度、大型、重型、稀有及进口设备必须另行编制台账，以方便管理。

2. 设备综合管理办公室在编制设备台账的同时需要保管好设备的原始记录，如设备的验收移交单、调拨单等。

第12条　设备资产的清点

设备综合管理办公室应会同设备使用单位与财务部定期对设备资产进行清点，必须做好设备资产的账账相符，账、卡、物相符。

第13条　设备档案管理

1. 设备综合管理办公室还需为每台验收合格的设备建立档案，记录设备从规划、设计、制造、安装、调试、使用、维修、改造、更新直至报废过程中所形成的图样、文字说明、凭证等资料。

2. 设备档案分为设备前期档案与设备后期档案。

3. 企业对设备档案管理的要求如下：

(1) 设备综合管理办公室需要指定专门的人员负责设备档案的管理，并制定详尽的设备档案的借阅方法。

(2) 设备综合管理办公室的相关人员需要及时收集设备的相关资料，并经过分类后定期更新设备档案，同时需要建立设备档案的目录与卡片，以方便设备档案的查找与使用。

(3) 未经设备档案管理人员同意，任何人不得擅自抽动设备档案，以防止其失落。

续表

<table>
<tr><td rowspan="2">制度名称</td><td rowspan="2" colspan="3">设备资产管理制度</td><td>编　　号</td><td></td></tr>
<tr><td>执行部门</td><td></td></tr>
<tr><td colspan="6">（4）设备综合管理办公室的相关人员需要加强对重点设备（精、大、稀设备）的档案的管理工作，使其能够满足生产的需要。
第 4 章　设备资产的动态管理
第 14 条　设备资产管理的凭证
在设备的安装调试与设备移交中，设备综合管理人员需要收集手续合格的各种设备单据（如设备验收合格单、设备移交单等），以作为设备资产管理的凭证之一。
第 15 条　设备移交、调拨、封存
1. 设备移交中设备的附件与各种辅助工具、量具等必须经设备综合管理人员建账登记后，方可交由设备使用部门保管使用。
2. 设备调拨时，设备综合管理人员应将设备的附件、专用备件及使用说明书等资料一同随机移交给调入单位，并及时更新设备档案。
3. 企业封存设备，应由设备综合管理人员在设备上粘贴明显的封存标志，并指定专人负责保管、检查。
第 16 条　设备资产评估
设备综合管理办公室应定期对设备进行评估，估算其经济价值，进行折旧处理，并根据科学的评估结果更新设备卡片与档案，使企业能够准确地掌握设备的现有价值。
第 5 章　附　　则
第 17 条　本制度由设备部制定，其解释权、修改权归设备部所有。
第 18 条　本制度经总经理办公会议审议后，自下发之日起执行。</td></tr>
<tr><td>编制人员</td><td></td><td>审核人员</td><td></td><td>批准人员</td><td></td></tr>
<tr><td>编制日期</td><td></td><td>审核日期</td><td></td><td>批准日期</td><td></td></tr>
</table>

11.3.2　设备档案管理制度

<table>
<tr><td rowspan="2">制度名称</td><td rowspan="2">设备档案管理制度</td><td>编　　号</td><td></td></tr>
<tr><td>执行部门</td><td></td></tr>
<tr><td colspan="4">第 1 章　总　　则
第 1 条　目的
为加强对设备档案资料的管理和整理工作，有效地保护和利用设备档案资料，保证全企业设备正常运行，特制定本制度。</td></tr>
</table>

续表

<table>
<tr><td rowspan="2">制度名称</td><td rowspan="2">设备档案管理制度</td><td>编　号</td><td></td></tr>
<tr><td>执行部门</td><td></td></tr>
<tr><td colspan="4">
第2条　适用范围
本制度适用于企业设备所有文件资料的形成、保管、借阅等工作管理。
第3条　术语解释
设备档案是指设备从购置、验收、调试、运行、管理、维护、改造、报废等全部活动过程中直接形成的、具有保存利用价值的文字、图表、声像载体等文件材料。
第4条　管理职责
1. 设备部负责档案的汇总、归档工作。
2. 档案室负责设备档案的保管、借阅管理。
3. 车间班组及相关部门对涉及的设备资料进行收集、整理交设备部统一汇总归档。
第2章　档案的形成和归档
第5条　准备工作
企业需建立档案室集中管理企业的设备文件材料。设备部应及时将设备到货日期的计划提前通知档案室，以便档案室做好准备，合理安排工作。
第6条　验收档案的形成
1. 设备到货后，设备部应立即组织有关人员进行验收，设备随机文件、技术资料经车间班组等使用单位和设备管理部门及企业档案管理人员共同验收，将一切资料登入记名册，做好归档前的准备工作。
2. 设备文件资料验收完成后，企业档案管理人员等验收人员需在设备验收记录单上签章。
3. 设备在开箱进行技术鉴定验收时，必须通知档案管理人员参与，并在技术鉴定验收记录单上签字。
第7条　安装调试档案的形成
设备安装验收完后，负责设备安装调试的主管人员将在设备安装、调试过程中形成的文件资料及时整理和设备随机的各种技术资料一同交设备管理部门，由部门移交档案管理部门归档管理。
第8条　自制设备档案的形成
企业自行研制的设备，在设备鉴定或投入使用之前应将所有材料归档，在设备进行鉴定验收时，必须有档案管理人员参加。
</td></tr>
</table>

续表

<table>
<tr><td rowspan="2">制度名称</td><td rowspan="2" colspan="3">设备档案管理制度</td><td>编　号</td><td></td></tr>
<tr><td>执行部门</td><td></td></tr>
<tr><td colspan="6">

第 9 条　设备使用维修档案的形成

1. 使用设备的车间班组长，要做好生产车间的设备文件资料形成、积累、管理工作。

2. 技术人员和维修人员要爱护设备的技术文件，对设备的使用、维修、改造活动有完整的记录，确保设备文件的完整、系统、准确。

3. 技术人员和维修人员需将在修理过程中收集和积累所形成的各种文件、资料，上报设备管理部门，由设备管理部门移交档案管理部门归档。

第 3 章　档案的保管和借阅

第 10 条　设备档案的保管

1. 设备档案的管理必须坚持“集中、统一管理”的原则，确保设备档案准确、完整、系统和安全。所有设备档案由企业档案室保管。

2. 设备的档案应进行系统的分类、编制目录，并根据设备的重要程度进行分级管理。

第 11 条　设备档案借阅

企业的设备档案需严格按照档案管理相关规定进行，各职能部门和车间班组长按照各自的权限查看、借阅相关档案，设备档案借阅的一般要求如下：

1. 各职能部门和车间班组长借阅档案，必须按照相关借阅权限和审批手续执行。

2. 机密、秘密、绝密档案借阅一律按照档案保密标准的要求办理。

3. 查阅档案应在档案室内进行，不得画道、涂改、折卷、裁剪、拍照、撕毁。

4. 特殊情况需借出的，须经单位负责人批准，不得转借他人。

5. 需继续使用者要办理续借手续，确保档案的完整与安全。

6. 凡有私下抄录、拍摄、描绘、拆散、撕毁档案等行为者，严格按照国家《档案法》《保密法》追究法律责任。

第 4 章　附　　则

第 12 条　本制度由设备部制定，其解释权、修改权归设备部所有。

第 13 条　本制度经总经理审批通过后，自下发之日起执行。

</td></tr>
<tr><td>编制人员</td><td></td><td>审核人员</td><td></td><td>批准人员</td><td></td></tr>
<tr><td>编制日期</td><td></td><td>审核日期</td><td></td><td>批准日期</td><td></td></tr>
</table>

11.3.3　设备资产管理流程

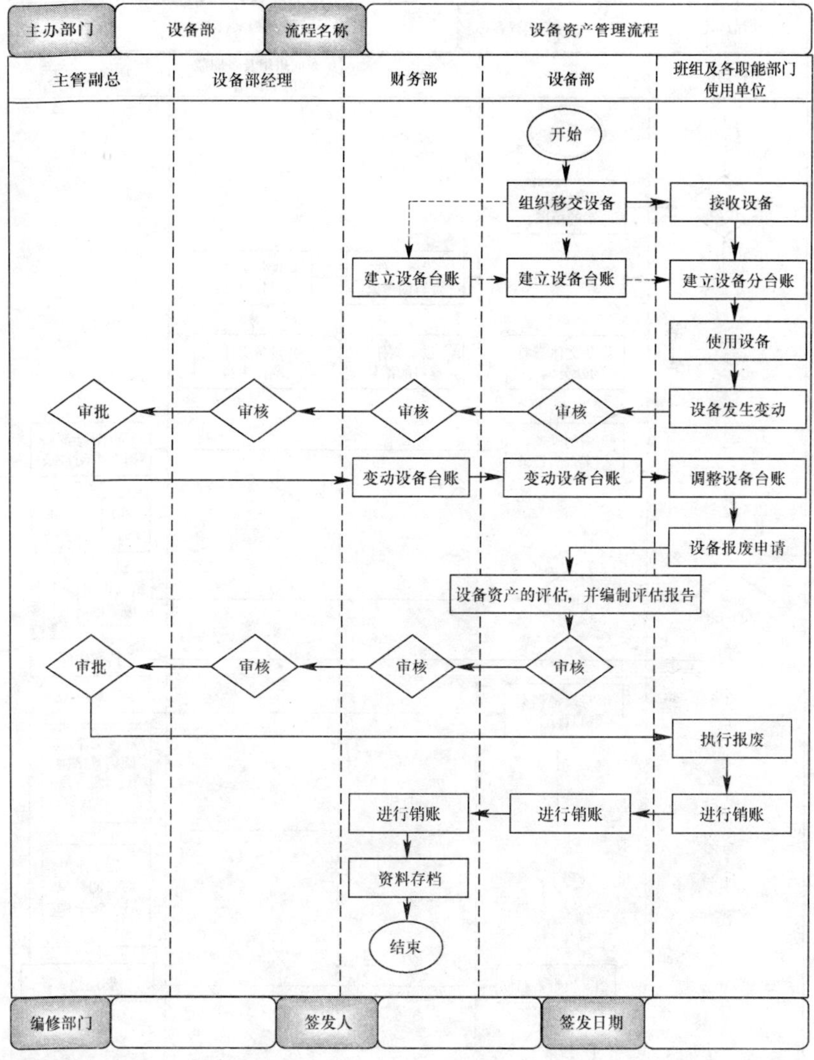

11.3.4 设备档案管理流程

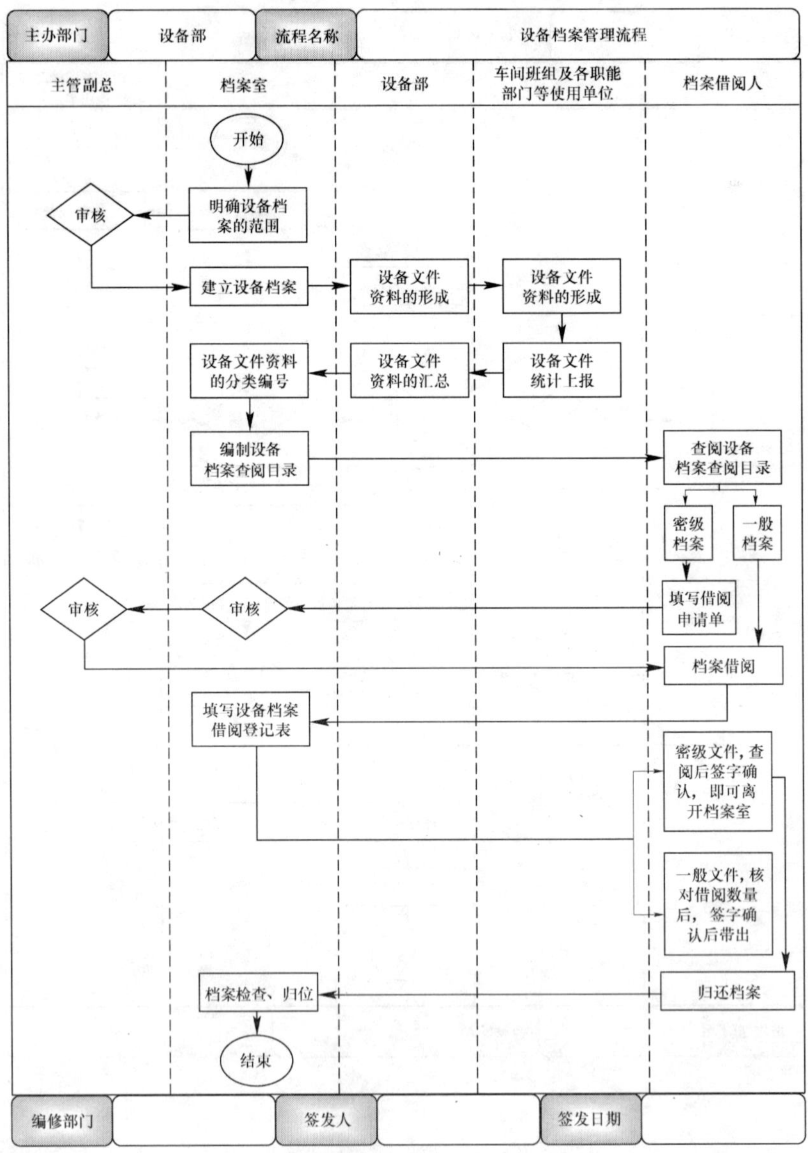